Beate Flath, Christoph Jacke (Hg.)
PopEventKulturen an den Schnittstellen von Management und Politik

Transdisziplinäre Popkulturstudien | Band 2

Editorial

Die Reihe »Transdisziplinäre Popkulturstudien« ist der wissenschaftlichen Beobachtung, Analyse und Kritik populärer Kulturen gewidmet und versammelt Forschungsbeiträge, die sich aus theoretischen und methodologischen sowie empirischen, historischen und systematischen Perspektiven mit popkulturellen Themen, Phänomenen und Fragestellungen in Medien, Künsten, Gesellschaft, Politik und Wirtschaft befassen. Dabei ist ein Pluralismus der Forschungsgegenstände, Theorien, Methoden und disziplinären Hintergründe für diese Reihe programmatisch, um die Vielfalt, Offenheit und Dynamiken dieser bedeutsamen kulturellen und mediengesellschaftlichen Bereiche adäquat multiperspektivisch und transdisziplinär zu erfassen und zu verstehen.
Die Reihe wird herausgegeben von Beate Flath, Charis Goer, Christoph Jacke und Martin Zierold.

Beate Flath (Prof. Dr.) ist Professorin für Eventmanagement mit den Schwerpunkten Popmusikkulturen und digitale Medienkulturen an der Universität Paderborn.
Christoph Jacke (Prof. Dr.) ist Professor für Theorie, Ästhetik und Geschichte der Populären Musik und Studiengangsleiter »Populäre Musik und Medien (BA/MA)« an der Universität Paderborn.

Beate Flath, Christoph Jacke (Hg.)
PopEventKulturen an den Schnittstellen von Management und Politik
Transdisziplinäre Perspektiven

[transcript]

Bibliografische Information der Deutschen Nationalbibliothek
Die Deutsche Nationalbibliothek verzeichnet diese Publikation in der Deutschen Nationalbibliografie; detaillierte bibliografische Daten sind im Internet über http://dnb.d-nb.de abrufbar.

© 2022 transcript Verlag, Bielefeld

Alle Rechte vorbehalten. Die Verwertung der Texte und Bilder ist ohne Zustimmung des Verlages urheberrechtswidrig und strafbar. Das gilt auch für Vervielfältigungen, Übersetzungen, Mikroverfilmungen und für die Verarbeitung mit elektronischen Systemen.

Umschlaggestaltung: Maria Arndt, Bielefeld
Umschlagabbildung: Kristian Keuer
Innenlayout: Katharina Schmecht, Diana Pfeifle
Korrektorat: Sebastian Ostermann
Druck: Majuskel Medienproduktion GmbH, Wetzlar
Print-ISBN 978-3-8376-5324-3
PDF-ISBN 978-3-8394-5324-7
https://doi.org/10.14361/9783839453247
Buchreihen-ISSN: 2702-4342
Buchreihen-eISSN: 2747-3554

Gedruckt auf alterungsbeständigem Papier mit chlorfrei gebleichtem Zellstoff.
Besuchen Sie uns im Internet: *https://www.transcript-verlag.de*
Unsere aktuelle Vorschau finden Sie unter *www.transcript-verlag.de/vorschau-download*

Inhalt

PopEventKulturen an den Schnittstellen von Management und Politik
Transdisziplinäre Perspektiven: Einleitung
Beate Flath & Christoph Jacke 9

PopEventKulturen und Politik(en): Räume und Akteur*innen

Interview mit Rembert Stiewe 21

Kann Kulturpolitik Demokratiepolitik sein?
Monika Mokre 27

Popmusik und (Förder-)Politik in Deutschland
Voraussetzungen, Veränderungen, Perspektiven
Susanne Binas-Preisendörfer 41

Interview mit Heike Herold 55

Kulturförderung vor und in Coronazeiten
Carsten Nolte 61

Interview mit Anna Blaich 67

Popkultur fördern, Räume schaffen
Popkulturelle und soziale Dimensionen
von Musikspielstätten
Niklas Blömeke, Jan Üblacker, Katharina Huseljić, Heiko Rühl, Johannes Krause 73

Interview mit Dieter Gorny 87

Das Party-Prekariat?
Untersuchungen zu mobilen DJs in Deutschland
Manuel Troike 91

PopEventKulturen und Management: Fallstudien

Paderboring. Hartnäckiges Vorurteil oder wirklich nichts los hier?
Eine Untersuchung an der Universität Paderborn zum Image
Paderborns im Zusammenhang mit dem Kulturangebot
Ina Heinrich... 107

Interview mit Markus Runte 121

Popmusikfestivalbesuche als Ritual der Alltagskolorierung
Maryam Momen Pour Tafreshi 125

Kulturelle Nachhaltigkeit erlebnisreich vermitteln
Nachhaltigkeitsorientierte Eventkommunikation am Beispiel
des Deutschen Evangelischen Kirchentags
Kristian Keuer 137

PopEventKulturen und Institutionen: (Aus-)Bildungen

Interview mit Katharina Pfennigstorf 151

Dritte Orte für die *Dritte Mission*?
Was leistet das Konzept *Field Configuring Events* zum Verständnis
neuer kollaborativer Lern- und Transferformate in Hochschulen?
Bastian Lange.. 155

Interview mit Christoph Gockel-Böhner 181

(Ausbildungs-)Wege im (Event-)Management
Martin Lücke 187

Autor*innen 209

PopEventKulturen an den Schnittstellen von Management und Politik
Transdisziplinäre Perspektiven: Einleitung

Beate Flath & Christoph Jacke

Der vorliegende Sammelband basiert auf zwei thematischen Bezugspunkten: einerseits auf dem weiten Themenfeld einer transdisziplinären Tagung, die 2018 unter dem Titel »Backstage. PopEventKulturen zwischen Management und Politik« von den transdisziplinären Studiengängen »Populäre Musik und Medien« am Fach Musik der Universität Paderborn veranstaltet im Stadtmuseum Paderborn stattfand und in der die vielfältigen Wechselbeziehungen zwischen Pop-Events und ihrem Umfeld diskutiert und reflektiert wurden. Dabei standen insbesondere Strukturen, Prozesse, Mechanismen und Dynamiken des Kultur- und Eventmanagements bzw. der (Kultur-)Politik sowie die darin eingeschriebenen Normen, Normierungen, Werte und Wertbildungsprozesse im Zentrum. Sie prägen – gleichsam »backstage« – dieses Beziehungsgefüge, in dem sich PopEventKulturen in fluiden Aushandlungsprozessen konstituieren. Andererseits stellt jenes Phänomen, das rund einenhalb Jahre nach dieser Tagung alle Bereiche unseres Lebens verändern sollte, einen zentralen thematischen Bezugspunkt dar: die COVID-19-Pandemie. Die angesprochenen Strukturen, Prozesse, Mechanismen und Dynamiken, Normen, Normierungen, Werte und Wertbildungsprozesse gelangten kurzzeitig auf die »Mainstage« und in das Licht der Öffentlichkeit. Sie erodierten, waren nicht mehr tragfähig und zerbrachen sogar, Werte wurden gegeneinander aufgewogen und ausgespielt. Die vom Virus verursachten disruptiven gesellschaftlichen Anpassungen machten deutlich, wie verletzlich unsere vermeintlich sicheren Leben(sumstände) sind, latente Verunsicherungen und Misstrauen scheinen noch mehr als zuvor zum neuen, emotionalen Grundzustand zu gehören. Die italienische Philosophin Donattela Di Cesare (2020) beschreibt »Phobokratie« und »Komplottismus« als die für Demokratie und Gesellschaft problematischsten Folgen. Interpersonal immun gehe vor kommun und bedeutete hier vor den Impfungen nichts weniger als die zwingend notwendige physische und räumliche Distanzierung und Isolation, das Gegenteil von PopEventKulturen und Clubleben, wie wir es kannten. Bei allem Einfallsreichtum im Umschalten auf rein digitale Formate ersetzen diese selbst in Pandemiezeiten das mehrdimensionale Live-Erlebnis nicht: »Die digitale Erkundung besitzt weder die Sensibilität noch die Taktilität des organischen Sinnes« (Di Cesare 2020, 81). Gleichermaßen gilt es, wie es jüngst der Philosoph Otfried Höffe (2021) im Feuilleton der »Frankfurter Rundschau« ausrief, auf die Zusammenhalte in der Gesellschaft zu blicken und auch diese Stabilitäten zu beschreiben und zu würdigen. Und schon befinden wir uns als Beobachtende und Handelnde mitten in den Dynamiken sich wandelnder Kulturen, mächtig und ohnmächtig zugleich. Vor diesem Hintergrund versteht sich dieser Sammelband nicht als bloße Tagungsdokumentation, sondern auch und vor allem als eine Publikation, die die Transformationen einer Branche und der mit ihr in Verbindung stehenden organisatorischen und politischen Felder dokumentiert und reflektiert.

Der Band ist in drei große Abschnitte gegliedert, die einen inhaltlichen Bogen von Kultur-, Demokratie- und Förderpolitik, über konkrete Beispiele und prägende Aspekte von PopEventKulturen bis hin zu Ausbildungs- und Berufswegen schlagen. Dabei wechseln sich die einzelnen Beiträge mit integrierten Interviews ab, die die Herausgeber*innen mit Akteur*innen aus Kulturpolitik, Kulturmanagement und Musikwirtschaft geführt haben. Die Interviews enthalten stets dieselben Fragen zu privaten und beruflichen Bezügen zu PopEventKulturen sowie zum Einfluss der COVID-19-Pandemie auf das eigene berufliche Verhältnis von Management und Politik. So entfaltet sich ein multiperspektivischer und transdisziplinärer Blick auf PopEventKulturen und deren vielfältige Bezüge zu den Feldern Management und Politik. Multiperspektivisch bedeutet hier aus unterschiedlichen, für den gesamten Zusammenhang wichtigen Beobachtungskulturen heraus Kulturen zu beobachten. Transdisziplinär heißt hier, aus diesen Blickwinkeln und Erfahrungen nicht nur ins Gespräch zu kommen und Gemeinsamkeiten und Unterschiede festzustellen, sondern anschließend zu kooperieren und nachhaltig die Beobachtungskulturen zu nutzen. Dabei gilt Integration als historischer sowie systematischer Fortschritt gegenüber den eher additiven Herangehensweisen inter- oder multidisziplinärer Verfahren. Zudem sind die Disziplinen selbst sowohl außer- als auch innerakademisch divers und sich überlappend und daher Transfers und Vermittlungen in alle Richtungen. Wissenschaften finden nicht außerhalb, sondern in und aus Gesellschaft heraus statt, wenn sie auch oftmals für sich einen »neutralen« Standpunkt beanspruchen. Sie sind praktisch und anwendend, auch wenn sie einen theoretischen und abstrakten Blickwinkel ausrufen (Jacke & Zierold 2014; Jacke 2013, 23-55).

Pop ist hier ausdrücklich nicht als Genre, weit und integrativ gefasst und mit dem Nukleus der Musik(kultur)en zu verstehen. Die Veranstaltungsform »Event« wird dabei als für Popkultur »nicht nur typisch, sondern stilbildend« (Schroeter-Wittke 2017, 72) erachtet. Als Vergemeinschaftungsform der Spätmoderne prägt es als kulturelles Konzept Pop-, Event-, Management- und Politikkulturen, beispielsweise im Zusammenhang mit dem Ansatz der »Experience Economy« (Pine II & Gilmore, 1998) oder der »Eventisierung« (Gebhardt, Hitzler & Pfadenhauer 2000, 11). Kultur tritt daher im Plural auf, bedeutet nicht nur Kunst, sondern eine generelle Interpretationsfolie für alle gesellschaftlichen Bereiche und Wirklichkeitsmodelle (Schmidt 2014). Dadurch wird die essenzielle Relevanz von Kulturen für Gesellschaften betont und zugleich deutlich – nicht zuletzt für den Bereich des Managements, ganz allgemein verstanden als die Gesamtheit an Steuerungsaufgaben in arbeitsteiligen Organisationen. Politik bzw. Politiken schließlich sind im engeren Sinn die aus gesellschaftlichen Organisationszusammenhängen konstituierten Strukturen, Prozesse, Kommunikationen und Inhalte, mal formal, institutionell und vorgegeben, mal informell, außer-institutionell und selbst geschaffen, meistens in Mischformen auftretend. Vor diesem Hintergrund betont der Begriff »PopEventKulturen« in Majuskeln die enge Verwobenheit von PopEvents in Kulturen und zeigt damit bereits die Transdisziplinarität, Transfersensibilität und Dynamik der Phänomene selbst.[1]

Ob nun auf Ebene der Kulturen oder ihrer wissenschaftlichen und anderweitigen Beobachtungen, die drastische Pandemie hat Grenzüberschreitungen, Transfers und Vermischungen massiv erschwert und neben den genannten Ängsten damit einhergehend diverse reaktionäre Backlashs oder zumindest Bestrebungen danach provoziert und die bereits vor geraumer Zeit vom libanesisch-australischen Anthropologen Ghassan Hage (2003) im Angesicht

---

1 Ausführlicher haben wir uns mit Transdisziplinarität, Wissenschaffen und Popular Music Studies in einem noch zu publizierenden gemeinsamen Beitrag auseinandergesetzt: »Popular Music Studies and Knowledge. Transdisciplinary Perspectives and Experiences.« XX Biennial International Conference of IASPM 24.-28.06.2019: »Turns and Revolutions in Popular Music« (Canberra/National Australian University, School of Music).

euphorischer Globalisierungsbeurteilungen für ärmere und abgehängte Länder und Regionen proklamierte »stuckedness« auch in den westlichen Alltag bis hinein in die Kinderstuben, Hausflure und Home Offices gebracht. Hages Forderung nach sich kümmernden als Gegenmittel zu sich paranoid sorgenden Gesellschaften scheint aktueller denn je. Neben den Bereichen Gesundheit, Bildung, Wohnen, Familie, Soziales, Klimaschutz und Arbeit ist dabei auch das (populäre) Künstlerische zentral. Auch die Kulturmanagement- und Kulturvermittlungsforscherin Birgit Mandel beschreibt aktuell in den »Kulturpolitischen Mitteilungen« (2021) derartige Veränderungsdynamiken und die zunehmende Bedeutung von Diversität, Teilhabe, Inklusion, Kultureller Bildung und Community Building als Bereiche des neuen Kerngeschäfts kultureller Einrichtungen. Auf eine vorläufige, vereinfachte Formel gebracht hieße das in unserem Sinne »Transklusion« als wechselseitig inklusive Transkulturalität statt Prominenz im Sinne von vermeintlich individueller Spitzenleistung. Das kann als Fingerzeit auch für PopEventKulturen als u.a. Orte und Räume des sozialen Miteinanders gelesen werden (Flath & Momen Pour Tafreshi 2021). Offenbar werden diese Aspekte auch Teilnehmenden dieses Bereichs immer wichtiger, wie sich auch an den im vorliegenden Band versammelten Beiträgen zeigt.

Der erste Teil dieses Sammelbands, »PopEventKulturen und Politik(en): Räume und Akteur*innen«, wird von einem Interview mit Rembert Stiewe – Mitbegründer eines der wichtigsten und langlebigsten deutschen Indie-Labels, »Glitterhouse Records«, Veranstalter des »Orange Blossom Special Festivals« und Geschäftsführer des Beverungener Stadtmarketings – eröffnet. Daran knüpft der Beitrag »Kann Kulturpolitik Demokratiepolitik sein?« von Monika Mokre an, in dem die Politik- und Kommunikationswissenschaftlerin sowie Vorsitzende des »eicp – european institute for progressive cultural policies« den Bereich der Kulturpolitik demokratiepolitisch perspektiviert. Dabei stehen unter anderem grundlegende Fragen danach, welche Kulturen es wert sind, ausgestellt zu werden und welche verborgen werden, welche Bilder in der Gesellschaft dargestellt und welche marginalisiert werden, wer wen auf welcher Grundlage repräsentiert und welche Bilder des gesellschaftlichen Lebens propagiert und welche marginalisiert werden sollen, im Zentrum.

Die Musik- und Kulturwissenschaftlerin, kulturpolitische Akteurin sowie Musikerin Susanne Binas-Preisendörfer leuchtet anschließend in ihrem Beitrag »Popmusik und (Förder-)Politik in Deutschland – Voraussetzungen, Veränderungen, Perspektiven« aus unterschiedlichen Blickwinkeln die Förderung von Popmusik in Deutschland aus. Ausgehend von den Maßnahmen zur Eindämmung der COVID-19-Pandemie differenziert die Autorin nicht nur die Strukturen von Kulturförderung aus, sondern geht auch auf deren unterschiedliche Konzepte und Instrumente zur Steuerung des Handlungsfeldes Populärer Musik ein, in der Wirtschafts-, Infrastruktur-, Ordnungs- und Medienpolitik ineinandergreifen.

Nach einem Interview mit Heike Herold – Geschäftsführerin der »Landesarbeitsgemeinschaft Soziokultureller Zentren NRW e.V.« und in dieser Funktion im geschäftsführenden Vorstand des Kulturrates NRW sowie Vorstandsmitglied im Bundesverband Soziokultur – reflektiert Carsten Nolte – Programmreferent ebenfalls bei der genannten Landesarbeitsgemeinschaft, Kulturmanager, Veranstalter und Musiker – in seinem Artikel »Kulturförderung vor und in Coronazeiten« über die Begriffe »Kulturförderung« und »Förderkultur« und plädiert dafür, diese neu zu sortieren und einen noch differenzierteren Blick darauf zu werfen. So hat die COVID-19-Pandemie das Dickicht des Förderdschungels nicht nur noch sichtbarer gemacht, sondern auch noch verstärkt, was unter anderem auch dazu führe, dass einzelne Förderprogramme für viele kleinere Vereine oder Unternehmen formal und inhaltlich unüberwindbare Hürden darstellen. Trotz der intensiven Berichterstattung und der öffentlichen Diskussionen um den Wert von Kultur bleibe dennoch zu hoffen, dass zukünftig nicht nur wirtschaftlich profitable Eventformate die Veranstaltungskalender füllen.

Auf ein Interview mit Anna Blaich – Projektmanagerin in der Kulturellen Stadtentwicklung bei »NEXT Mannheim«, stellvertretende Vorsitzende der Bundesstiftung LiveKultur, im Vorstand des Eventkultur Rhein-Neckar und Mittinitiatorin der IG Clubkultur Baden-Württemberg – folgt der Beitrag der Soziolog*innen, Sozial-, Quartierentwicklungs-, Kommunikations- und Popmusikkulturwissenschaftler*innen Niklas Blömeke, Jan Üblacker, Katharina Huseljić, Heiko Rühl und Johannes Krause. Die Autor*innen präsentieren in ihrem Beitrag »Popkultur fördern, Räume schaffen. Popkulturelle und soziale Dimensionen von Musikspielstätten« ihre 2020 durchgeführte Studie zu *live music ecologies* von Musikspielstätten in Deutschland. Dabei fokussieren sie popkulturelle und soziale Dimensionen und plädieren dafür, theoretisch-konzeptionell Besucher*innen von Musikspielstätten als aktive Gestalter*innen popkultureller Räume zu begreifen.

Auf ein Interview mit Dieter Gorny – Aufsichtsratsvorsitzender der Initiative Musik, Mitglied des Präsidiums des Deutschen Musikrates sowie Professor für Kultur- und Medienwissenschaft an der Hochschule Düsseldorf – folgt der Artikel des Popmusikkulturwissenschaftlers, DJs und Vorstandsreferenten einer Bildungsorganisation Manuel Troike. Der Autor geht im Beitrag »Das Party-Prekariat? – Untersuchungen zu mobilen DJs in Deutschland« der Frage nach, welche ökonomischen Abhängigkeiten bei mobilen DJs in Deutschland bestehen, insbesondere unter welchen Rahmenbedingungen sie ihren Beruf ausüben und wie sie im gesamtdeutschen Arbeitsmarkt bzw. in der Kreativwirtschaft in Deutschland einzuordnen sind. Dabei fokussiert der Autor eine von ihm durchgeführte Studie, deren Ergebnisse u.a. auch zeigen, dass sich mobile DJs in Deutschland hinsichtlich ihres gewerblichen und musikalischen Alltags durch eine große Heterogenität auszeichnen, was auch mit der unscharfen und überaus komplexen Definitionslage in Zusammenhang steht.

Der zweite Teil des Bandes – »PopEventKulturen und Management: Fallstudien« – beginnt mit einem Beitrag der Popmusikkulturwissenschaftlerin sowie Event- und Kulturmanagerin Ina Heinrich. Sie präsentiert in »Paderboring. Hartnäckiges Vorurteil oder wirklich nichts los hier?« eine empirische Untersuchung zum Zusammenhang von kulturellem Angebot in Paderborn und dem Image der Stadt, wobei die Autorin die Gruppe der in Paderborn Studierenden fokussiert. Der Beitrag basiert auf der Masterarbeit der Autorin, die 2020 mit dem Preis der Bremer AG für herausragende Abschlussarbeiten an der Fakultät für Kulturwissenschaften der Universität Paderborn ausgezeichnet wurde. Neben ausgewählten und differenziert reflektierten Ergebnissen der Studie werden auch kulturpolitische Handlungsempfehlungen für popmusikkulturelle Angebote präsentiert.

Nach einem Interview mit Markus Runte – Leiter des Stadtmuseums Paderborn, Kurator und Veranstalter – geht die Popmusikkulturwissenschaftlerin und Forschungsprojektmitarbeiterin Maryam Momen Pour Tafreshi in ihrem Beitrag »Popmusikfestivalbesuche als Rituale der Alltagskolorierung« der Frage nach, inwiefern Besuche von Popmusikfestivals in den Alltag der Besuchenden hineinwirken. Die in diesem Beitrag präsentierte qualitative Interviewstudie wird von ritualtheoretischen und soziologischen Bezügen gerahmt und diskutiert die Ergebnisse vor dem Hintergrund des zeitdiagnostischen Befundes der Erlebnisgesellschaft.

Daran anschließend widmet sich Kristian Keuer – Popmusikkulturwissenschaftler, ehemaliger Fachkoordinator im Fach Musik der Universität Paderborn und Assistent des Generalmusikdirektors und des Amtsleiters der Bochumer Symphoniker im Anneliese Brost Musikforum Ruhr – der Kommunikation von Nachhaltigkeit im Zusammenhang mit der Konzeption, Organisation und Durchführung von Großevents. In seinem Artikel »Kulturelle Nachhaltigkeit erlebnisreich vermitteln. Nachhaltigkeitsorientierte Eventkommunikation am Beispiel des Deutschen Evangelischen Kirchentags« buchstabiert der Autor nicht nur das Konzept Nachhaltigkeit differenziert aus, sondern geht auch auf seine 2019 durchgeführte Untersuchung, basierend auf Interviews mit den Mitgliedern des Kollegiums des Deutschen Evangelischen Kirchentages, ein. Die Ergebnisse geben interessante Einblicke in Verständnis und Kommunikation von Nachhaltigkeit der Veranstalter*innen dieses Großevents, das mit dem EMAS-Gütesiegel (Eco-Management and Audit Scheme-Gütesiegel) der Europäischen Union zertifiziert ist.

Der dritte Teil des Sammelbandes, »PopEventKulturen und Institutionen: (Aus-)Bildungen«, wird mit einem Interview mit Katharina Pfennigstorf – Leiterin des Universitätslehrgangs »Kulturmanagement« an der Universität für Musik und darstellende Kunst Wien (mdw) sowie seit 2018 stellvertretende Institutsleitung des Institutes für Kulturmanagement und Gender Studies an der mdw – eingeleitet. Darauf folgt der Beitrag des Wirtschaftsgeographen sowie Stadt- und Szenen-Beraters Bastian Lange »Dritte Orte für die Dritte Mission? – Was leistet das Konzept Field Configuring Events zum Verständnis neuer kollaborativer Lern- und Transferformate in Hochschulen?«. Darin systematisiert und reflektiert der Autor das Potential kleinmaßstäblicher Ausbildungsformate und Transferformate in Hochschulkontexten aus der theoretisch-konzeptionellen Perspektive der *Field Configuring Events*. Auf Basis von Kriterien zur Analyse von feldkonfigurierenden Ereignissen beleuchtet der Autor ein konkretes Beispiel – die Innovationswerkstatt an der Hochschule der HTW Berlin –, um Prozesskulturen zu rekonstruieren. Die detailreiche und gleichzeitig synthetisierende Darstellung gibt anregende Einblicke in Prozesse kreativer Koproduktion.

Das letzte Interview dieses Sammelbandes wurde mit Christoph Gockel-Böhner – Leiter des Kulturamtes der Stadt Paderborn sowie Kulturmanager – geführt. Daran schließt der Beitrag »(Ausbildungs-)Wege im (Event-)Management« des Musik(management)wissenschaftlers und Herausgebers des »Lexikon der Musikberufe« Martin Lücke an, der diesen Sammelband damit auch abrundet. Darin geht der Autor auf die vielfältigen Wege in das Berufsfeld Eventmanagement ein und fokussiert dabei die duale Ausbildung, das Studium sowie den Quereinstieg. Dazu werden exemplarisch drei Studiengänge analysiert und durch Statistiken zum Arbeitsmarkt, die die spätere Arbeitsplatzsicherheit in diesem Tätigkeitsumfeld unterstreichen, ergänzt.

In ihrer verwobenen Heterogenität sind die Beiträge und Argumentationen dieses Bands somit nicht nur für Wissenschaftler*innen und Studierende diverser Ausrichtungen, sondern auch für Kulturschaffende, Kulturpolitiker*innen, Fördernde, Journalist*innen, Künstler*innen, Besucher*innen, Aus(zu)bildende und ganz generell Interessierte an PopEventKulturen aufschlussreich und interessant.

Schlussendlich möchten die Herausgeber*innen an dieser Stelle den Autor*innen sehr herzlich für ihre inspirierenden Beiträge danken, die neue Perspektiven und Horizonte eröffnen und damit den Diskurs fortsetzen und bereichern. Ebenso gilt großer Dank dem Lektor dieses Sammelbandes, Sebastian Ostermann, der für das umsichtige Lektorat der Beiträge verantwortlich zeichnet sowie den Mitarbeiter*innen Katharina Schmecht und Diana Pfeifle, die mit großer Sorgfalt und Geduld das Layout gestalteten. Zudem danken die Herausgeber*innen allen an der wunderbaren Tagung beteiligten Aktiven – Kristian Keuer, Maryam Momen Pour Tafreshi, Dominik Nösner, Markus Runte und dem gesamten Team des Stadtmuseums Paderborn, Manuel Troike sowie den zahlreichen, sich engagiert einmischenden Studierenden der Universität Paderborn. Für die finanzielle und organisatorische Unterstützung gilt abschließend unser herzlicher Dank der Forschungskommission der Universität Paderborn sowie dem Dekanat der Fakultät für Kulturwissenschaften. Nur im kommunikativen Austausch entfaltet geschaffenes Wissen im Sinne des leider verstorbenen John Fiske (1989, 175) seine Kraft: »Knowledge is power.« Dazu möge auch dieser Sammelband beitragen!

Literatur

Di Cesare, Donatella. 2020. *Souveränes Virus? Die Atemnot des Kapitalismus.* Konstanz: Konstanz University Press.

Fiske, John. 1989. *Understanding Popular Culture.* London und New York: Routledge.

Flath, Beate und Maryam Momen Pour Tafreshi. 2021. »Work-related practices of local managers of live music events in Ostwestfalen-Lippe (OWL) and their impact on cultural participation.« *Arts and the Market*, Vol. 11, Nr. 2: 109-122.

Gebhardt, Winfried, Ronald Hitzler und Michaela Pfadenhauer. 2000. »Einleitung« In Events. Soziologie des Außergewöhnlichen, hg. von Winfried Gebhardt, Ronald Hitzler und Michaela Pfadenhauer, 9-15. Opladen: Leske + Budrich.

Hage, Ghassan. 2003. *Against Paranoid Nationalism. Searching for hope in a shrinking society.* Annandale: Pluto Press.

Höffe, Otfried. 2021. Was hält die Gesellschaft noch zusammen? Bricht wirklich alles auseinander, wie immer wieder behauptet wird? Keineswegs. Tatsächlich erfreuen sich moderne Gemeinschaften eines nicht nur wirtschaftlichen Wohlstands. *Frankfurter Rundschau*, 77, Nr. 253 vom 30./31.10.2021, 32-33.

Jacke, Christoph. 2013. *Einführung in Populäre Musik und Medien.* 2. Auflage. Berlin und Münster: LIT.

Jacke, Christoph und Martin Zierold. 2014. »Das Theorie-Praxis-Missverständnis: Mehr als ein Transferproblem in Popmusikkultur- und Medienforschung. Sechs Thesen und ein Appell« In *POP/WISSEN/TRANSFERS. Zur Kommunikation und Explikation populärkulturellen Wissens*, hg. von Susanne Binas-Preisendörfer, Jochen Bonz und Martin Butler, 7-25. Berlin und Münster: LIT.

Mandel, Birgit. 2021. »Neue teilhabeorientierte Narrative, Shared Leadership und agile Strategien. Strukturelle Veränderungen klassischer Kultureinrichtungen durch gesellschaftliche Umbrüche und eine neue Generation von Kulturschaffenden.« In *Kulturpolitische Mitteilungen*, 174 (III/2021), 92-94.

Pine, B. Joseph II und James Gilmore. 1998. »Welcome to the Experience Economy«. *Harvard Business Review*, Vol. 76, Nr. 4: 97-105.

Schmidt, Siegfried J. 2014. *Kulturbeschreibung – Beschreibungskultur. Umrisse einer Prozess-orientierten Kulturtheorie.* Weilerswist: Velbrück Wissenschaft.

Schroeter-Wittke, Harald. 2017. »Event(uelle) Kirche.« In *Massen und Masken. Kulturwissenschaftliche und theologische Annäherungen*, hg. von Richard Janus, Florian Fuchs und Harald Schroeter-Wittke, 71-78. Wiesbaden: Springer.

PopEventKulturen und Politik(en):
Räume und Akteur*innen

Interview mit Rembert Stiewe

Was war Ihrer Erinnerung nach Ihr erstes »PopMusikEvent«?
Was war das Besondere daran, dass Sie sich bis heute daran erinnern?

Mein erstes »PopMusikEvent« war ein Konzert von Grobschnitt in der Stadthalle Beverungen, es muss 1977 gewesen sein. Es war mein erster Konzertbesuch. Ich war dreizehn Jahre alt, meine große Schwester nahm mich mit. Es war in vielerlei Hinsicht besonders. Zuvor war mir z.B. nicht klar gewesen, dass man sich bei einem Rock-Konzert auf den Hallenboden setzt. Das schien damals offensichtlich angesagt – oder zumindest dachte man im idyllischen ostwestfälischen Beverungen, dass es angesagt sei. Meine Schwester und ich eilten daher noch mal nach Hause – unser Elternhaus liegt nur 100 Meter von der Stadthalle entfernt – um eine Decke zu holen, auf die wir uns dann setzten. Gefühlt alle anderen saßen nämlich auch auf Decken. Als wir die Halle erneut betreten wollten, baute sich der örtliche Dorfpolizist, Herr Krause, zufällig auch im Kegelclub meines Vaters, vor uns auf und fragte mahnend: »Na, ihr versteckt in der Decke aber doch nichts Illegales?« Ich wusste gar nicht, was er meinte und beobachtete etwas eingeschüchtert, wie er die Decke gemächlich, aber gewissenhaft auseinander- und dann wieder zusammenfaltete. Dann wünschte er uns viel Spaß und ließ uns ohne Weiteres eintreten. Altersnachweise oder Jugendschutz spielten offensichtlich in den Siebzigern noch keine große Rolle. Das mit der Decke war übrigens eine sehr gute Idee, da Grobschnitt dreieinhalb Stunden lang spielten.

Die Musik war mir anfangs etwas fremd, aber dann doch reizvoll. Sie war für mich Teil eines größeren Ganzen. Es waren recht viele Gestalten mit langen Haaren im Publikum, die sich entweder betont cool gaben oder etwas unbeholfen Luftgitarre spielten. Das fand ich zwar etwas eigenartig und peinlich, aber ich war der Faszination eines Live-Konzertes trotzdem sofort erlegen. Mir war bewusst, dass ich damit sicher nicht das letzte Mal in meinem

Leben zu tun haben würde. Ich fühlte mich auf eigentümliche Art zugehörig zu etwas, was ich gar nicht näher beschreiben, geschweige denn einordnen konnte. Aber es fühlte sich an wie ein Initiationsritus. Ich war erstmals in eine mir zuvor fremde Welt eingetaucht. Und ich merkte, dass ich mich in ihr gut aufgehoben und sicher fühlte. Als wir nach Hause kamen, zurück in die Realität, und meine Mutter »Und? Wie war's bei den Langhaarigen?« fragte, antwortete ich extra unterkühlt: »Gut.« Ich ahnte, dass ich für den Lebensentwurf, den sie sich für mich vorstellte, verloren war.

Können Sie diese besondere Erinnerung mit Ihrem heutigen Beruf in Zusammenhang bringen?
Inwiefern hat das Ihren beruflichen Werdegang beeinflusst?

Ich bin mir nicht sicher, ob nun mein erstes Live-Konzert, tatsächlich dafür verantwortlich ist, dass ich später in der Musikbranche landen sollte. Aber dass Musik allgemein, Rock-Musik im Speziellen, noch dazu im Live-Kontext, mich geprägt und meinen beruflichen Werdegang beeinflusst hat, das liegt auf der Hand. Nach wie vor faszinieren mich Live-Konzerte, diese Sinnesüberflutung, das gemeinsame Erleben eines eigentlich sehr persönlichen Prozesses, die Überhöhung einer Geste zur Inszenierung, die Unmittelbarkeit der Interaktion, der Krach, der Schweiß, die Endorphine, der Mut der Künstler*innen, ihr Innenleben nach außen zu stülpen, der Rausch, die Teilhabe an unwiederbringlichen Augenblicken, die aber nicht flüchtig sind. Aber, doch: Auch wenn ich heute bevorzuge, bei Konzerten nicht auf einer Decke zu sitzen, auch wenn meine Aufmerksamkeitsausdauer nicht mehr für dreieinhalbstündige Marathon-Konzerte ausreicht und auch wenn ich mich musikalisch mittlerweile auf anderen Schollen zuhause fühle: ja, doch, ich glaube tatsächlich, dass dieses erste Rock-Konzert meines Lebens eine Weiche gestellt hat. Emotional, später dann auch beruflich.

Dafür spricht auch – Fun Fact – dass bei eben jenem Grobschnitt-Konzert auch mein Jugendfreund Christof Ellinghaus anwesend war, der später das City-Slang Label gründete. Kann ja kein Zufall sein, dass wir beide im Musikbusiness gelandet sind.

Im weiteren Verlauf meiner musikalischen Sozialisation gab es dann allerdings zum Glück noch viele weitere Live-Erweckungserlebnisse, die mich musikalisch und emotional noch weit mehr fesseln sollten.

Was machen Sie beruflich?
Warum haben Sie sich für diesen Beruf entschieden?
Wie sah Ihr beruflicher Werdegang aus?

Ich habe in den frühen 80er Jahren zusammen mit Reinhard Holstein das Label Glitterhouse Records gegründet, bei dem ich immer noch für A&R zuständig bin. Das entstand aus unserem Fanzine *The Glitterhouse*. Seit 1997 veranstalte ich das jährliche Orange Blossom Special Open-Air-Festival in meiner ostwestfälischen Heimatstadt Beverungen. Die deutsche Ausgabe des »Rolling Stone« hat es mal »das beste kleine Festival der Welt« genannt. Hm, ich weiß nicht... aber wenn die das sagen. Seit 2003 bin ich außerdem Moderator der Fernsehreihe »Rockpalast: Crossroads« (WDR und 3sat).

Mein Studium der Sozialwissenschaften (Sportwissenschaft, Publizistik- und Kommunikationswissenschaften, Politikwissenschaft) habe ich zum Schrecken meiner Eltern irgendwann abgebrochen und mich ab da ganz dem Label, später dann auch dem Festival gewidmet. Ich habe daher mein Hobby zum Beruf machen dürfen – was eine sehr privilegierte Ausgangsbasis ist. Dass der Beruf allerdings auch viel mit Selbstausbeutung zu tun hat, will ich nicht unterschlagen. Aber ich will auch nicht zu arg jammern. Ich hätte ja auch »etwas Gescheites lernen können«.

Beschreiben Sie bitte Ihr berufliches Verhältnis zu Politik und Management vor und während der COVID-19-Pandemie.

Die Musik- und Kreativbranche, speziell die Veranstaltungsbranche, ist schon immer geprägt durch einen selbstbestimmten und selbstverwaltenden Ansatz. Vor allem im Independent-Bereich ist viel DIY im Spiel. Man hat es durch alle Krisen immer wieder geschafft, sich etwas einfallen zu lassen. Selten wurde um Hilfe gerufen, in Verbänden organisierte Interessenvertretung oder professionelle Lobbyarbeit spielten eine untergeordnete oder keine Rolle. Es gab einige Berührungspunkte zwischen Politik und Musik-Business, es gab hier und da Austausch, mehr nicht.

Aber ich muss zu meiner Schande gestehen, dass ich selbst auch nie eine besondere Notwendigkeit zum Engagement für die Vertretung eventueller gemeinsamer Interessen gegenüber politischen Institutionen gesehen habe. Das hat sich während der Covid-19 Pandemie und auch in Bezug auf die Urheberrechtsgesetzgebung geändert. Unter dem Druck existentieller Bedrohungen wurde deutlich, dass es an Schnittstellen mangelt, dass Kultur als solche, speziell aber die U-Musik, der Pop, nicht genügend wertgeschätzt werden, dass Kulturschaffende und Kulturvermittelnde trotz aller Lippenbekenntnisse in Entscheidungen der Politik keine Rolle spielen. Da herrscht wenig Kommunikation, wenig Verständnis für die Strukturen der kleinteilig aufgefächerten Branche und für die Lebenswirklichkeit der in ihr Handelnden.

Innerhalb der Branche sind zunehmend Solidarität und Verständnis füreinander zu bemerken – außerhalb dagegen nicht. Eine der vor Covid-19 wirtschaftlich stärksten Branchen wird aufgrund der verständlichen Eindämmungsmaßnahmen verkarsten, weil ihre gesellschaftliche und wirtschaftliche Bedeutung seitens der politisch Entscheidenden marginalisiert wird. Eine entsprechende Kompensation der durch ein de facto Berufsausübungs- und Gewerbeverbot existentiell Bedrohten bleibt aus, da die teils chaotisch und an den Bedürfnissen vorbei konzipierten Hilfen für viele Gewerke, für Unternehmen und Soloselbständige einfach nicht greifen. Darüber hinaus sind es bürokratische Monster, die ohne zusätzliche Manpower kaum zu verwalten sind. Politische Einmischung, Interessenverbandsarbeit, Einflussnahme auf Gesetzgebungsverfahren, Förder- und Hilfsprogramme und u.U. auch kaltherziger professioneller Lobbyismus durch Dritte werden zukünftig eine wichtigere Rolle spielen müssen als bisher, wenn man die Branche noch retten und langfristig erhalten will. Um näher an einer aktiven Interessenvertretung zu sein, ist das OBS der LINA (Live-Musikinitiative Nordrhein-Westfalen e.V.) beigetreten, dem NRW-Arm der LIVEKOMM (Verband der Musikspielstätten e.V.). In der LINA bringe ich mich in der AG Festivals, in der LIVEKOMM im AK Festivalkombinat ein.

Was können wir aus den Entwicklungen während der Pandemie über »PopEventKulturen« lernen?

Sie fehlen den Menschen. Und sie sind anpassungsfähig – funktionieren in anderen als der Ur-Form aber nur eingeschränkt. Neue Vermittlungsformen sind schnell etabliert worden, ebenso schnell wurden ihre Grenzen aufgezeigt. Streaming-Konzerte können den emotionalen Kern eines Live-Konzertes nicht ersetzen. Auch die mit ihnen zu erzielende Wertschöpfung reicht nicht aus, um die Kreativen und Vermittelnden angemessen zu entlohnen.

Konzerte mit Social Distancing, Mitsing- oder Tanzverbot können nur ein kurzfristiges Derivat sein. Sie ersetzen das ursprüngliche und in seiner Sinnesfülle einmalige Live-Konzert nicht annähernd.

Was wäre Ihre Vision bzw. Ihr Traum von einem »PopMusikEvent«?

>>> Nick Cave, The Cardigans, Mudhoney, Townes van Zandt, Wipers, Joy Division, PJ Harvey, Anna Ternheim, Cash Savage & The Last Drinks, Die Nerven, Sophia, Gisbert zu Knyphausen und The Slow Show bei bestem Wetter auf der Bühne des Orange Blossom Special. Covid-19 ist Geschichte. Lärmbeschränkungen sind außer Kraft gesetzt. Es braucht kein Awareness-Team und keine Infostände von und Spenden für Sea-Watch und Viva con Agua – weil die Gründe, aus denen es beide NGOs gibt, nicht mehr existieren. Das ganze energieautark und klimaneutral. Mehr braucht es nicht. Und es wäre traumhaft.

Die Fragen stellten Beate Flath und Christoph Jacke.

Biographie

Rembert Stiewe lebt in seinem Geburtsort Beverungen in Ostwestfalen. Nach dem Abitur folgten Zivildienst, ein Studium der Sozialwissenschaften, Studienabbruch und diverse Jobs, von Straßenbau bis Tennislehrer. 1982 Mitbegründer von Glitterhouse Records, einem Tonträger-Label, das 2015 als »Best Label« bei den VIA! VUT-Indie-Awards ausgezeichnet wurde. Dort ist er Vice President mit dem Aufgabenbereich A&R. Seit 1997 veranstaltet er das Open-Air-Festival Orange Blossom Special (OBS), das jährlich internationale Bands und etwa 4.000 Menschen im Garten (!) der Firma Glitterhouse versammelt. Das OBS war bereits ein Boutique-Festival, als der Begriff noch gar nicht existierte – und wurde vom Rolling Stone als »bestes kleines Festival der Welt« geadelt. 2021 wurde Rembert Stiewe als »Meiste Festivalpersönlichkeit« mit dem HELGA!-Award, dem deutschen Festivalpreis, ausgezeichnet. Neben dem Job bei Glitterhouse ist er als Geschäftsführer des Beverunger Stadtmarketings und freiberuflich als Journalist tätig u.a. moderiert er die Fernsehreihe »Rockpalast: Crossroads« (WDR und 3Sat) und diverse Panels im Rahmen der Reeperbahn-Festival-Konferenz. Rembert Stiewe ist 57 Jahre alt, verheiratet, hat einen Sohn und einen Enkel. Er trinkt gerne Bier und billigen Bourbon und raucht viel zu viele Ernte 23-Zigaretten.

Kann Kulturpolitik Demokratiepolitik sein?

Monika Mokre

Einleitung

> »Whose culture shall be the official one and whose shall be subordinated? What cultures shall be regarded as worthy of display and which shall be hidden? Whose history shall be remembered and whose forgotten? What images of social life shall be projected and which shall be marginalized? What voices shall be heard and which be silenced? Who is representing whom and on what basis? This is the realm of cultural politics.« (Jordan/Weedon 1995, 4)

Diese Definition fasst bewundernswert konzise die Aufgaben und Probleme von Kulturpolitik zusammen und berührt damit auch alle Debatten, die in jüngerer Vergangenheit und gegenwärtig dazu geführt werden. Dies beginnt bei der Frage, ob Kultur überhaupt eine politische Angelegenheit sein sollte, ob nicht jede politische Regulierung des kulturellen Sektors bereits eine Form der (potenziell diskriminierenden) Herrschaftsausübung wie auch einen Eingriff in die Freiheit der Kunst bedeutet. Diese Frage wurde vor allem in Hinblick auf Erfahrungen autoritärer Kunst- und Kulturpolitik, insbesondere im Dritten Reich gestellt, fand aber durchaus auch Eingang in die Kritik einer wohlfahrtsstaatlichen Kulturpolitik mit Fokus auf die finanzielle Förderung von kulturellen und künstlerischen Aktivitäten, die von oben als gesellschaftlich wichtig definiert werden.

Rechtfertigen lassen sich derartige politische Eingriffe in Kunst und Kultur durch die demokratische Legitimierung von denjenigen, die über Finanzierungen entscheiden, also durch die repräsentative Demokratie. Doch zugleich steht Kunstproduktion immer in zumindest potenziellem Widerspruch zu Mehrheitsentscheidungen, wird ihr doch häufig die Rolle einer außenstehenden Instanz der gesellschaftlichen Kritik zugestanden oder auch zugemutet.

Und auch aus Sicht der Rezipient*innen von Kunst und Kultur erscheint das Argument zweifelhaft, dass das kulturelle Angebot nur deshalb ihren Wünschen entsprechen soll, weil es von ihren gewählten Vertreter*innen bestimmt wurde. Schließlich entscheiden sich Wähler*innen – aufgrund mehr oder weniger rationaler Gründe – für eine Partei, nicht aber für eine spezifische Positionierung in einem Politikfeld. Und Kulturpolitik spielt für diese Entscheidung eine ebenso geringe Rolle wie üblicherweise für die gesamte Politik einer Partei oder Regierung. Dazu kommt, dass immer mehr Menschen in Nationalstaaten leben, in denen sie keine politischen Rechte haben, da sie die entsprechende Staatsbürger*innenschaft nicht besitzen. Haben sie daher auch keinen Anspruch, das Kulturangebot mitzubestimmen?

Die neoliberale Lösung für dieses Dilemma, die durchaus auch demokratische Züge hat, lautet »Konsument*innensouveränität«. Dieser Slogan lässt sich am einfachsten in eine Apologie des freien Marktes auch im Kultursektor übersetzen. Doch selbst Mainstream-Ökonom*innen gestehen Kunst und Kultur eine Position zu, die sich zumindest teilweise außerhalb des Marktes befindet und befinden sollte. Dies sind die Problemfelder und Dilemmata, innerhalb derer sich Kulturpolitik und auch Kulturmanagement bewegen und die im Folgenden etwas detaillierter beschrieben werden sollen.

Welche Kulturen sind es wert, ausgestellt zu werden und welche werden verborgen?

Kultur ist ein mehrdeutiger Begriff und wird einerseits als Gesamtheit der Werte, Traditionen, Bräuche und Praxen einer Gesellschaft verstanden und andererseits als Kunst- und Kulturproduktion. Insbesondere im deutschsprachigen Raum impliziert der Begriff zusätzlich eine Wertung – Kultur wird mit Kultiviertheit zusammengedacht, etwa im Begriff der Hochkultur.

Die Vorstellung, dass die Hochkultur zur Kultivierung der Individuen wie auch der Gesellschaft beiträgt, hat eine lange Tradition, die sich etwa zu Schillers »Schaubühne als moralischer Anstalt« (Schiller, 1838) oder Kants Konzept des interesselosen Wohlgefallens (Kant 1983, 287f) zurückverfolgen lässt und im 20. Jahrhundert von Adorno als die »Funktionslosigkeit« der Kunst beschrieben wird, die als »Statthalter der nicht länger vom Tausch verunstalteten Dinge« fungieren soll (Adorno 1973, 336f). Aus dieser emphatischen Sicht auf Kunst wurde bereits früher von Adorno, gemeinsam mit Horkheimer, die Kritik der Kulturindustrie entwickelt (Horkheimer und Adorno 2003, 144-196).

Aber auch dem sozialdemokratischen Programm »Kultur für alle« (vgl. etwa Hoffmann 1979), das im Deutschland der 1970er entwickelt und dann auch in Österreich breit aufgenommen wurde, ging es darum, dass allen – also insbesondere auch sogenannten »bildungsfernen« Schichten – Zugang zur Hochkultur ermöglicht werden sollte. Kulturvermittlungsprogramme tragen diesen Gedanken insofern weiter, als sie implizieren, dass die Vermittlung von Hochkultur wichtig ist; indirekt lässt sich daraus schließen, dass unvermittelt rezipierbare Kultur geringeren Wert hat. Ohne dies explizit auszuführen, wertet dieses Verständnis von Kultur die Popularkultur ab bzw. nimmt sie als Kultur gar nicht wahr. Gegen ein solches Kulturverständnis stellen sich die Cultural Studies, die seit den 1960er Jahren Kultur als »a whole way of life« (Williams 1958, 325) definieren und mit ihren Untersuchungen der kulturellen Aktivitäten der Arbeiter*innenklasse einen analytisch-deskriptiven statt wertenden Zugang zu Kultur entwickeln.

In einer zunehmend global vernetzten Welt impliziert das je angewendete Kulturverständnis zugleich die Differenzierung zu ›anderen‹ Kulturen, die national oder als geographische Kulturkreise gedacht werden. Schon die Perspektive auf die Kulturindustrie von Adorno und Horkheimer stellt deutlich eine Kritik intellektueller europäischer Emigranten an der Kulturproduktion der USA dar. Und der Schutz der »höherstehenden«, aber weniger kommerziell erfolgreichen europäischen Kulturproduktion vor der Übermacht des US-amerikanischen Marktes ist ein wichtiger Bestandteil der EU-Kulturpolitik, aber auch zahlreicher nationaler Kulturpolitiken in Europa.

In den letzten Jahrzehnten werden kulturelle Abgrenzungen allerdings weniger gegen die USA stark (und scharf) gemacht als gegen Migrant*innen und ihre Herkunftsländer. Dies zeigt sich etwa in den Diskussionen um die Notwendigkeit kultureller Integration von Migrant*innen und der Definition einer Leitkultur, zu der Bassam Tibi bereits in den 1990ern ausführte: »Die Werte für die erwünschte Leitkultur müssen der kulturellen Moderne entspringen, und sie heißen: Demokratie, Laizismus, Aufklärung, Menschenrechte und Zivilgesellschaft« (Tibi 2000, 154).

Wessen Kultur ist die offizielle Kultur und welche Kultur ist untergeordnet?

Die offizielle Kultur ist also die der Mehrheitsgesellschaft; und andere Kulturen haben sich dieser ein- oder unterzuordnen. Noch deutlicher als bei dem

Akademiker Bassam Tibi wird das in der politischen Verwendung des Konzepts der Leitkultur, wenn etwa der deutsche Innenminister Thomas de Maizière als ersten Satz der deutschen Leitkultur formuliert: »Wir sind nicht Burka« (de Maizière 2017). Hand in Hand mit der Behauptung kultureller Werte, die ausschließlich europäische sind, geht die Annahme, dass »wir«, also die Europäer*innen, Deutschen oder Österreicher*innen diese Werte haben, während andere sie im besten Falle erlernen müssen oder im schlechtesten Falle verweigern. Das gleichfalls aus dem Jahr 2017 stammende österreichische Integrationsgesetz etwa verpflichtet »Drittstaatsangehörige [...], Kenntnisse der deutschen Sprache sowie der demokratischen Ordnung und der daraus ableitbaren Grundprinzipien zu erwerben« (Integrationsgesetz 2017). Hier wird also allgemein davon ausgegangen, dass Drittstaatsangehörigen diese Kenntnisse fehlen.

Die Unschärfe des Kulturbegriffs wird hier zur Waffe derer, die die Deutungshoheit über das je angewendete Verständnis innehaben. Daher geht es im weiterführenden Diskurs zur kulturellen Integration nicht mehr nur um Prinzipien der Demokratie und Rechtsstaatlichkeit, sondern um Bekleidungs- und Ernährungsvorschriften, die Gestaltung des Privatlebens und kulturelle Ausdrucksformen. »Isst du Schwein, darfst du rein«, postet etwa die FPÖ im Jahr 2015 auf Facebook (N.N. 2015).

Auch wenn es um Kultur- und Kunstproduktion geht, wird dieses hegemoniale Verständnis deutlich, insbesondere im Bereich der Hochkultur. Beispielhaft können hier die bisher vergeblichen Bemühungen genannt werden, in Wien ein Museum oder zumindest ein Archiv der Migration einzurichten. Bezeichnend ist hier auch, dass das Projekt »migration sammeln«, das sich als Vorarbeit für ein solches Archiv verstand, nicht aus der Kunst- und Kulturförderung der Stadt Wien finanziert wurde, sondern von der Abteilung, die für »Integration und Diversität« zuständig ist[1]. Das kulturelle Erbe der Marginalisierten ist nicht Teil der Hochkultur.

Doch zugleich bietet die Kunst- und Kulturproduktion eine der wenigen Möglichkeiten, diesen Abwertungen und Ausgrenzungen entgegenzutreten. Seit einigen Jahren stellen Flucht und Migration einen Fokus des künstlerisch-politischen Schaffens dar (siehe etwa Leitgeb und Mokre 2021). Dies ist politisch hochrelevant, da Migrant*innen vom allgemeinsten politischen Recht, dem Wahlrecht, ausgeschlossen sind. Dazu kommt in vielen Fällen auch ein

---

1 http://www.migrationsammeln.info/inhalt/%C3%BCber-das-projekt. 11.08.2020.

(zumindest partieller) Ausschluss aus der politischen Öffentlichkeit. In Österreich etwa dürfen Drittstaatsbürger*innen keine Demonstrationen anmelden (Versammlungsgesetz 1953, idF 2017, §8). Im verfassungsmäßig geschützten Rahmen der Kunst ist es möglich, unbequeme Fragen zu stellen und radikale Positionen zu vertreten.

Allerdings werfen auch diese Kunstproduktionen eine Reihe von Dilemmas und Ambiguitäten auf. Denn in vielen Fällen werden sie von Künstler*innen der Mehrheitsbevölkerung entwickelt und organisiert, die dann auch das kulturelle Kapital ernten. Häufig kommen Geflüchtete und Migrant*innen nicht zu Wort oder nur zu den Worten, die ihnen von anderen in den Mund gelegt werden. Die Gratwanderung zwischen politischem Einsatz für die Rechte von Migrant*innen und der Ausbeutung und kulturellen Appropriation migrantischer Erfahrungen ist eine stets prekäre (Leitgeb und Mokre 2021).

Kunst- und Kulturproduktionen im Bereich der Hochkultur, die von Migrant*innen selbst entwickelt und durchgeführt werden, sind selten, was sich wohl wiederum aus der national und/oder europäisch gefärbten Definition der Hochkultur erklären lässt. Hingegen werden kulturelle Produktionen von Migrant*innen im Bereich der Popularkultur von der Mehrheitsgesellschaft häufig positiv aufgenommen. Während das – zugegebenermaßen naive – Abfeiern des Multikulturalismus in den 1980er und 1990er Jahren der – zumeist unreflektierten – Angst vor Fundamentalismus und Radikalismus gewichen ist, feiern Weltmusik, Balkanrock und türkische Klubs nach wie vor zumindest kommerzielle Erfolge. Die Romantisierung des »Anderen«, die mit der Furcht vor ihm stets in irgendeiner Form einhergeht, lässt sich hier nach wie vor beobachten. Selbstverständlich ist diese ebenso oberflächlich wie die Ablehnung des anderen, wie Žižek schon 2004 schreibt: »(T)oday's tolerant liberal multiculturalism as an experience of Other deprived of its Otherness (the idealized Other who dances fascinating dances and has an ecologically sound holistic approach to reality, while features like wife beating remain out of sight)« (Žižek 2004).

Welche Bilder der Gesellschaft werden dargestellt und welche werden marginalisiert?

Bestimmte Bilder – etwa einer ursprünglicheren, robusteren, lebensbejahenderen – Kultur werden durch ethnisch definierte Kulturproduktionen ungefiltert reproduziert – ebenso wie in vielen hochkulturellen Produktionen Bilder von Geflüchteten als Opfer reproduziert werden. Doch immerhin sind die »migrantischen« Popkulturen ein durchaus erfolgreicher Bestandteil der Kulturwirtschaft. So finden kulturelle Ausdrucksformen über den freien Markt ihren Platz im Mainstream, den ihnen das traditionelle Verständnis von Hochkultur nicht zugesteht.

Dies kann als Demokratisierung und Inklusion verstanden werden. Die Marktwirtschaft legt andere Maßstäbe an als die staatliche Kulturförderung – genauer gesagt: einen Maßstab, nämlich Profitabilität. Gegen eine Bewertung von Kunst und Kultur aufgrund von Marktfähigkeit wehren sich Künstler*innen und Kulturproduzent*innen seit Langem und zurecht. Denn, wie bereits in der Einleitung beschrieben, es gibt gute Gründe dafür, dass gute Kunst nicht notwendigerweise marktfähig ist; diese Gründe werden sogar von der Mainstream-Ökonomie anerkannt. So wird etwa argumentiert, dass Kunst und Kultur auch positive Effekte für diejenigen schaffen, die keine Eintrittskarten kaufen – etwa, weil durch das Kunstschaffen und das kulturelle Erbe das Prestige eines Landes und damit die Kollektividentität der Einwohner*innen gefördert werden (Vgl. etwa Herrmann 2002, 16-17). Daher soll der Staat hier einspringen.

Schwierigkeiten bestehen allerdings in der Bewertung dessen, was gute Kunst ist: Wer ist dazu berufen, d.h. wer soll über die (öffentliche) Finanzierung entscheiden? Nach welchen Prinzipien wird das Steuergeld der Bürger*innen an Institutionen und Projekte verteilt, für die diese Bürger*innen offensichtlich nicht in ausreichendem Maße individuell bezahlen wollen, denn sonst wäre die öffentliche Finanzierung ja überflüssig? Die Budgetberichte öffentlicher Förderstellen zeigen, dass dieses Geld nach wie vor in sehr überwiegendem Maße an Institutionen der Hochkultur und des kulturellen Erbes gehen, die einem traditionellen Verständnis von Kunst und Kultur folgen. Und Analysen des Publikums belegen, dass damit eine Einkommensverteilung von unten nach oben stattfindet, da zwar alle Bürger*innen Steuern zahlen, aber insbesondere die höhere Mittelschicht von Kulturangeboten profitiert (vgl. etwa Rössel et. al. 2018).

Nicht nur das Scheitern der staatlichen Planwirtschaften in den Comecon-Ländern ist ein Beleg dafür, dass der freie Markt im Regelfall flexibler reagiert als staatliche Planung. Dies zeigt auch eine vergleichende Betrachtung des öffentlich finanzierten Teils der Kunst und Kultur mit jenem Teil, der sich aus eigenen Einnahmen finanzieren kann. Denn am Markt entscheiden die Konsument*innen nach ihren je individuellen Interessen und

Wünschen; in der Kulturpolitik kommen diese Interessen, wenn überhaupt, gefiltert und verspätet an. Daher ist auch der Vorwurf nicht ganz von der Hand zu weisen, dass staatliche Kulturpolitik häufig paternalistisch dem (potenziellen) Kulturpublikum vorschreiben will, was es schätzen soll.

Dieser paternalistischen Haltung steht seit einigen Jahrzehnten das Konzept der Kulturwirtschaft gegenüber, das dem neoliberalen Prinzip von individueller Eigenverantwortung und schlankem Staat verpflichtet ist und sich in seiner Staatskritik (auch) gegen die Bevormundung der Bürger*innen durch den Staat wendet. Will man allerdings den Bürger*innen tatsächlich Wahlfreiheit in der Rezeption von Kunst und Kultur geben, dann versagt auch der freie Markt. Denn bekanntlich entspricht die Nachfrage nicht den tatsächlichen Bedürfnissen von Individuen, da für sie auch Kaufkraft nötig ist. Dieser Logik folgen Fördermodelle, die auf der Seite des Publikums und nicht der Produzent*innen eingreifen, etwa durch die Verteilung von Kulturgutscheinen an sozial Bedürftige[2] oder das österreichische Programm »Hunger auf Kunst und Kultur«[3], das diesen Bevölkerungsgruppen freien Eintritt in zahlreiche Kulturinstitutionen ermöglicht. Auf andere Art wird das Publikum gegenwärtig unter dem Schlagwort der »Publikumsentwicklung« ins kulturpolitische Spiel gebracht. Die »Erschließung neuer Publikumsschichten« bildet etwa einen Schwerpunkt des aktuellen EU-Kulturförderprogramms »Kreatives Europa«.

Publikumsentwicklung ist allerdings ein ambivalenter Begriff. Einerseits kann er bedeuten, dass man für seine Kulturproduktionen das größtmögliche Publikum zu erreichen versucht – und dies ist sicher ein sinnvolles Desiderat und ein Aspekt des Kulturschaffens, der mehr Aufmerksamkeit verdient. Andererseits kann es aber auch darum gehen, künstlerische und kulturelle Aktivitäten zu verfolgen, die von sich aus ein großes Publikum ansprechen; dies bedeutet eine Verarmung des Kulturschaffens. In diesem Spannungsfeld lassen sich auch die Anfänge des Hypes der Kulturwirtschaft verorten: In dem erwähnten Slogan der 1970er Jahre »Kultur für alle« (Hoffmann 1979) geht es darum, tradierte Formen der Hochkultur einem größeren Publikum näher zu bringen. In den 1980er Jahren (also zu Beginn der neoliberalen Entwicklungen in den deutschsprachigen Ländern) entwickelte sich daraus ein Fokus auf

---

2   Dazu wurde etwa in Italien ein Programm für Schulabgänger lanciert, siehe etwa: https://www.npr.org/sections/parallels/2016/09/27/495648319/italys-cultural-allowance-for-teens-aims-to-educate-counter-extremism?t=1595591637906, 2020-07-24.
3   https://www.hungeraufkunstundkultur.at/, 2020-07-24.

massentaugliche Events, die von Gerhard Schulze (2000) als »Erlebniskultur« bezeichnet werden.

Wer repräsentiert wen auf welcher Grundlage?

Der Vorteil eines Zugangs zu Kunst und Kultur, der sich der Einmischung der öffentlichen Hand möglichst entschlägt, besteht offensichtlich darin, dass die Werturteile der Regierenden an Einfluss verlieren. An die Stelle von Kulturpolitik, die das Kulturschaffen beeinflusst und noch in den 1990er Jahren von der damals amtierenden Wiener Kulturstadträtin, Ursula Pasterk, als »Ideologieressort«[4] bezeichnet wurde, tritt Kulturmanagement durch Expert*innen, die sich politisch neutral um Effizienzsteigerung bemühen. Auf diese Art tritt etwa die »migrantische« Popkultur gleichberechtigt neben die der Mehrheitsbevölkerung und wird an einem Maßstab gemessen, der zumindest primär nicht diskriminierend ist, nämlich der Profitabilität. Auf diese Art unterliegt die Repräsentationsleistung künstlerischer und kultureller Produktion nicht tradierten Ansprüchen von Hegemonialität, sondern lässt sich an der Anzahl von denjenigen messen, die sich für diese Produktion interessieren.

Will man allerdings andere Maßstäbe als die bloße Profitabilität an das Kulturschaffen anlegen, so lässt sich Effizienz deutlich schlechter definieren, messen und daher auch erreichen. Insgesamt ist der Begriff der Effektivität hier wohl passender, aber auch zur Messung von Effektivität muss im Vorfeld festgelegt werden, welche Ziele erreicht werden sollen. Und die Festlegung dieser Ziele ist notwendigerweise eine politische Aufgabe.

Lässt sich Kulturpolitik in einer Art fassen und umsetzen, die weder in einen bevormundenden Staat mündet noch in die ständige Reproduktion hegemonialer Verhältnisse? Wie könnte eine demokratische Kulturpolitik gestaltet werden, die unter Demokratie mehr oder anderes versteht als die Tyrannei der Mehrheit? Nämlich einen Horizont politischen Handelns, der sich der Gleichfreiheit (Balibar 2012) aller verschreibt, also in Bezug auf Kunst und Kultur der Möglichkeit aller, sich zu repräsentieren und zugleich mit anderen Formen der Repräsentation in produktiven Konflikt zu geraten.

In den Worten von Rancière bedeutet dies eine Kulturpolitik, die das Politische von Kunst und Kultur fördert. Rancière unterscheidet zwischen der Aufrechterhaltung einer bestehenden Ordnung, die er als Polizei bezeichnet,

---

4   https://www.derstandard.at/story/3230391/kultur---ein-ideologieressort, 2020-07-24.

und dem Politischen, also der Aushandlung und dem Konflikt um die gesellschaftliche Ordnung. Politik als Polizei stellt dann die kontingente und temporäre Kristallisierung der Ergebnisse dieser Aushandlungen als gesellschaftliche Ordnung dar. (Rancière 2002, 33 ff.). Diese Kontingenz der politischen Ordnung findet in der Demokratie ihren klarsten Ausdruck. Denn der Platz der Macht ist in der Demokratie immer nur temporär besetzt, aber grundlegend leer. Damit rückt die Demokratie den Konflikt in den Mittelpunkt der Politik. (Vgl. dazu Marchart 2010, 32 ff.).

Verstehen wir Demokratie also nicht als existierende politische Ordnung, sondern als Horizont, dann kann demokratisches Handeln – und damit auch demokratische Kulturpolitik – niemals die Verteidigung der bestehenden Ordnung bedeuten, sondern nur ihre ständige Hinterfragung und Aushandlung. Das Politische ist in einer »Kontingenzkultur« (Blumenberg 1974, 59) ein Suchraum für Entwicklungsmöglichkeiten der gesellschaftlichen Ordnung.

Welche Bilder des gesellschaftlichen Lebens sollen propagiert werden und welche sollen marginalisiert werden?

Aus dieser Perspektive stellt sich das Verhältnis zwischen dem Politischen und der Kultur grundlegend unterschiedlich von dem bisher Beschriebenen dar. Die Aufgabe einer so verstandenen Kulturpolitik würde dann genau darin bestehen, die Fragen des Eingangszitats zu stellen und zur Diskussion zu stellen, statt die in diesem Zitat beschriebenen Machtverhältnisse zu erhalten (oder auch von oben umzukehren). Dies bedeutet zentral auch die Infragestellung kultureller Zuschreibungen und behaupteter Differenzen.

Zugleich stellt das Politische in diesem Verständnis ein notwendiges Element des Kulturschaffens dar. Denn gerade aus der Offenlegung des Politischen gewinnt Kultur ihre gesellschaftliche, also demokratische Bedeutung. Diese abstrakte Beschreibung der Funktion von Kultur muss stets in Bezug auf gesellschaftliche Verhältnisse konkretisiert und aktualisiert werden – und sich dann jeweils dem politischen Konflikt um diese Konkretisierung stellen.

Doch worin besteht die spezifische politische Leistung von Kunst- und Kulturproduktion, wie unterscheidet sie sich von anderen gesellschaftlichen Interventionen? Auf diese Frage gibt es mehrere Antworten, die sich aus der Position von Kunst und Kultur in der Gesellschaft wie auch aus den spezifischen Leistungen in diesem Bereich ableiten lassen. So gehen viele Demokratietheoretiker*innen davon aus, dass Demokratie auf Voraussetzungen beruht, die sie selbst nicht schaffen kann (Vgl. Böckenförde, 1976, S. 60). In diesem Sinne spricht Göschel (1995, 2) von drei Ausprägungen der Demokratie – Rechtsstaat, Sozialstaat und Kulturstaat –, wobei die Kulturstaatlichkeit der Rechts- und Sozialstaatlichkeit als Möglichkeit der »ethisch-demokratischen Selbstartikulation der Gesellschaft« vorgelagert ist.

Die besondere Rolle der Kunst und Kultur für die Gesellschaft spiegelt sich auch in der verfassungsmäßig garantierten »Freiheit der Kunst« wider. Die explizite Nennung dieser Freiheit verdeutlicht, dass es hier um mehr als eine spezielle Form der Meinungsfreiheit geht, und auch in der Praxis der Rechtsprechung zeigt sich, dass im Rahmen der Kunst Aktivitäten möglich sind, die außerhalb dieses Rahmens strafrechtlich relevant wären.

Diese Überlegungen zur gesellschaftlichen Relevanz und Stellung von Kunst und Kultur beziehen sich auf ein Konzept von Demokratie als existierender politischer Ordnung, doch zugleich schreiben sie der Kunst eine Rolle zu, die über diese Ordnung hinausweist. Ein möglicher Ansatzpunkt zur Beschreibung dieser Rolle ergibt sich aus dem Blickwinkel der Ästhetik auf die »Verteilung des Sinnlichen«.

> »Es ist ein Grundzug aller ästhetischen Verhältnisse, dass wir uns in ihnen, wenn auch in ganz unterschiedlichen Rhythmen, Zeit für den Augenblick nehmen. In einer Situation, in der ästhetische Wahrnehmung wachgerufen wird, treten wir aus einer allein funktionalen Orientierung heraus. Wir sind nicht länger darauf fixiert (oder nicht länger allein darauf fixiert), was wir in dieser Situation erkennend und handelnd erreichen können. Wir begegnen dem, was unseren Sinnen und unserer Imagination hier und jetzt entgegenkommt, um dieser Begegnung willen. Dies ist einer der Gründe dafür, warum ästhetische Aufmerksamkeit eine Form des Gewahrseins darstellt, die aus der menschlichen Lebensform nicht wegzudenken ist. Denn ohne diese Bewusstseinsmöglichkeit hätten die Menschen ein weit geringeres Gespür für die Gegenwart ihres Lebens.« (Seel 2003, 44f)

Aus dieser Perspektive lassen sich spezifische Funktionen der Kunst- und Kulturproduktion für demokratische Zielsetzungen definieren. Wobei sowohl die Mittel – also die geeigneten Formen des künstlerischen und kulturellen Schaffens – als auch die Ziele – also konkrete Inhalte und Formen von Demokratisierung – einem ständigen konfliktiven Diskurs ausgesetzt sein müssen.

> »Sind dies vorrangig verstörende oder kontemplative, unterhaltende oder bildende, ökonomische oder ideologische Funktionen? Geht es um Erwar-

tungsbefriedigung oder Erwartungstransgression? Was spricht für oder gegen bestimmte Funktionen, wer hat warum welches Interesse daran, dass diese Funktionen (nicht) zum Tragen kommen? Diese Auseinandersetzung nicht als das zu führen, was sie ist – nämlich als Kontroverse um Formen der Weltgestaltung – hat zur Folge, dass bestimmte etablierte Funktionszuschreibungen an den Kultursektor als Normalitäten unhinterfragt bleiben und Kunstwirkungen auf instrumentelle Affirmationen des jeweiligen status quo beschränkt zu werden drohen.« (Badura und Mokre 2011, 58)

Der Horizont dieser Fragen ist eine Form des Kunst- und Kulturschaffens, die Such- und Möglichkeitsräume eröffnet.

Dies ist eine notwendigerweise wenig konkrete Antwort auf die Fragen des Eingangszitats, die vielleicht zumindest den möglichen Beginn einer Suchbewegung der Kulturpolitik skizzierten kann: Statt Repräsentation des Bestehenden könnte es um die Präsentation von neuen und diffusen Bildern gehen, die Möglichkeiten des Gesellschaftlichen erahnen lassen.

Literaturverweise

Adorno, Theodor W. 1973. *Ästhetische Theorie*. Frankfurt a.M.: Suhrkamp.
Badura, Jens und Monika Mokre. 2011. »Von der Kulturpolitik zum Kulturmanagement. Anmerkungen zu einem Paradigmenwechsel.« *Jahrbuch Kulturmanagement* 2011 (1): 53-68.
Balibar, Étienne. 2012. *Gleichfreiheit – Politische Essays*. Frankfurt a.M.: Suhrkamp.
Blumenberg, Hans. *Säkularisierung und Selbstbehauptung*. Frankfurt a.M.: Suhrkamp.
Böckenförde, Ernst Wolfgang. 1991. »Die Entstehung des Staates als Vorgang der Säkularisation.« In *Recht, Staat, Freiheit. Studien zur Rechtsphilosophie, Staatstheorie und Verfassungsgeschichte*, 92-114. Frankfurt a.M.: Suhrkamp.
Bundesgesetz zur Integration rechtmäßig in Österreich aufhältiger Personen ohne österreichische Staatsbürgerschaft (Integrationsgesetz – IntG) (2017), Zugriff am 3. Juli 2020. https://www.ris.bka.gv.at/eli/bgbl/I/2017/86/20170717.
De Maizière, Thomas. 2017. »›Wir sind nicht Burka‹: Innenminister will deutsche Leitkultur.« *Die Zeit*, 30. April, 2017.

Goeschel, Albrecht. 1995. Aktuelle Probleme der Kulturpolitik: Legitimation, Qualität, Urbanität. Vortrag zum Workshop »Kulturpolitik und Restrukturierung der Stadt«. Veranstaltung vom 9./10. November 1995 in Wien.

Herrmann, Simon. 2002. *Subventionierung der öffentlichen Bühnen? Aufgabe, Rechtsform und Finanzierung der deutschen Theater in Zeiten verschärfter ökonomischer Sachzwänge*. Hamburg: Diplomica Verlag.

Hoffmann, Hilmar. 1979. *Kultur für alle*. Frankfurt a.M.: S. Fischer.

Horkheimer, Max und Theodor W. Adorno. 1969. *Dialektik der Aufklärung*. Frankfurt a.M.: S. Fischer.

Jordan, Glenn und Chris Weedon. 1995. »Introduction: What are Cultural Politics.« In *Cultural Politics: Class, Gender, Race and the Postmodern World*, hg. von Glenn Jordan and Chris Weedon, 3-22. Oxford, UK: John Wiley & Sons.

Kant, Immanuel. 1983. »Kritik der Urteilskraft. Erster Teil, Kritik der ästhetischen Urteilskraft, § 5. Vergleichung der drei spezifischen Arten des Wohlgefallens, A 15-16.« In *Kant, Immanuel. Werke. Bd. V*, hg. von Wilhelm Weischedel, 171-232. Darmstadt: Wissenschaftliche Buchgesellschaft.

Leitgeb, Christoph und Monika Mokre. 2021. »Staging Participation. Cultural Productions with, and about Refugees.« AmeriQuests 16, Nr. 1 (2021): Cultural and Artistic Participation of Migrants: A Pathway Towards Sociopolitical Integration. http://ameriquests.org/index.php/ameriquests/article/view/4844 (30.03.2021)

Marchart, Oliver. 2010. *Die politische Differenz*. Frankfurt/M: Suhrkamp.

N.N. 2015. »Isst du Schwein, darfst du rein. FPÖ-Chef Strache beleidigt Juden mit antisemitischer Karikatur.« *Focus online*, 26. August, 2015. https://www.focus.de/politik/ausland/isst-du-schwein-darfst-du-rein-fpoe-chef-strache-beleidigt-juden-mit-antisemitischer-karikatur_aid_803347.html.

Rancière, Jacques. 2002. *Das Unvernehmen*. Frankfurt a.M.: Suhrkamp.

Rössel, Jörg und Michael Hoelscher. 2018. »Wer geht warum in die Oper? Sozialstruktur und Motive des Opernbesuchs.« In *Oper, Publikum und Gesellschaft*, hg. von Karl-Heinz Reuband, 241-258. Wiesbaden: Springer VS.

Schiller, Friedrich. 1838. »Die Schaubühne als eine moralische Anstalt betrachtet.« In *Schiller, Friedrich. Sämtliche Werke in zwölf Bänden*, (Bd. 10), 69-84. Stuttgart, Tübingen: Cotta.

Schulze, Gerhard. 2000. *Die Erlebnisgesellschaft: Kultursoziologie der Gegenwart*. Frankfurt a.M./New York: Campus.

Seel, Martin. 2003. *Ästhetik des Erscheinens*. Frankfurt a.M.: Suhrkamp.

Tibi, Bassam. 2000. *Europa ohne Identität? Die Krise der multikulturellen Gesellschaft*. München: btb.
Versammlungsgesetz 1953 idF. 2017, Zugriff am 11. August, 2020. https://www.ris.bka.gv.at/GeltendeFassung.wxe?Abfrage=Bundesnormen&Gesetzsnummer=10000249.
Williams, Raymond. 1961. *Culture and Society 1780-1950*. London: Pelican.
Žižek, Slavoj. 2004. »Passion In The Era of Decaffeinated Belief.« *The Symptom. online journal for lacan.com* (Winter). www.lacan.com/passionf.html.

Popmusik und (Förder-)Politik in Deutschland
Voraussetzungen, Veränderungen, Perspektiven

Susanne Binas-Preisendörfer

Der Einschnitt

Es war ein Freitag, der 13. (März 2020), für den tags zuvor der Kultursenator Berlins Klaus Lederer (Die Linke) die Schließung aller Kultureinrichtungen der Stadt per Eilentscheid in einer Pressemitteilung angekündigt hatte. Der Lockdown betraf gleichsam Clubs und Bars, private Konzertbühnen und Theater, Kinos, Messen, Festivals usw. usf., allesamt Orte und Gelegenheiten von Öffentlichkeit, die dem Zusammentreffen Interessierter und dem Erleben von Kunst, Musik und Kultur dienen, kleinere und größere Events, die insbesondere das urbane Leben ausmachen, aber auch im ländlichen Raum das soziale Miteinander bestimmen. Infolge des Lockdowns schloss sich für Künstler*innen nicht nur der Resonanzraum Publikum, sondern – und dies traf insbesondere die Freiberufler*innen und Solo-Selbstständigen unter ihnen – stand deren wirtschaftliche und damit soziale Existenz zur Disposition. Nicht allein Künstler*innen und Musiker*innen oder DJs, sondern ebenso das breite Feld und die diversen Berufe der Veranstaltungswirtschaft, der Presse- und Öffentlichkeitsarbeit, Kamera, Ton, Licht und viele andere mehr traf es quasi von einem auf den anderen Tag. Konzerte bis weit in den Sommer 2020 wurden abgesagt, Ticketverkäufe rückabgewickelt, Plakate hingen umsonst. Viele Musiker*innen versuchten umgehend mit dem Streaming ihrer Live-Sets beim Publikum in Erinnerung zu bleiben, Clubs öffneten ihre Bühnen kleinen Drehteams mit Hygieneabstand und Masken. Die öffentlich-rechtlichen Medien boten v.a. in ihren Mediatheken Sendeplätze und Archive dieser eher verzweifelten Versuche, musikkulturelle Praktiken am Leben zu halten. Es betrifft eine ganze Branche, die in komplexen und sich immer wieder auch verändernden Konstellationen und Praktiken zu einem beliebten Erlebnisraum und Berufsfelds geworden war. Wohl den Musiker*innen, die weitere Einkommensquellen für sich erschlossen hatten, z.B. Instrumentalunterricht, der nun über Videokonferenztools erteilt werden konnte, auch wenn die Nachbarn etwas genervt waren, ob der Bass Drum oder einem quietschenden Saxophon. Mit Sonderprogrammen für Soloselbständige oder dem Wechsel in die Grundsicherung (Arbeitslosengeld II) konnten viele über das Frühjahr kommen, ab Juli gab es erste kleinere Konzerte, selbst das Reeperbahn-Festival sagte den Jahrgang 2020 nicht ab, freilich unter strengsten Hygieneregeln.

Auf den Tagesordnungen der Branchenverbände und der sich in der jüngeren Vergangenheit vielerorts gegründeten Initiativen zur Unterstützung der Musikszenen standen nun existentielle Probleme. Im Vergleich dazu ging es in den Jahren 2018 oder 2019 v.a. noch um die rechtlichen Konsequenzen und Herausforderungen der Plattform-Ökonomien, das Value-Gap zwischen ihnen und den Content-Lieferanten sowie die seitens der Kulturpolitik einem Mantra gleich beschworenen Appelle an die kulturelle Vielfalt, die angesichts der »Segnungen« des digitalen Kapitalismus hinter den Klickzahlen der großen Streamingdienste zu verschwinden drohe.[1]

Mit dem Beginn der Covid-19-Krise übernahm der Staat quasi das Steuer. Er entschied als eine der ersten Maßnahmen – auf Anraten des Deutschen Kulturrates, einem der Spitzenverbände der Zivilgesellschaft – die Abgaben der Versicherten der Künstlersozialkasse (KSK) auf ein Minimum herabzusetzen, um deren Ausgaben zu senken. Also eine ordnungspolitische Maßnahme, die in jeder Hinsicht Erleichterung in der Ausgabenstruktur der »Betroffenen« brachte.

Knapp eine Woche nach Beginn des Lockdowns lud Bundesarbeitsminister Hubertus Heil (SPD) zu einem Krisengespräch ins Arbeitsministerium, an dem auch die Staatsministerin für Kultur und Medien Monika Grütters (CDU) und Bundeswirtschaftsminister Peter Altmaier (CDU) sowie einer seiner Staatssekretäre teilnahmen. Der Deutsche Kulturrat wies angesichts der Corona-Krise auf die Fragilität des gesamten Kulturbereiches hin und bat um eine schnelle und umfängliche Unterstützung der kulturellen Infrastruktur und der freiberuflichen Künstler*innen (Zimmermann 2020). Die ersten Soforthilfeprogramme des Bundeswirtschaftsministeriums und auch der Landesministerien sahen noch keine branchenspezifischen Lösungen vor. An-

---

1 Der in Paderborn während der Tagung im Sommer 2018 gehaltene Vortrag trug den Titel »Vom Ende des ECHOS, dem Value Gap und Stipendienprogrammen für Popmusiker*innen«.

fang Juli verabschiedete dann der Deutsche Bundestag den Nachtragshaushalt 2020 und machte den Weg frei für einen Kulturinfrastrukturfonds mit einem Volumen von einer Milliarde Euro. Die entlang der Sparten daraus aufzulegenden Programme sollten den besonderen Anforderungen des Kultur- und Medienbetriebes besser gerecht werden und sich insbesondere an kleinere Kulturunternehmen (KMUs) und Künstler*innen richten, die an öffentlichen Geldern bisher kaum partizipieren konnten. In weiten Teilen handelt es sich deshalb um ein Kulturwirtschaftsförderprogramm, das auch für Freiberufler*innen, Bands, die Freie Szene und Projekte im weiten Feld der Musik Möglichkeiten bietet, über die schwere Zeit der Pandemie hinweg durchzuhalten und weiter an ihren Vorhaben zu arbeiten. In Höhe von acht Millionen € kann der Musikfonds[2] Stipendien ausreichen und in Höhe von 107 Millionen € fördert die Initiative Musik gGmbH[3] Künstler*innen und deren aktuelle Projekte, Musikfestivals und Clubs. Doch dazu später mehr.

Corona hat fast alles verändert, und es hat den handelnden oder besserer in ihren Handlungsräumen eingeschränkten Akteuren vieles wie im Brennglas vor Augen geführt. Nicht zuletzt konnte die Pandemie innerhalb von nur wenigen Tagen die ökonomischen Bedingungen von Künstler*innen und der kleinen kulturwirtschaftlichen Unternehmen zum Zusammenstürzen bringen und hat damit abermals gezeigt, wie prekär die ökonomische Absicherung der meisten derjenigen ist, die im Kulturmarkt arbeiten (vgl. Schulz/Zimmermann 2020).

Früher nannte man es Subkultur, heute Kreativwirtschaft...[4]

Kultur- bzw. Musikmarkt, Ordnungspolitik, kulturelle Infrastruktur, Kulturwirtschaftspolitik, Medienpolitik: mit diesen Begriffen sind Politikfelder angesprochen, die das Spannungsfeld sowie den Handlungsrahmen von Popmusik und staatlicher Politik heute ausmachen. Politik ist also keineswegs nur daraufhin zu befragen, wie viele Steuergelder sie den Akteuren populärer Musik z.B. in Form von Stipendien direkt zukommen lässt, sondern mit

---

2   http://www.musikfonds.de (20.10.2020).
3   https://www.initiative-musik.de/neustart-kultur/ (20.10.2020).
4   Frei nach Dimitri Hegemann, Gründer des Atonal-Festivals und des Clubs und Labels Tresor in Berlin. https://www.monopol-magazin.de/detroit-berlin-dimitri-hegemann (16.10.2020).

welchen Konzepten und Instrumenten sie zur Steuerung des Handlungsfeldes Populäre Musik insgesamt beiträgt.

Mit Politik ist in diesem Beitrag nicht die politisch-inhaltliche Dimension konkreter Musik, Lyrics, Genres oder Szenen gemeint, nicht das politische Engagement von Musiker*innen und auch nicht die Mikropolitiken, die in Sprache, Symbolen, Bilderwelten oder Repräsentationsmodellen gesellschaftlicher Gruppen und Machtkonstellationen ausgehandelt und adressiert werden. In diesem Beitrag geht es um die Verantwortung der politischen Legislative und Exekutive, was freilich auch Einfluss auf das eben Genannte haben kann.

Die aktuelle öffentliche Förderlandschaft als ein Teil staatlicher politischer Verantwortung in Sachen populäre Musik und die Beträge, die in das Feld populärer Musik fließen, nehmen sich exorbitant aus gegenüber denen von vor 40, 50 oder 60 Jahren. Damals galten Genres und Akteure populärer Musik ohnehin weder als förderfähig im unmittelbaren wie auch im mittelbaren Sinne. Es war völlig unvorstellbar, sie zum Ausbildungsinhalt an Musikschulen, Musikhochschulen oder Universitäten zu machen. Der Jazz hatte es dorthin schon geschafft, er galt als ein ernstzunehmendes Genre. Zugleich schien es lange Jahre als unstrittig, dass Popmusik und Politik, hier die öffentliche Förderpolitik, also der Staat, nichts gemeinsam hätten, weil »Popmusik am besten immer noch durch die Kräfte des Marktes definiert [...] (sei) und nicht durch ministeriale Bürokratien« (Wicke 1992, 8). Der Eingriff des Staates würde in diese Prozesse von den handelnden Akteuren eh abgelehnt. Man bestand einerseits auf den widerständigen Potentialen populärer Musik und denjenigen, die sie als Musiker*innen, Publikum, deren Medien und Szenen verkörperten und pflegte andererseits in den Amtsstuben von Politik und Verwaltung ein Kulturverständnis, das im Zuge der Nachkriegszeit und den 1960er Jahren v.a. auf das nationale kulturelle Erbe und die Künste im Sinne der Aufklärung gerichtet war. Trotzdem übte der Staat auf unterschiedlichen Ebenen, z.B. den Einnahmen kommunaler Gewerbesteuern durchaus ordnungspolitische Macht gegenüber Tanzetablissements, Tonträgerfirmen oder Schallplattenpresswerken aus. Auch das Urheber- oder Leistungsschutzrecht stellen eine ordnungspolitische Maßnahme dar, die maßgebliche Auswirkungen auf die Einnahmesituation von Musiker*innen, Komponist*innen, ihren Verlagen oder dem Hörrundfunk haben. Das galt in den 1950er Jahren wie auch heute.

Kulturförderpolitik als Instrument zum Erhalt, Ermöglichung und Weiterentwicklung von Kunst und Kultur diskutiert die Höhe konkreter Etats und reicht sie über die ihr zugeordneten Ministerialverwaltungen, Dezernate oder Kommunalverwaltungen an die ausgewählten ihr nachgeordneten Einrichtungen (z.B. ein Theater, Museum oder Fonds) aus. Insofern ist Kulturförderpolitik das institutionalisierte Verständnis und Resultat der Auseinandersetzung darum, was als Kultur verstanden wird und was eher nicht. Hierzu lassen sich über die Zeit hinweg verschiedene Schwerpunkte in der Bundesrepublik Deutschland und der DDR wie auch im wiedervereinigten Deutschland erkennen bzw. ist nachvollziehbar, dass nachfolgende Generationen und Akteure die Legitimation von Kulturförderpolitik immer wieder auch hinterfragen und neue Förderschwerpunkte einfordern. Die in den 1970er Jahren einsetzende Pluralisierung der Gesellschaft, ihre zunehmende Individualisierung und Diversifizierung hat in der Kulturpolitik der letzten 50 Jahre nachvollziehbare Spuren hinterlassen. Es folgten entweder heftige Verteilungskämpfe oder im besten Falle ein fortwährender Aufwuchs der Kulturetats. Im Folgenden möchte ich einen kurzen Überblick zu diesem sich verändernden Verständnis und den Auseinandersetzungen geben, um insbesondere auch das politische Handlungsfeld Populäre Musik und die Strategien, sie zu fördern, darin zu verorten und die aktuellen Förderinitiativen einzuordnen.

Kulturförderung ist in Deutschland Ländersache und ist auf allen Ebenen des föderalen Systems (Bund, Länder, Kommunen) eine freiwillige Aufgabe. Eine Förderung muss also gut begründet sein. Diese Begründungen haben sich im Laufe der Jahre verändert. Gelten in den ausgehenden 1940er und 1950er Jahren der nationale Wiederaufbau und die Rückbesinnung auf klassische Konzepte ästhetischer Bildung als wichtigste Begründungen öffentlicher Kulturförderpolitik, lassen sich erste Veränderungen in den 1960er Jahren ausmachen. Standen zunächst die Institutionen der bürgerliche Moderne – v.a. das Theater als moralische Anstalt – und die Pflege des nationalen Erbes (Opern- und Konzerthäuser) an erster Stelle, wird dies in den 1960er Jahren um die direkte Künstler*innenförderung in Form von Stipendien oder Ankäufen erweitert. Moderne und Avantgarde gelten nun als wichtige Impulsgeber für Kunst und Kultur.

In den 1970er Jahren macht in der alten Bundesrepublik das Motto »Kultur für Alle« von sich reden. Die sogenannte neue Kulturpolitik, getragen v.a. von den Gründern der Kulturpolitischen Gesellschaft Hilmar Hofmann und Hermann Glaser[5], kannte kaum Berührungspunkte zur Gegen- bzw. Subkultur und v.a. auch den eher breiten kulturellen Interessen der Bevölkerung in

---

5   https://kupoge.de/geschichte/ (16.10.2020).

Stadt und Land. So entstehen Soziokulturelle Zentren in geschlossenen Zechen oder verlassenen Fabriken und werden oft auch zu Orten, in denen lokale Bands auftreten oder ihre Probenräume haben. Die Generation der damals 20jährigen beteiligt sich aktiv an der Schaffung dieser kulturellen Räume. Sie errichten auf oder in den Ruinen der Industriegesellschaft Räume, die sich schon optisch von denen ehemaliger fürstlicher Palais (Opernhäuser, Museen) oder gutbürgerlichen Versammlungsräumen (Konzerthallen) unterscheiden.

In der DDR ist man in der Nachkriegszeit ebenso in erster Linie dem kulturellen Erbe zugetan und orientiert sich am klassisch romantischen Werkideal und seiner Aufführung in Konzerthallen und Theatern. Daneben aber führt der Machtanspruch des Proletariats (Diktatur des Proletariats) dazu, dass Künstler*innen ihre Verbundenheit mit dem werktätigen Volk (Bitterfelder Weg) zeigen und Arbeiter*innen ihr Interesse an Kunst bilden sollen (Brigadeausflüge zu Kunstausstellungen, schreibende Arbeiter*innen) (vgl. v.a. Gerd Dietrich 2018). Zugleich organisieren Partei, Kulturbund, Städte und Gemeinden oder auch die Betriebe ein weit verzweigtes Netz von kultureller Breitenarbeit, die Zirkel Schreibender Arbeiter, Volkskunstgruppen, Musikschulen usw. Selbst die Förderung populärer Musik wird im Auf und Ab zentraler Parteibeschlüsse von höchster Ebene (Komitee für Unterhaltungskunst beim Ministerium für Kultur beim Ministerrat der DDR, gegründet 1973) bis in die Fläche der Gemeinden und Städte (Kreiskulturkabinette, Jugendklubs, Klubs der Werktätigen) mitorganisiert.

In der alten Bundesrepublik beginnt im Laufe der 1980er Jahre vor dem Hintergrund nationaler wie internationaler wirtschaftlicher Probleme der Zusammenhang von Kultur und Ökonomie an Relevanz zu gewinnen. Damals werden erstmals Argumentationen laut, die später – in den frühen 2000ern – zur Etablierung des Politikfeldes der Kultur- und Kreativwirtschaft führen sollten. Zunächst thematisiert man die Umwegrentabilität öffentlicher Kulturausgaben, d.h. die ökonomische Rechtfertigung staatlicher Kulturausgaben. Man fragt danach, inwiefern staatliche Ausgaben bzw. Angebote die Zahl von Übernachtungen in Hotels oder Restaurantbesuche steigern und so die touristische Attraktivität im Standortwettbewerb von Städten positiv begünstigen können. Zugleich wird es quasi zum Gemeinplatz, dass sich die Zufriedenheit ortsansässiger Unternehmen ganz maßgeblich am Vorhandensein kultureller Institutionen orientiere und ihre Ansiedlung positiv beeinflussen würde. Kulturpolitik, Tourismuswirtschaft und Ansiedlungspolitik werden in einem Atemzug genannt. Popmusik bzw.

ihre Akteure spielen in diesem Szenario kultur- bzw. wirtschaftspolitischer Neuorientierungen noch keine Rolle.

Im Jahr 1991 gibt das Land Nordrhein-Westfalen erstmals einen Kulturwirtschaftsbericht in Auftrag. Dabei werden die Kultur- und Medienwirtschaft als Wachstumsbranchen identifiziert. Eine solche Argumentation kommt den politisch Verantwortlichen sehr entgegen, befindet sich das Ruhrgebiet doch in einem folgenreichen Strukturwandel, in dem es darum geht, dem Einbruch der Bruttowertschöpfung, der Umsatzentwicklung und den Beschäftigungszahlen angesichts der Schließung oder Verlagerung der Montanwirtschaft etwas entgegenzusetzen.

Zeitgleich stehen die neuen Bundesländer im Osten der Republik wirtschaftlich und sozial vor massiven Herausforderungen bzw. ihrem Niedergang. Hunderttausende Menschen verlieren in der sogenannten Nachwendezeit ihre Arbeit v.a. in der Industrie, weil die Produktion entweder unrentabel ist oder in Konkurrenz zu Unternehmen in den alten Bundesländern abgewickelt wird. Damit entfallen auch viele Orte niederschwelliger und in die Breite orientierter Kulturarbeit. Mancherorts gelingt in Allianz von politisch Verantwortlichen und Akteuren die Etablierung von Modellen, z.B. das Strukturprogramm Rock in Sachsen, die anders als bisher in der alten Bundesrepublik erprobt, auf die Förderung der Infrastruktur der Musikproduktion, Verbreitung und Nutzung setzt. Gefördert werden in einem historisch kurzen Zeitfenster (vgl. Binas 2003) z.B. freie Radios, lokale Festivals oder Jugendzentren, aus denen noch heute bekannte Protagonisten der Popkultur hervorgehen, wie die Band Juli aus Bautzen oder das Splash-Festival (Hip-Hop, Reggae, Dancehall, Drum & Bass) in Chemnitz, das später in Ferropolis, der Stadt aus Eisen, in einem ehemaligen Tagebaugebiet noch größer wird. Das Budget des Strukturfonds Rock stellt nicht der Kultur- oder Wirtschaftsbereich, sondern das Staatsministerium für Kultus zur Verfügung. Politisch argumentiert wird damit, jungen Leuten Arbeit und Freizeitmöglichkeiten zu bieten, sie also in ihren sozialen und ästhetischen Bedürfnissen und ihrem Selbst-Wirksamwerden zu unterstützen ohne dabei die ökonomischen Dimensionen von Arbeit und Freizeit außer Acht zu lassen. Derlei Perspektiven beherrschen damals auch die Begründungen in anderen Bundesländern, frei nach dem Motto, dass es allemal besser sei, wenn Jugendliche sich mit Gitarren im Probenraum treffen, als in Bushaltestellen die Zeit totschlagen.

Die dem ersten Kulturwirtschaftsbericht in NRW folgenden Studien auf Landes- und später auf Bundesebene[6], die internationalen Debatten um die Cultural Industries unter Federführung von Großbritannien (McRobbie 2012) und Creative Class (Florida 2004), der allerorts angefeuerte Standortwettbewerb und nicht zuletzt die Forderungen der kulturwirtschaftlich ausgerichteten Akteure selbst, sorgen für die Etablierung von Förderinstrumenten in der Wirtschaftsförderung, die im Rahmen von Netzwerk-, Messe oder Clusterförderung auch musikwirtschaftlichen Akteuren zu Gute kommen. Besondere Impulse gingen dabei wiederum vom Land NRW aus, dessen Wirtschaftsminister und späterer Ministerpräsident Wolfgang Clement (SPD) sich dezidiert für Projekte der Kulturwirtschaft engagierte. In seiner Amtszeit etabliert sich die damals von Dieter Gorny begründete Popkomm als Branchenmesse wie auch der Musikvideokanal Viva. Dieter Gorny ist es letztendlich auch zu verdanken, dass im Jahr 2007 die Initiative Musik gGmbH auf Bundesebene begründet wird, die ähnlich wie die Filmförderung dem Beauftragten für Kultur und Medien untersteht und deren Existenz und Struktur gewissermaßen als Vorbild für die Initiative Musik gilt. Die Initiative Musik war anfangs mit vergleichsweise wenig Geld ausgestattet, was sich im Laufe der Zeit jedoch ändern sollte[7]. Sie versteht sich als zentrale Fördereinrichtung der Bundesregierung und der Musikbranche für die deutsche Musikwirtschaft mit den Schwerpunkten Nachwuchsförderung, Export und Spielstätten. Als Gesellschafter fungieren die GEMA, die GVL und der Deutsche Musikrat. Daneben beginnen auf Landesebene (VPBy Verband für Popkultur in Bayern) oder in großen Städten wie Hamburg (Rock City) oder Berlin (Club Commission, Music Commission) sich sog. Intermediäre für die Belange der Musikszenen vor Ort zu engagieren. Städtische Wirtschaftsfördergesellschaften werben große Unternehmen der Tonträgerwirtschaft (z.B. Umzug von Universal Music von Hamburg nach Berlin 2002) mit günstigem Gewerberaum und Maßnahmen der Beschäftigungsförderung ab, und in Berlin gibt es seit 2013 wiederum in Anlehnung an das Filmboard Berlin-Brandenburg ein Musicboard Berlin, dessen Förderkriterien je nach regierender Farbenlehre neu justiert werden. Die Mittel für die hier genannten Förderinstrumente kommen entweder aus den Kultur- oder den Wirtschaftsministerien, ggf. auch aus beiden, wie bei der Initiative Musik gGmbH.

---

6   Der Abschlussbericht der Enquete-Kommission »Kultur in Deutschland« widmete der Kultur- und Kreativwirtschaft ein eigenes Kapitel (Deutscher Bundestag 2007).

7   16 Millionen im Jahr 2020 ohne die Mittel aus »Neustart Kultur«.

In der Musikbranche selbst bleibt im Zuge der Digitalisierung »kein Stein auf dem anderen«. Seit den 2000ern bröckeln alte Abhängigkeiten und es entstehen neue. Dabei stellt sich auch die Frage, inwiefern die »Ideale« jugend- und subkulturellen Aufbegehrens des vorigen Jahrhunderts und deren Verkörperung im Medium Musik und den Images ihrer Verbreitung rings um die Debatte der sogenannten Creative Class oder des Kreativitätsdispositivs (Reckwitz 2012) überhaupt noch Geltung haben oder längst verramscht wurden. In den Subkulturen selbst haben sich Ökonomien entwickelt (Second Hand, DIY, Markenbewusstsein), die schon in den 1960er, 1970ern oder 1980ern die Grundlagen des Wirtschaftens im gegenkulturellen Raum bildeten. Auch Überlegungen, ob und inwiefern Politik im engeren Sinne Popkultur und Popmusik in den vergangenen Jahrzehnten gezähmt hat oder ob beide schon immer mehr miteinander zu tun hatten, als ihre Protagonist*innen zuzugeben bereit waren, auch dafür ist in diesem Beitrag nicht der Raum.

Angemessen, unüberschaubar, ungenügend? – Matrix politischer Verantwortung

Schaut man heute auf die Förderlandschaft Popmusik – und hierbei meine ich nicht allein die Unterstützung mit Geld, also ihre unmittelbare Alimentierung, sondern v.a. auch ihre Funktion im Setzen von Rahmenbedingungen – so ergibt sich eine komplexe Matrix aus Verantwortlichkeiten, die mit ihren unterschiedlichen Strategien auf das Handlungsfeld wirken. Einige bezeichnen die sich daraus ergebende Situation als unüberschaubar, andere als ungenügend (vgl. Meissner 2020). Im Vergleich zu ihren Anfängen hat sich, wie eben gezeigt, vieles verändert.

Die **Kommunen** sind im Förderszenario bspw. für die Gewerbeaufsicht verantwortlich und üben damit einen entscheidenden Einfluss auf die Kostenstruktur von Klubs und Spielstädten und also die Auftrittsmöglichkeiten von Nachwuchsbands, Kollektiven und Künstler*innen aus. Vielerorts gibt es Probenraumprogramme, die oft Teil von Zwischennutzungsinitiativen sind. Hier und in Hinblick auf Clubs und Spielstädten gilt es zugleich mögliche

Konflikte mit Anwohner*innen zu antizipieren[8]. In Städten und Gemeinden ermöglichen öffentliche und private Musikschulen nicht nur die Ausbildung an Instrumenten und Stimmen, auch solchen, die in der Popmusik gefragt sind, sondern geben Pop-Musiker*innen als Honorarkräften ein Auskommen.

Auf **Länderebenen** ist es zumeist die Wirtschaftsförderung, die konkrete Förderungen und Unterstützung von Akteuren der Musikbranche verantwortet. Auch wenn es kulturellen Akteuren oft nicht leicht gemacht wird, Kredite bei Banken zu erhalten, sind es die Landesbanken, an die sich die kleinen und mittelständischen Unternehmen mit ihren Unternehmenskonzepten wenden können. Eine wichtige Rolle auf Landesebene spielen die Industrie- und Handelskammern, Messeförderungen oder das sogenannte Clustermanagement als Maßnahmen des Marketings in größeren Städten. Einige Länder, insbesondere die Stadtstaaten Hamburg und Berlin, verfügen über eigene Musikförderinstrumente wie Stipendienprogramme oder die Unterstützung von Netzwerken, Label- oder Festival(teil)förderungen. Musik- und oder Hochschulen der Künste werden von den Ländern finanziert.

Der **Bund** hingegen ist in erster Linie verantwortlich für die Ordnungspolitik bzw. rechtliche Rahmenbedingungen wie allgemeine Fragen des Urheberrechts und der Netzpolitik oder Emissionsgesetze (Bundesministerium für Justiz und Verbraucherschutz), die Arbeitsmarktpolitik oder die konkrete Ausgestaltung der Künstlersozialversicherung (Bundesministerium für Arbeit und Soziales). Möglichkeiten der direkten Unterstützung bieten aktuell auch Programme wie »Demokratie leben« des Bundesministeriums für Familie, Senioren, Frauen und Jugend oder POP TO GO als Teil des Bundesprogramms »Kultur macht stark. Bündnisse für Bildung« des Bundesministeriums für Bildung und Forschung. Das Grundgesetz mit dem § 5 zur Kunst- und Meinungsfreiheit hat schließlich manches Album vor dem »Verschwinden unter den Ladentisch« bewahrt. Der Kunstfreiheitsparagraph gilt als hohes Gut und wird in konkreten Fällen gegen andere Paragraphen (meist den Jugendschutz) abgewogen.

Summa summarum ein weites Feld, auf dem sich das Musikleben politisch gerahmt und auch gefördert realisiert und diverse Interdepen-

---

8   Die Berliner Senatsverwaltung für Wirtschaft, Energie und Betriebe legte 2017 einen Lärmschutzfonds auf. Mehrere deutsche Städte verfügen über ein Clubkataster, in denen Räume und Flächen der Clubs und Spielstätten ausgewiesen werden.

denzen (Weckerle/Söndermann 2003)[9] zwischen Staat (Öffentlicher Sektor), Wirtschaft (Privater Sektor) und Zivilgesellschaft (Intermediärer Sektor) existieren.

Die Einschätzung, ob diese Zuständigkeiten angemessen, unüberschaubar oder ungenügend sind, hängt von der Position bzw. Perspektive ab, die im Diskurs über Politik und Popmusik eingenommen wird. Bevor sie jedoch schlechte Noten erhält, sollte man sich die Geschichte des Verhältnisses von Politik und Popmusik anschauen und bevor sie als unübersichtlich bezeichnet wird, sich mit den föderalen Verantwortlichkeiten in Deutschland auseinandersetzen.

Zurück auf Anfang

Das eine Milliarde schwere Programm »Neustart Kultur« ist so konzipiert, dass das Hochfahren des Kulturbetriebes – und zwar des nicht hauptsächlich öffentlichen Kulturbetriebes – ermöglicht werden soll. In Erwartung, dass hierdurch v.a. Aufträge für die kulturwirtschaftlichen Akteure generiert werden (Zimmermann 2020), sind es im Bereich Popmusik, Jazz und experimentelle Musik die Bundeskulturfonds Initiative Musik gGmbH und der 2016 ins Leben gerufene Musikfonds[10], mittels derer die zusätzlichen Mittel verausgabt werden. Der Musikfonds legte daraus ein zeitlich befristetes Stipendienprogramm auf. Diese Stipendien können für einen Zeitraum von sechs Monaten mit einem einmaligen Betrag von 6.000 € vergeben werden. Darauf bewerben können sich professionelle freischaffende Künstler*innen der aktuellen Musikszene, um neue Arbeitsvorhaben zu realisieren, z.B. Kompositionsvorhaben, die Entwicklung von Konzepten und/oder alternativen bzw. digitalen Formaten oder auch die Weiterentwicklung der

---

9   Im sog. Drei-Sektoren-Modell systematisieren Christoph Weckerle und Michael Söndermann die jeweiligen Fördergegenstände und Verantwortlichkeiten in ihrer Abhängigkeit und gegenseitigen Wechselwirkungen.

10 »Mit seinen Fördermaßnahmen spricht der Musikfonds alle Bereiche, Schnittmengen, genreübergreifende und interdisziplinäre Ansätze an: Neue Musik und zeitgenössische Moderne; Jazz und improvisierte Musik; freie Musik und Echtzeitmusik; elektronische und elektroakustische Musik; experimentellen HipHop, Pop und Rock; radikale Strömungen von DJing und Dance Music; Audio-Installationen und Klangkunst.« https://www.musikfonds.de. (20.10.2020)

individuellen Klangsprache. Darauf können sich auch Musiker*innen, Performer*innen und Komponist*innen aus den eher experimentellen Feldern populärer Musik bewerben. Fraglos ist es in der aktuellen Situation am effizientesten, betrachtet man z.B. den administrativen Aufwand auf Seiten der Förderer aber auch der Geförderten, wenn nicht Projektmittel, sondern Stipendien vergeben werden. Die Entscheidungen über die Vergabe treffen Fach-Juris. Diese Herangehensweise entspricht nicht der Idee der Infrastrukturförderung, deren Fokus auf Strukturen der Produktion, des Vertriebs, der Vermittlung und der Nutzung liegt. Diesen Weg verfolgt eher die Initiative Musik gGmbH, die ergänzend zu ihrem Haushalt 107 Millionen Euro aus dem Programm Neustart Kultur vergeben kann. Bis zu 80 Millionen Euro sind für Musikfestivals und Livemusik-Veranstalter*innen und weitere 27 Millionen Euro für Musikclubs reserviert, Summen, die von den Ländern oder Kommunen leider nicht aufgebracht werden können. Im Bereich der Künstler*innenförderung hat die Initiative Musik gGmbH ihre Vergabekriterien angepasst. Galt bisher die Regel, dass ein Antrag in dieser Fördersäule zu 60 % von einem Unternehmen der Musikwirtschaft kofinanziert werden musste, kann dieser Anteil derzeit auf 10 % reduziert werden[11]. D.h. obwohl als Künstler*innenförderung ausgewiesen, werden mit den Mitteln auch die Aktivitäten der kleinen und mittelständigen Unternehmen der Musikwirtschaft unterstützt. Im Sinne der Erhaltung und Förderung von musikkultureller Infrastruktur induzieren diese Fördermittel bestenfalls auch Umsätze in den kleinen und mittelständischen Unternehmen wie Tonstudios, Videoproduktionsfirmen, Social Media Betreuung oder Labels.

Insgesamt wird sichtbar, dass der Bund nicht nur für ordnungspolitische Rahmenbedingungen der Wertschöpfung in der Musikbranche verantwortlich zeichnet, sondern sich mit immer mehr Geld kulturwirtschaftspolitisch engagiert. Die Länder hingegen, einmal abgesehen von Berlin, Hamburg oder NRW, Bayern und Baden-Württemberg (Popakademie), bleiben weit hinter den Erwartungen an ihre Kulturzuständigkeit zurück. Das verwundert v.a. in Sachen Club- und Veranstaltungsstättenförderung, die aus Sicht der Autorin eher in die Zuständigkeit von Ländern und Kommunen als des Bundes[12] fallen sollte. In den Regionen ist man erfahrungsgemäß näher dran an den Szenen, dennoch blieb es bisher bei den genannten Ausnahmen.

---

11 https://www.initiative-musik.de/foerderprogramme/kuenstler/ (20.10.2020).
12 Spielstättenpreis APPLAUS https://www.initiative-musik.de/events/applaus/ (20.10.2020).

Mitte September fand in diesem schwierigen Jahr das Hamburger Reeperbahn-Festival statt, freilich unter besonderen Hygiene- und Sicherheitsbedingungen und hoch subventioniert vom Staat. Die Bands oder Electro-Künstler*innen wiederholten ihr Set dreimal am Tag. Das Publikum wurde vom zahlreich vorhandenen Sicherheitspersonal an seine Sitz-Plätze geführt. Mitsingen und Tanzen war untersagt. Sobald man seinen Platz verließ, bestand Maskenpflicht. In den Clubs wurden die Lüftungen hochgedreht und Fenster und Türen offengehalten. Ein kalter Wind zog dem Publikum über den Kopf (Dilger 2020, 15). Backstage hatte jede*r Musiker*in ihren*seinen festen Platz, Gäste waren verboten. Es ist gut, dass das Festival stattfinden konnte, aber es wäre noch besser, wenn man wieder tanzen, mitsingen, an der Bar ein Wasser oder Bier trinken und schwitzen könnte.

Berlin-Rummelburg im Oktober 2020

Literatur

Binas, Susanne. 2003. »Nach den Regeln von Märkten und Wettbewerb. Popmusikproduzenten im Osten Deutschlands.« In *labor Ostdeutschland. Kulturelle Praxis im gesellschaftlichen Wandel*, hg. von Kristina Bauer-Volke und Ina Dietzsch, 120-134. Halle: Kulturstiftung des Bundes/Bundeszentrale für politische Bildung.

Deutscher Bundestag. 2007. »Kultur- und Kreativwirtschaft.« In *Kultur in Deutschland. Schlussbericht der Enquete-Kommission des Deutschen Bundestages*, 449-564. Regensburg: ConBrio.

Dietrich, Gerd. 2018. *Kulturgeschichte der DDR*, in drei Bänden. Göttingen: Vandenhoeck & Ruprecht.

Dilger, Nadja. 2020. »Wieder auf die Bühne kommen.« In *Berliner Zeitung*, Nr. 220, 21. September 2020, 15.

Florida, Richard. 2004. *The Rise of the Creative Class: And How It's Transforming Work, Leisure, Community and Everyday Life*, New York: B&T.

McRobby, Angela. 2012. »Key Concepts for Urban Creative Industry in the UK.« In *Konstnären och kulturnäringarna Artist and the Arts Industries*, 78-93, hg. von Ingrid Elam, The Swedish Arts Grants Committee.

Meissner, Linn. 2020. »Stiefkind Popmusikförderung. Perspektiven einer nachhaltigen Nachwuchs- und Frauenförderung.« In *Kulturpolitische Mitteilungen*, Nr. 168, 38-41.

Reckwitz, Andreas. 2012. *Die Erfindung der Kreativität. Zum Prozess gesellschaftlicher Ästhetisierung*, Frankfurt a.M.: Suhrkamp.
Weckerle, Christoph und Michael Söndermann. 2003. *Erster Kulturwirtschaftsbericht der Schweiz*, Zürich: Hochschule für Gestaltung und Kunst.
Wicke, Peter. 1992. »Popmusik und Politik. Provokationen zum Thema.« In *Popmusik zwischen Kulturförderung und Kulturwirtschaft. Dokumentation Internationalen wissenschaftlich-kulturpolitische Konferenz Oybin, 06.–08. November 1992*, hg. vom Forschungszentrum Populäre Musik, 8-30. Berlin: Humboldt-Universität zu Berlin.
Schulz, Gabriele und Olaf Zimmermann. 2020. *Frauen und Männer im Kulturmarkt. Bericht zur wirtschaftlichen und sozialen Lage*. Berlin: Deutscher Kulturrat e.V.
Zimmermann, Olaf. 2020. »Neustart Kultur. Ein guter Anfang ist gemacht.« In *Kulturpolitische Mitteilungen*, Nr. 170, 16-17.

Interview mit Heike Herold

Was war Ihrer Erinnerung nach Ihr erstes »PopMusikEvent«?
Was war das Besondere daran, dass Sie sich bis heute daran erinnern?

Everything counts* ... Ich hadere mit diesem Kunstbegriff »PopMusikEvent«, bin weder Expertin im Genre Pop noch Fan von »Events«, aber ich lasse mich jetzt aber einfach darauf ein und grabe in meinen Erinnerungen. Und tatsächlich scheint da etwas auf: Depeche Mode, 1982 in der Grille in Minden, meinem Geburtsort. Die Grille habe ich bis dahin nie und danach nie wieder aufgesucht. Es war nicht die Location, es war die Band, die uns angezogen hat, eine Gruppe von Mädchen um die 14 Jahre alt, die neugierig war auf die junge, britische Band. Mit ihrem Synth-Pop, noch New Romantic und nicht New Wave, verwandelten sie unsere pubertäre Melancholie in tanzbare Sehnsüchte. So erinnere ich im Nachhinein wirklich weniger das Konzert als die Träume und das Fernweh, die es auslöste. Ich muss heimlich in diesem Konzert am Freitag gewesen sein, denn am nächsten Tag fand ganz regulär der Samstags-Erdkunde-Unterricht statt. Ich war weit weg davon zu wissen, wo Norden und Süden auf der Landkarte ist. Das ist bis heute so. *See you!**

Können Sie diese besondere Erinnerung mit Ihrem heutigen Beruf in Zusammenhang bringen?
Inwiefern hat das Ihren beruflichen Werdegang beeinflusst?

The meaning of love.* Insofern als dass ich diese Sehnsüchte, diese Aufladung in guten Kulturveranstaltungen auch mit 53 noch erlebe, suche und weder räumlich noch genrespezifisch festgelegt bin.

Musik – nicht nur Popmusik – gehört untrennbar zu meinem privaten Leben. Auch in allen meinen beruflichen Zusammenhängen (Theater, Museum, Soziokultur, Kulturförderung) spielte sie eine Rolle, allerdings keine für mich übergeordnete. In den Kulturhäusern war ich nie für das Musikprogramm zuständig und in den Förderzusammenhängen stand Musik nicht im Vordergrund. Beim Landschaftsverband Westfalen-Lippe wurden allerdings die westfälischen Orchester und das Nachwuchsprogramm create music NRW gefördert. Und für letzteres habe ich mich immer eingesetzt, damit auch Landesmittel für das Projekt akquiriert werden konnten. Denn Popmusik fand in der Kulturförderpolitik bis dahin nicht statt. In der Soziokultur wird das Musikprogramm überwiegend aus den erwirtschafteten Mitteln finanziert. Das ist ein kulturpolitisches Problem, denn während die Programmreihen in Theater und Museum förderfähig sind, werden Konzertreihen in der Soziokultur oder in Clubs nicht einfach so gefördert. Deshalb beteiligen wir uns als Soziokultur NRW an der Gründung des popBoards als Interessenvertretung für die Popkulturszene im Land. Das popmusikalische Potential strukturell zu betrachten und zu fördern ist das Ziel. Das kann und sollte nicht nur aus der kreativwirtschaftlichen Brille betrachtet werden. In dem popkulturellen Bereich liegt so viel künstlerisches und zukunftsfähiges Potential, wenn man auch mal über jüngere und diversere Generationen nachdenkt. *Photographic.**

Was machen Sie beruflich?
Warum haben Sie sich für diesen Beruf entschieden?
Wie sah Ihr beruflicher Werdegang aus?

The sun & the rainfall.* Seit 2019 bin ich Geschäftsführerin der Landesarbeitsgemeinschaft Soziokultureller Zentren in NRW e.V. Als fachliche Vertretung arbeiten wir in der Geschäftsstelle die Potentiale der Soziokultur heraus und beziehen Position zu aktuellen kulturpolitischen Fragestellungen und gestalten die Rahmenbedingungen mit. Diese realisieren wir insbesondere durch die Vergabe von Landesfördermitteln in fünf Programmlinien. Hier bin ich an einer Stelle angekommen, die das vereint, was ich liebe: Ich kann inhaltlich, konzeptionell mit kulturpolitisch-strategischer Arbeit verknüpfen und das in einem Umfeld – dem soziokulturellen – mit gesellschaftspolitischer Haltung.

Nach über 20 Jahren im Kulturbetrieb stelle ich fest: Der Weg dahin war nicht linear und nicht planbar. Nach dem Studium der angewandten Kulturwissenschaften in Hildesheim habe ich in diversen Kulturhäusern gearbeitet, von der Galerie, zum Soziokulturellen Zentrum, über Museum und Theater ist alles dabei. Das waren wichtige Erfahrungen, aber erst in der Kulturförderung, zunächst als Leiterin des Kulturbüros OWL in der Regionalen

Kulturpolitik (Förderprogramm des Landes NRW), dann beim Landschaftsverband Westfalen-Lippe und heute bei Soziokultur NRW konnte und kann ich die interdisziplinäre Kompetenz und das kulturpolitische Interesse mit dem Wunsch nach Austausch und Kommunikation zusammenbringen. Heute engagiere ich mich zusätzlich im Kulturrat NRW und im Bundesverband Soziokultur auf Vorstandsebene. *Nothing to fear.**

Beschreiben Sie bitte Ihr berufliches Verhältnis zu Politik und Management vor und während der COVID-19-Pandemie.

Oberkorn.* Die Pandemie hat gezeigt, wie Kunst und Kultur wahrgenommen und durch eine besondere Brille der traditionellen Kulturförderung gesehen werden. Eigentlich hatten nur diejenigen, die bisher schon von der Förderpolitik wahrgenommen wurden, direkte Chancen zu überleben, weil sie mehr oder weniger zu 100 Prozent von der öffentlichen Hand finanziert werden. Dass es in der Freien Szene Kulturbetriebe wie z.B. die Soziokultur gibt, die zwischen 40 und 70 Prozent ihres Umsatzes selbst erwirtschaften oder Einzelkünstler*innen, Gestalter*innen, Kulturvermittler*innen, Techniker*innen, alle hinter den Kulissen agierende unter verschiedenen Arbeits- und Vertragsbedingungen zusammenwirken, schien vorher wenigen richtig klar zu sein.

Hier haben wir uns als Verbände aber auch als Zusammenschluss im Kulturrat NRW schnell zu Wort gemeldet und uns lautstark eingemischt. Einerseits um die Gesellschaftsrelevanz von Kultur herauszustellen, andererseits um deutlich zu machen, dass Kunst und Kultur Arbeit macht und ist. Unsere Vorschläge für die Gestaltung der Hilfsprogramme, insbesondere der Kulturstärkungsfonds für Kultureinrichtungen und das Stipendienprogramm für Künstler, haben in der NRW-Kulturpolitik und -verwaltung Gehör gefunden. Mit etwas Verzögerung reagierte auch die Bundesbeauftragte der Bundesregierung für Kultur und Medien und entwickelte in Zusammenarbeit mit den Kulturverbänden die diversen NEUSTART-Kulturprogramme.

Insgesamt muss ich konstatieren, dass sich in der Krise die Beziehungen zu Politik und Verwaltung intensiviert und vielleicht sogar verbessert haben.

Kunst und Kultur allerdings nur aus der Perspektive der Kulturförderung zu betrachten, greift zu kurz. Kultur ist auch Wirtschaftsfaktor, Kultur ist Arbeitssektor. Während die Kulturbetriebe sehr schnell auch durch das Kurzarbeitergeld aufgefangen wurden, wurden Künstler*innen und Soloselbständige erstmal an die Grundsicherung verwiesen, obwohl sie ja nichts arbeitslos waren, sondern es wurde ihnen ein Arbeitsverbot ausgesprochen. Das hat viele in der Szene sehr verletzt. Es wurden dann nach und nach die Soforthilfen geöffnet. Und jetzt finden sehr konstruktive Gespräche über die Entwicklung der sozialen Absicherung von Künstler*innen statt. Meiner Meinung nach wird die Umsetzung einer »Arbeitslosenversicherung« o.ä. ein ähnlicher Meilenstein werden wie seinerzeit die Künstlersozialkasse.

Der Erfolg aller, aber auch der politischer Arbeit hängt von Begeisterung und Leidenschaft ab, in einer Krise allerdings noch mehr auch unmittelbar von dem miteinander und den managerialen Grundskills, über die man verfügt. Wer gut kommunizieren, koordinieren und kreieren kann, ist klar im Vorteil. Am besten gemeinsam in einem Team oder einem guten Netzwerk, dass sich gegenseitig ergänzt. *Satellite.**

Was können wir aus den Entwicklungen während der Pandemie über »PopEventKulturen« lernen?

Dreaming of me.* Ehrlich gesagt, war eines, was mich in dieser Corona-Zeit genervt hat, dass die Kulturbereiche nur über sich selbst gesprochen haben. Theater- und Konzert-, Ausstellungshäuser haben in ihren jeweiligen Verbänden ganze Arbeit für ihre Sparte geleistet. Aber warum immer spartenbezogen? Nur in den übergreifenden Verbänden wie z.B. dem Deutschen Kulturrat oder dem Kulturrat NRW konnten die Stimmen erfolgreich versammelt werden. Wären wir in der Kultur nicht insgesamt stärker, wenn wir auch für die Kolleg*innen mitsprechen würden?

Aber es machte natürlich einen Unterschied, ob öffentliche Förderung die Basis der Häuser finanziert oder nicht. Die Veranstaltungs- und Clubbranche, die u.a. mit »populären« Konzerten ihr Geld erwirtschaften muss, stand ja ganz schön im Abseits. Mit Bündnissen wie #AlarmstufeRot oder Aktionen wie die Night of Light haben auf ihre Besonderheit aufmerksam machen müssen. Wie schon oben beschrieben, gehört die Funktionsweise dieser Betriebe nicht zum Allgemeinwissen. Genauso wenig wie es sich mit den Urheberrechten und Verdienstmöglichkeiten im Digitalen verhält.

Ich glaube, dass es doch auch mit der Krise in Verbindung gebracht werden kann, dass nach vielen Jahren des Kampfes die Clubs (in der Baunutzungsverordnung) gerade erst rechtlich als kulturelle Einrichtungen anerkannt worden sind und die Novellierung des Urheberrechts angesichts der zunehmenden Digitalisierung gelungen ist.

Genau aus dieser Krise gründen sich auf Initiative des Landesmusikrats NRW und der KLUBKOMM zusammen mit neuen und alten Verbünden wie musicNRWwomen, Liveinitiative NRW, PRO MUSIK, Cologne on Pop, Verein zur Förderung der Musikwirtschaft in NRW, Soziokultur NRW und Landesarbeitsgemeinschaft Musik das popBoard NRW. *Shout!**

Was wäre Ihre Vision bzw. Ihr Traum von einem »PopMusikEvent«?

Leave in Silence...* So sehr ich sehr stille, reduzierte Kunstereignisse liebe, habe ich natürlich auch ein Faible für große spartenübergreifende Momente. Ich war nie Teil der Berliner Clubszene, das ist mir persönlich zu szenig, zu temporär vielleicht. Aber ein interdisziplinäres, internationales und dauerhaftes Angebot aus Architektur, Musik, Performance, Film und Bildender Kunst an einem Dritten Ort für viele zugänglich und Diversität lebend, würde mir sehr gefallen. Das wäre eine große Aufgabe für die Soziokultur, aber genauso für die klassischen Kulturbetriebe, die viel Raum und einen Großteil der Kulturförderung einnehmen... *New Life.**

*»This concert was originally going to occur at ›Studio M‹ in Minden, but was moved to the larger venue ›Grille Disco‹«, Set list am 10.12.1982:

Oberkorn (It's A Small Town) / My Secret Garden / See You / Satellite / New Life / Boys Say Go! / Tora! Tora! Tora! / Nothing To Fear / Leave In Silence / Shouldn't Have Done That / Monument / The Meaning Of Love / Just Can't Get / Enough / A Photograph Of You / The Sun & The Rainfall / Shout / Photographic / Dreaming Of Me

Die Fragen stellten Beate Flath und Christoph Jacke.

Biographie

Heike Herold ist seit Januar 2019 Geschäftsführerin der Landesarbeitsgemeinschaft Soziokultureller Zentren NRW e.V. und in dieser Funktion im geschäftsführenden Vorstand des Kulturrates NRW sowie Vorstandsmitglied im Bundesverband Soziokultur. Nach dem Studium an der Universität Hildesheim arbeitete sie im Kulturzentrum BÜZ in Minden, dem MARTa Herford oder dem Theater Bielefeld, bis sie in den Bereich der Kulturförderung wechselte. Als Leiterin des OWL Kulturbüros entwickelte sie von Bielefeld aus im Landesprogramm Regionale Kulturpolitik das regionale Kulturprofil »Wir sind Stadt und Land« und baute die Modellregion Kulturelle Bildung auf. Schließlich übernahm sie in der Kulturabteilung des Landschaftsverbandes Westfalen-Lippe die Referatsleitung Kulturförderung und Kulturpartnerschaften sowie die Geschäftsführung der LWL-Kulturstiftung in Münster. Hier verantwortete sie die institutionelle und projektorientierte Kulturförderung, die drei Künstlerpreise in den Sparten Musik, Literatur und Bildende Kunst, der Stipendiatenaustausch mit der Region Gotland (Schweden), Kulturpartnerschaft mit der Provinz Westflandern (Belgien), sowie war beteiligt an der Entwicklung und den Aufbau des Droste-Kulturzentrums| Zukunftsort Literatur und des Netzwerks Preußen in Westfalen.

Kulturförderung vor und in Coronazeiten

Carsten Nolte

Rückblick auf das Jahr 2018: Auf der Backstage-Tagung in Paderborn sind individuelle und zielgerichtete Förderungsmöglichkeiten sowohl für Musikclubs, Veranstalter*innen und Kultureinrichtungen als auch für Bands und Musiker*innen nachgefragte Themen im Publikumsforum. Eine Pandemie ist nicht in Sicht.

Aktuell im Jahr 2021: Im Kontext der seit März 2020 grassierenden Coronapandemie müssen die Begriffe Kulturförderung und Förderkultur für den Kultur- und Veranstaltungsbereich gedanklich neu sortiert werden. Das gewohnte Kultur- und Veranstaltungsleben liegt im April 2021 unter den vorherrschenden hohen Inzidenzwerten an Coronainfizierten immer noch nahezu brach. Weder eine perspektivische Bespielung von Spielstätten unter voller oder zumindest eingeschränkter Kapazität noch eine Programmplanung in gewohnter Form ist für Veranstalter*innen und Künstler*innen möglich. Regelmäßig aktualisierte Coronaschutzverordnungen der einzelnen Bundesländer regeln das kulturelle Leben, umfassen umfangreiche Einschränkungen in der Umsetzung von Veranstaltungen. Zusätzlich diskutierte Lockdownszenarien zwängen zu längeren temporären Schließungen von Kultureinrichtungen.

Mit dem Fortschreiten des Pandemiegeschehens ist eine Prognose, unter welchen Bedingungen Veranstaltungen wann wieder stattfinden können – auch unter den inzwischen gestarteten Impfmaßnahmen –, unmöglich. Die Frage einer Musikerin auf der Backstage-Tagung nach individueller Auftrittsförderung hat sich längst erübrigt. Live auf der Bühne vor Publikum ist zum Wunschdenken geworden. Der massive Umsatzeinbruch durch die Absagen oder das stetig wiederkehrende Verschieben von Veranstaltungen bedroht viele Existenzen vom Musikclub bis zum*r Künstler*in.

Kultur- und Veranstaltungsförderung steht in den Jahren 2020/2021 im Zeichen der Sicherung von Existenzen und der Erhaltung der kulturellen

Infrastruktur. Eine individuelle und zielgerichtete Förderung von künstlerischen Inhalten und Projekten ist zwangsläufig in den Hintergrund gerückt. Unterstützung und Förderung wird in Form von Coronahilfen seitens der öffentlichen Hand in Form von Billigkeitsleistungen über unterschiedliche Förderstränge angeboten. Dazu gehören u.a. außerordentliche Wirtschaftshilfen wie die November- und Dezemberhilfen, die Überbrückungshilfe III, das Kurzarbeitergeld sowie vereinfachter Zugang zur Grundsicherung und Liquiditätshilfen.

Ebenso hat speziell die Kultur- und Veranstaltungsbranche von der Staatsministerin für Kultur und Medien ihr eigenes Rettungs- und Zukunftspaket mit dem Namen »Neustart Kultur« bekommen. Dieses Bundesprogramm mit einem Fördervolumen von einer Milliarde Euro wird spartenspezifisch über die jeweiligen Dachverbände in mehr als 60 Teilprogrammen abgewickelt. In verschiedenen Sofortprogrammen können pandemiebedingte Investitionen beantragt werden. Die GEMA koordiniert beispielsweise das Investitionsprogramm für Musikaufführungsstätten, Musikclubs und Festivals. Der Bundesverband Soziokultur verantwortet die Abwicklung dieser Förderschiene für Kultureinrichtungen, Literaturhäuser und soziokulturelle Zentren, ebenso wie ein Programm für die Förderung von soziokulturellen Projekten, um den Wiedereinstieg in die kulturelle Programmarbeit zu unterstützen. Teilprogramme für Musikclubs, für Veranstalter*innen von Festivals und für kleinere sogenannte »Umsonst & Draußen«-Festivals werden z.B. von der Initiative Musik abgewickelt.

Doch nicht nur auf Bundesebene, sondern auch auf Landesebene und vereinzelt auf kommunaler Ebene wurden Sonderförderprogramme aufgelegt. In Nordrhein-Westfalen wurde der Kulturstärkungsfonds mit einem Volumen von 80 Millionen Euro eingerichtet. Das Stipendienprogramm für Künstler*innen unterstützte 2020 14.500 Künstler*innen mit jeweils 7.000 Euro (davon knapp 35 % Anteil von Kulturschaffenden aus dem Musikbereich) und stellte eine wichtige Ergänzung des Sofortprogrammes für Künstler*innen mit 2.000 Euro Förderung gleich zu Beginn der Pandemie im März 2020 dar. Im April 2021 beginnt die Antragsmöglichkeit für ein zweites Stipendienprogramm, in der die Umsetzung von künstlerischen Konzepten und Ideen gefördert wird.

In einem Coronahilfsprogramm des Landes für NRW-Musikspielstätten wurden Gelder in Höhe von knapp 1,5 Mio € weitergegeben. In größeren Kommunen wie Köln und Düsseldorf wurden ebenso Coronasondermaßnahmen für Kulturvereine und -betriebe eingerichtet.

Bestehende projektbezogene Förderprogramme des Landes NRW, die regelmäßig über die einzelnen Spartenverbände des Landes ausgeschrieben und abgewickelt wurden, blieben erhalten und an aktuelle Coronabedingungen in den Ausschreibungen angepasst. In der Soziokultur NRW wurden beispielsweise aktuell realisierbare und nachhaltige Entwicklungen von neuen kulturellen Formaten und Umsetzungen unterstützt. Die Befürchtung, dass diese Programme aufgrund der Einschränkungen weniger nachgefragt würden, bestätigte sich nicht. Ganz im Gegenteil begriffen viele Antragstellende die Krise auch als Weiterentwicklungs- und Weiterbildungschance, indem sie zukunftsfähige Modelle für mögliche hybride Veranstaltungen in der Zukunft entwickeln und sich z.B. auf die Durchführung von machbaren Freiluftveranstaltungen konzentrieren. Mit digitalen Diskussionen, Tutorials, Workshops, Netzwerktreffen, Blogs, Portraits und Podcasts, Stadtspaziergängen und neuen Begegnungsformaten wurden ebenfalls gute und neue Erfahrungen gemacht.

Investive Maßnahmen für den Hygieneschutz und Leitfäden für die Besucher*innenführungen für das jeweilige Haus konnten über die bereits erwähnten Investitionsprogramme getätigt werden. Die Einrichtungen erarbeiteten Hygieneschutzkonzepte und stimmten diese mit den zuständigen örtlichen Behörden ab. Inhaltlich reagierten Engagierte der Branche mit der vorübergehenden Etablierung von digitalen Streaming-Angeboten. Die mit einer Anschubförderung ausgestattete Plattform wie unitedwestream.nrw oder das vom neu gegründeten Wuppertaler Solidarpakt Kunst und Kultur initiierte stew.one sorgten ebenso wie ruhrtube.de aus Duisburg oder dringeblieben.de dafür, dass sowohl Künstler*innen als auch Einrichtungen in NRW digitale Auftrittsmöglichkeiten wahrnehmen und sichtbar bleiben konnten. Weitere Einrichtungen und Clubs richteten zudem Streams und Medienproduktionen auf den bekannten Social-Media-Kanälen wie YouTube, Facebook oder Twitch TV ein – verbunden mit Spendenmöglichkeiten.

Hürden liegen im Dickicht des vorherrschenden Förderdschungels verborgen. Die Kultur- und Veranstaltungssparte vereint sowohl öffentlich geförderte Einrichtungen wie auch privat-wirtschaftliche Unternehmen wie die Musikclubs als auch die Soloselbständigen u.a. aus Ton- und Lichttechnik wie auch die professionellen Künstler*innen unter sich. Alle müssen sich in diesem Dschungel an vielfältigen Hilfen und Fördermöglichkeiten zurechtfinden, benötigen den Durchblick beim Identifizieren ihrer Zugehörigkeit zum passenden Förderprogramm, um dann die nächste Hürde der konkreten Antragerstellung zu nehmen. Die Coronapandemie hat eine große Anzahl von

Antragsneulingen hervorgerufen, die auf die Förderhilfen angewiesen sind und Orientierung, Beratung und Betreuung beim Antragsverfahren und bei einer positiven Bewilligung beim Nachweisverfahren benötigen. Die Förderlogiken der einzelnen Programmschienen unterscheiden sich und sind für viele nicht sofort verständlich und nachvollziehbar. Für manche Programme ist die Mitarbeit eines*r Steuerberater*in*s erforderlich, manche Zugangsvoraussetzungen der Programme stellen für kleinere Vereine oder Unternehmen zudem formal und inhaltlich eine nicht überwindbare Hürde dar.

Nicht zu vergessen sind auch die geringfügig entlohnten Beschäftigen wie sie z.B. in dieser Branche zu einem großen Teil in der Gastronomie zu finden sind bzw. waren oder Künstler*innen, die durch die pandemiebedingte Arbeitslosigkeit, ihre sozialversicherte Mitgliedschaft in der Künstlersozialkasse zu verlieren drohen, wie auch diejenigen Nachwuchskünstler*innen, die sich auf dem Weg in eine künstlerische Professionalität gemacht haben und nun oftmals gezwungen sind, sich in einem (vorerst) anderen fremden Arbeitsfeld zu betätigen. Ebenso die vielen Kulturkonsument*innen, die bereits einem Kulturentwöhnungseffekt anheimgefallen sind und die es zukünftig gilt, wieder als Begeisterte für Kunst und Kultur zurückzugewinnen.

Wenn die Pandemie etwas Positives für den Kultur- und Veranstaltungsbereich bewirkt hat, dann die damit vermehrte einhergehende Berichterstattung über ihre Struktur, Organisation und Beschaffenheit – in ihrer Darstellung angepasst für einen größeren Adressatenkreis bzw. eine breitere Öffentlichkeit. Die kontinuierliche Präsenz in den öffentlichen Medien(-anstalten) in Form von Beiträgen, Artikeln, Diskussionen über ihre Existenznot hat die Relevanz der Kultur im gesellschaftlichen Kontext noch einmal deutlich geschärft und ihre Demokratie- und identitätsstiftende Rolle ebenso nachvollziehbar vermittelt wie auch ihre wirtschaftlichen (Wirkungs-)Zusammenhänge und die damit verbundenen massiv gestörten bzw. teilweise vollständig unterbrochenen Wertschöpfungsketten. Die Wichtigkeit von Künstler*innen erwähnte Bundeskanzlerin Angela Merkel ebenso in ihren Videopodcasts erstmalig im Mai 2020. Kulturförderung hat also mitnichten seine Legitimation verloren.

Es bleibt zu hoffen, dass in einem zukünftigen Kultur- und Veranstaltungsprogrammkalender nicht nur wirtschaftlich profitable Veranstaltungen dominieren werden, sondern auch Nische, Experiment und Nachwuchs weiterhin Berücksichtigung finden können. Die dazugehörigen gezielten und individuellen Förderprogramme sollten sich eventuell schon bei der Wiederaufnahme eines sich langsam normalisierenden Kulturbetriebs aus dem sich gerade in der fachlichen Abstimmung befindlichen Kulturgesetzbuchs für Nordrhein-Westfalen ableiten können. Dieses wird dann zukünftige Förderstrukturen und -richtlinien des Landes regeln und die Kultur- und Kreativwirtschaft ebenso einbeziehen. Dadurch wird die Bedeutung und der Stellenwert von Kunst und Kultur noch einmal nachdrücklich unterstrichen – zumindest im öffentlichen Förderkontext.

Interview mit Anna Blaich

Was war Ihrer Erinnerung nach Ihr erstes »PopMusikEvent«?
Was war das Besondere daran, dass Sie sich bis heute daran erinnern?

Mein erstes »PopMusikEvent« war ein Konzert der Kelly Family 1996 in der Rhein-Neckar-Halle in Eppelheim. Damals war ich gerade sechs Jahre alt und ein großer Fan. Das Besondere an dieser Erinnerung ist, dass sie sich nicht allein auf das Konzert bezieht (bestuhlt, in einer Multifunktions- & Sporthalle, mit meinen Eltern, nur ca. fünf Minuten von unserer Wohnung entfernt), sondern dass meine erste Popmusik-Kassette von der Kelly Family war, mein Vater extra Konzerte für mich auf VHS aufgenommen hat und ich mir diese anschauen durfte. Dazu muss ich erwähnen, dass wir kaum fernsehen durften.

Können Sie diese besondere Erinnerung mit Ihrem heutigen Beruf in Zusammenhang bringen?
Inwiefern hat das Ihren beruflichen Werdegang beeinflusst?

Ob mein sechsjähriges Ich damals schon geahnt hat, dass ich heute in diesem Feld beruflich tätig bin, glaube ich nicht. Rückblickend lässt sich aber ein roter Faden erkennen, dass Kultur – insbesondere Live-Erlebnisse – einen großen Raum in meinem Leben einnimmt. Die Emotionen, die durch ein Konzert bei mir ausgelöst werden, haben sich damals schon abgezeichnet und setzen sich bis heute in meiner leidenschaftlichen Arbeit für die Club- und Livekultur und die Sicherung von Räumen für eine diverse Kulturlandschaft fort.

Was machen Sie beruflich?
Warum haben Sie sich für diesen Beruf entschieden?
Wie sah Ihr beruflicher Werdegang aus?

Meine aktuelle Berufsbezeichnung nennt sich »Projektmanagerin Kulturelle Stadtentwicklung« bei NEXT Mannheim (mg: mannheimer gründungszentren gmbh), einer hundertprozentige Tochtergesellschaft der Stadt Mannheim. Dort betreue ich Projekte an der Schnittstelle von Kultur und Wirtschaft, Wissenschaft, Gesellschaft und Innovation und leite operativ die inhaltliche Neuausrichtung des Großprojekts Multihalle Mannheim als utopischer Ort für die Stadtgesellschaft von Morgen. Nach Stationen in der Musikwirtschaft war ich auf der Suche nach einer sinnstiftenden Tätigkeit, die einen direkten Einfluss auf das Zusammenleben der Menschen hat, sich mit der Stadtgesellschaft von morgen auseinandersetzt und dabei den besonderen Wert von Kunst und Kultur als Innovationstreiberinnen in den Mittelpunkt stellt.

Nach meinem Studium an der Popakademie, B.A. Musik Business, konnte ich mir meinen beruflichen Wunsch erfüllen und in einem Major Label arbeiten. Schnell musste ich aber feststellen, dass das die stark wirtschaftliche Betrachtung der Popmusik nicht ganz meine Welt ist und habe mich, um mein Fachgebiet zu erweitern, für einen Master im Kultur- und Medienmanagement entschieden. Dort wurde mir immer klarer, dass sich mein beruflicher Werdegang mit der Popmusik als anerkannter Bestandteil der deutschen Kulturlandschaft befassen soll; oder wie ich es nenne, der urbanen Kultur. Auf dem Weg zu meiner aktuellen Tätigkeit lagen noch die Stationen bei einem Musikpreis, der Qualität statt Quantität auszeichnet, sowie als Projektmanagerin Export bei der größten deutschen Popmusikfördereinrichtung.

Neben den bezahlten Tätigkeiten widme ich mich in meinem ehrenamtlichen Engagement der Förderung von Musikclubs und Livekultur auf regionaler, Landes- und Bundesebene in verschiedenen Gremien, mit denen wir in den vergangenen Monaten und Jahren große politische Erfolge verbuchen konnte. Außerdem promoviere ich seit Anfang 2021 an der Universität Paderborn zu Popmusik im Spannungsfeld aus Wirtschaft, Kultur und Medien. Dort gehe ich den Veränderungen im System »Popmusik« seit den 1990er-Jahren und der damit in Verbindung stehenden Entwicklung der Verbandslandschaft sowie deren Beitrag zur politischen Willensbildung nach.

Beschreiben Sie bitte Ihr berufliches Verhältnis zu Politik und Management vor und während der COVID-19-Pandemie.

Ich glaube, dass die Politik die Pandemie im Großen betrachtet und im Vergleich zu anderen Ländern gut gemanagt hat. Wenn ich aber das Feld der »PopMusikEvents« mit dem zugehörigen Ökosystem betrachte, sehe ich viele Defizite, deren Ursachen divers sind. Zum einen zeigt sich, dass dieser Teil der Kulturlandschaft sehr kleinteilig und schlecht organisiert ist, wodurch die Interessen nur schwer gegenüber der Politik vertreten werden konnten und so Hilfeprogramme nur wenig passgenau waren. Des Weiteren durften die Orte der »PopMusikEvents« als einzige Branche bei keiner der verschiedenen Lockerungsaktivitäten öffnen, unterlagen immer strengsten Maßnahmen und selbst Öffnungsszenarien durften – im Gegensatz zu anderen Kultursparten und Ländern – nicht erprobt werden. Trotzdem konnten ausgerechnet in dieser Zeit – oder vielleicht deswegen – entscheidende politische Meilensteine wie die Anerkennung von Musikclubs als »Anlage kultureller Zwecke« in der Baunutzungsverordnung erreicht werden.

Was können wir aus den Entwicklungen während der Pandemie über »PopEventKulturen« lernen?

Die wichtigste Erkenntnis ist meiner Meinung nach, dass Kultur nicht in allen Sparten »gleich« funktioniert. Vielmehr geht es darum, die Besonderheiten der jeweiligen Teilbereiche zu verstehen, um ihnen eine angemessene Förderung durch die öffentliche Hand (strukturell und/oder monetär) zukommen zu lassen. Insgesamt begrüße ich die Diskussion, ob Kultur wirklich eine freiwillige Leistung der Kommune bleiben sollte oder nicht eher – nach dann wahrscheinlich über zwei Jahren Verzicht – ein wichtiger Bestandteil unseres gesellschaftlichen Zusammenlebens ist. Wobei hier auch sicherlich wieder zu beachten gilt, dass sich »Kultur« für jede Person anders definiert und eine »PopEventKultur« genauso wertvoll ist wie eine »Hochkultur«.

Eine weitere Erkenntnis ist, dass viele Personen, die im Bereich der »PopEventKulturen« tätig sind, solo-selbstständig sind und auch schon lange vor der Pandemie in sehr prekären Verhältnissen tätig waren. Die Pandemie hat dies deutlich verschlechtert und es besteht das Risiko, dass es zu einem Engpass derer, die »hinter der Bühne« arbeiten, kommen wird. Wenn dieses Fachwissen verloren geht, müssen wir uns darauf einstellen, dass manche Veranstaltungen nicht stattfinden können. Um dies zu verhindern, sollten Solo-Selbstständige mehr Wertschätzung für ihre Arbeit, und damit verbunden eine bessere Absicherung erfahren.

Was wäre Ihre Vision bzw. Ihr Traum von einem »PopMusikEvent«?

Meine Vision eines »PopMusikEvents« ist es, dass die Künste und das Handwerk, welche dort zusammenkommen, in all ihren Facetten gezeigt werden können und auch eine entsprechende Anerkennung erfahren. Bei einem Konzert geht es nicht allein um den Text und die Musik, sondern um das einmalige, nicht reproduzierbare Erlebnis aus Text, Musik und Performance in Kombination mit Bühnenbild, Licht, Sound, Mode, Design und vielem mehr.

Gleichzeitig wünsche ich mir, dass diese Kunst wieder ins Zentrum der Aufmerksamkeit rückt und nicht die fortschreitende Eventisierung und damit auch Monetarisierung dieser Arbeit. Dazu gehört, neben der Wertschätzung für die Kunst selbst, auch, dass die Einnahmen, die im Livesektor generiert werden, fair auf alle Akteur*innen innerhalb der Wertschöpfungskette verteilt werden; vom kleinen Musikclub – oftmals die erste Bühne der Karriere – zur großen Arena, von allen kreativ-beteiligten Einzelpersonen zu den großen, aktiendotierten Konzernen, von den Komponist*innen zu den Performing Artists usw.

Die Fragen stellten Beate Flath und Christoph Jacke.

Biographie

Anna Blaich, M.A., hat Musikbusiness an der Popakademie Baden-Württemberg (Mannheim) und Kultur- und Medienmanagement an der Hochschule für Musik und Theater, Institut KMM (Hamburg) studiert. Nach verschiedenen Positionen in der Musikbranche war sie als Projektmanagerin Export bei der Initiative Musik u.a. für den deutschen Gemeinschaftsauftritt Germany @ SXSW 2018 (German Haus & German Pavilion) in Austin, Texas, sowie für die deutsche Beteiligung im Bereich Musikexport im Rahmen des EU-Programms »Music Moves Europe« verantwortlich. Seit 2018 ist sie als Projektmanagerin in der Kulturellen Stadtentwicklung bei NEXT Mannheim tätig, wo sie Projekte an der Schnittstelle von Kultur- und Kreativwirtschaft und Wirtschaft, Wissenschaft, Gesellschaft und Innovation entwickelt und als Projektleiterin die Nutzungskonzeption der Multihalle Mannheim betreut.

Außerdem ist sie stellvertretende Vorsitzende der Bundesstiftung LiveKultur und im Vorstand der Clubkultur Baden-Württemberg tätig, dazu ist sie Mitglied der Kulturpolitischen Gesellschaft. In ihrer Promotion an der Universität Paderborn beschäftigt sie sich mit der Popmusik im Spannungsfeld aus Kultur, Wirtschaft und Politik.

Popkultur fördern, Räume schaffen
Popkulturelle und soziale Dimensionen von Musikspielstätten

Niklas Blömeke, Jan Üblacker, Katharina Huseljić, Heiko Rühl, Johannes Krause

Einleitung

Musikspielstätten sind wichtige popkulturelle Institutionen. Popkulturelle Events benötigen Räume – vor, hinter und auf der Bühne. Neben Musikfestivals bieten Musikspielstätten diese Räume und sind besondere Kristallisationspunkte in einem Netzwerk musikwirtschaftlicher Akteur*innen. Künstler*innen, Agenturen und Veranstalter*innen sind auf ihre Bühnen angewiesen. Hinzu kommen externe Dienstleister*innen als Auftragnehmer*innen. Man täte Betreiber*innen von Musikspielstätten jedoch unrecht, wenn man sie auf ihre wirtschaftliche Aktivität reduzieren würde. Insbesondere kleinere Musikspielstätten schaffen bedeutende popkulturelle Werte, prägen lokale Szenen und stehen dabei in vielfältigen lokalen und globalen Wechselbeziehungen (Kuchar 2020, Webster et al. 2010). Aufgrund ihrer geringen Publikumskapazitäten und besonderen Atmosphäre ermöglichen gerade kleine Musikspielstätten eine intensive Interaktion zwischen Publikum und Performenden, die in Arenen oder auf Festivals unmöglich ist.

Um diesen Prozessen und Beziehungen Rechnung zu tragen, ist eine mehrdimensionale Betrachtung von Musikspielstätten nötig. Dieser Beitrag untersucht Musikspielstätten hinsichtlich sozialer und kultureller Dimensionen, die sich auf das Konzept der *live music ecologies* (van der Hoeven und Hitters 2019, Behr et al. 2016) stützen. Durch eine inhaltsanalytische Auswertung von 14 Expert*innen-Interviews geht der Beitrag der Frage nach, wie Musikspielstätten als Teil einer *live music ecology* zu konzeptionalisieren sind und welche sozialen und kulturellen Aspekte dabei eine Rolle spielen. Diese

Analyse bietet damit eine Reflexion über Funktionen, die Musikspielstätten gesellschaftlich und (pop-)kulturell spielen.

Musikspielstätten als Knotenpunkte in *live music ecologies*

Die akademische Auseinandersetzung mit Musikperformances und Spielstätten hat sich intensiviert (Holt 2020, Mazierska, Gillon und Rigg 2020). Wenn Popmusik als Seismograf für gesellschaftliche Entwicklungen fungiert (Jacke 2006, 2013), ist es notwendig, Spielstätten als Räume und als Kontext in popmusikwissenschaftliche Analysen einzubeziehen. Einen Impuls für eine solche Beschäftigung mit Livemusik liefert der britische Musiksoziologe Simon Frith. Frith weist auf die ökonomischen Besonderheiten der Livemusik-Produktion, auf den (pop-)kulturellen Wert von Musikspielstätten als Orte der Performance und auf die soziale Bedeutung, die Livemusik durch Interaktion und Identitätsbildung zukommt, hin (Frith 2007, 7 ff.).

Angeregt von diesem Impuls nutzen aktuelle Forschungen zu Livemusik und ihren Rahmenbedingungen eine holistische Perspektive: Neben ökonomischen rücken vermehrt kulturelle und soziale Aspekte in den Fokus (Rühl et al. 2021, Damm und Drevenstedt 2020). In diesem Zusammenhang hat sich das Konzept der *live music ecology* entwickelt (van der Hoeven et al. 2020, van der Hoeven und Hitters 2019, Behr et al. 2016). Dieses Konzept betont die ökonomischen, sozialen und kulturellen Wertschöpfungsnetzwerke, in die Musikspielstätten eingebettet sind. Gleichzeitig werden auch konkrete materielle Aspekte wie die Lage oder Beschaffenheit von Musikspielstätten berücksichtigt.

Unter Musikspielstätten sind Einrichtungen zu verstehen, deren zentraler Zweck das Kuratieren und Veranstalten musikalischer Live-Darbietungen ist (Rühl et al. 2021, 30). Es lassen sich zahlreiche Musikspielstättentypen unterscheiden – vom Jazz- oder Musikclub über Musikbars oder -cafés bis hin zu soziokulturellen Zentren und Konzerthallen. Neben Musikfestivals können als diese Orte als bedeutende »musical performance institutions« bezeichnet werden (Holt 2020).

Die Konzeptionalisierung von Musikspielstätten als Teil einer *live music ecology* bietet Vorteile: Es lassen sich räumliche Bezüge herstellen (van der Hoeven und Hitters 2020a). In diesem Zusammenhang sind vor allem die Beziehungen zu Quartieren und zur Stadt als solcher relevant. Hinzukommen Stakeholder*innen der Nachbarschaft, Politik und Administration. Die

Performances in Musikspielstätten stehen im Kontext räumlich-ästhetischer Praktiken und sind anschlussfähig an die soziologische Konstitution von Raum (Löw 2019). Musikspielstätten sind also zum einen räumlich eingebettet in die sie umgebende Umwelt und zum anderen stellen sie selbst spezifische Räume her. Performativität wird zu einer wichtigen Größe, wenn man Liveness (Auslander 2008), Architektur (Kronenburg 2019) und Digitalisierung (Holt 2010) im Zusammenspiel analysieren und verstehen möchte.

Um sich den Werten von Livemusik zu nähern, haben die niederländischen Forscher*innen Arno van der Hoeven und Erik Hitters Dokumente wie Branchenstudien und Strategiepapiere aus acht Ländern ausgewertet und dabei sechs Dimensionen identifiziert, mit denen sie die *social* und *cultural values* von *live music ecologies* in Städten beschreiben (van der Hoeven und Hitters 2019). Überträgt man diese allgemeinen Werte (*values*) konkreter auf Musikspielstätten, lassen sich Funktionen ableiten, die Musikspielstätten innerhalb ihrer *live music ecology* übernehmen können. Die kulturelle Funktion von Musikspielstätten zeigt sich dann in drei Dimensionen, nämlich der Förderung (1) musikalischer Kreativität, (2) kultureller Vielfalt und (3) musikalischer Nachwuchskünstler*innen. Hinsichtlich des sozialen Bereichs lassen sich ebenfalls drei Dimensionen unterscheiden: (1) *bonding* und *bridging*, also das Potential, den Zusammenhalt in bestehenden Gruppen zu stärken oder übergreifenden Kontakt von Personen mit unterschiedlichen Hintergründen zu ermöglichen, (2) die Förderung zivilgesellschaftlichen und politischen Engagements und (3) die Förderung von Zugehörigkeitsgefühl und Identität.

Ergänzend haben Musikspielstätten auch eine ökonomische Relevanz. In dieser musikwirtschaftlichen Perspektive sind spezifische Bedingungen popkultureller Produktion, Distribution und Rezeption zentral (Tschmuck, Flath und Lücke 2018). Ökonomische Bedeutung erhalten Musikspielstätten dabei als Betriebe, die Kulturgüter produzieren (Tschmuck 2018), als Arbeit- und Auftraggeber innerhalb der Musikwirtschaft und als wirtschaftliche Organisationen in der Nachtökonomie oder im Tourismus (Schmid 2018).

Aus theoretisch-konzeptioneller Perspektive lassen sich zusammenfassend kulturelle, soziale und ökonomische Dimensionen unterscheiden, anhand derer Musikspielstätten untersucht werden können. Dieser Beitrag beschränkt sich auf die Analyse der kulturellen und sozialen Dimensionen. Wie die folgenden Kapitel zeigen, haben bisherige Forschungen die relevanten Dimensionen noch nicht zufriedenstellend ausgeleuchtet.

Methode

Für diesen Beitrag steht der qualitative Teil der »Clubstudie« im Zentrum – ein von der Initiative Musik beauftragtes Forschungsprojekt, für das Interviews mit 14 Expert*innen geführt wurden (fünf Betreiber*innen von Musikspielstätten, drei Politiker*innen, fünf Verbandsvertreter*innen sowie ein Wissenschaftler). Die Musikspielstätten der Betreiber*innen unterscheiden sich hinsichtlich Größe, musikalischer Ausrichtung und Standort. Die Vertreter*innen der Verbände arbeiten für unterschiedliche Netzwerke auf Bundes- oder Landesebene. Die Politiker*innen sind Mitglieder in den Ausschüssen Kultur und Medien oder Bauen, Wohnen, Stadtentwicklung und Kommunen des deutschen Bundestages. Die Interviews sind als Expert*innen-Interviews zu bezeichnen, da die Gesprächspartner*innen über abstraktes Fachwissen in Bezug auf die relevanten Sachverhalte verfügen (Gläser und Laudel 2010, 12), insbesondere hinsichtlich der Netzwerke zwischen Akteur*innen der Popmusik, Dynamiken des Kulturmanagements und Prozessen in und um Musikspielstätten. Andere Forschungen zu *live music ecologies* haben ähnliche Perspektiven untersucht (van der Hoeven und Hitters 2020b).

Die Expert*innen wurden im Mai 2020 leitfadengestützt in Videokonferenzen interviewt. Der Leitfaden deckt neben sozialen und kulturell Dimensionen weitere Themen ab, die in diesem Beitrag nicht diskutiert werden. Die Interviews dauerten durchschnittlich 59 Minuten (insgesamt 13 Stunden und 54 Minuten). Die Gespräche wurden anonymisiert, sprachlich geglättet transkribiert und mit Hilfe des Kategoriensystems ausgewertet. Durch die Codierung konnten insgesamt 1.236 Interviewpassagen identifiziert und inhaltsanalytisch ausgewertet werden (Mayring 2010).

Die Ergebnisse dieser Auswertung werden im Folgenden im Hinblick auf kulturelle und soziale Dimensionen sowie auf besondere Eigenschaften kleiner Musikspielstätten dargestellt. Ausführliche Berichte zu weiteren Ergebnissen der Clubstudie finden sich bei Rühl et al. 2021.

Ergebnisse

Theoretische Grundlage der Analyse ist das von van der Hoeven und Hitters abgeleitete mehrdimensionale Wertsystem zu *live music ecologies*, das auf Basis internationaler grauer Literatur entwickelt wurde. Das Ziel besteht darin, diese Dimensionen auf den Kontext deutscher Musikspielstätten zu übertragen und zu erweitern.

Kulturelle Dimensionen von Musikspielstätten

Kulturelle Dimensionen können sich unterschiedlich zeigen. Aus den Vorüberlegungen (Kapitel 2) lassen sich hierfür drei Aspekte ableiten, nämlich die Förderung (1) musikalischer Kreativität, (2) kultureller Vielfalt und (3) musikalischer Nachwuchskünstler*innen. Bei der Auswertung von 140 codierten Interviewpassagen ist eine bisher nicht beachtete Facette aufgedeckt worden, die anschlussfähig an Pop(musik)-Theorien ist und die bisherige konzeptionelle Fassung erweitert.

Förderung musikalischer Kreativität

Die Befragten beschreiben Musikspielstätten als »Plattform« (Interview 5, Verbandsvertreter) oder »Brutkasten« (Interview 3, Betreiber). Sie verweisen darauf, dass insbesondere Musikspielstätten mit geringeren Besucher*innen-Kapazitäten Raum für Experimente bieten.

> »Gerade die kleinen haben Möglichkeiten und die Aufgabe, Kreativität zu befeuern und als Labore zu fungieren.« (Interview 13, Politiker)

Die Befragten betonen, dass der direkte Austausch zwischen Performenden und Publikum ein wichtiger Faktor ist, der musikalische Kreativität fördert. Durch diese Interaktion erhalten Künstler*innen unmittelbares Feedback, das sie weiterverarbeiten können.

Förderung kultureller Vielfalt

Programme in Musikspielstätten sind kuratiert. Die Befragten geben an, dass kein Programm auf Dauer erfolgreich sein könne, wenn es unachtsam kuratiert wird. Musikspielstätten bedienen zwar auch Nischen und Szenen, aggregiert stellen sie allerdings einen wichtigen Teil kultureller Infrastruktur. Insbesondere durch ihre Offenheit für Neues gestalten sie Programm abseits des (sich wandelnden) Mainstreams.

> »Horizonte erweitern. Über den Tellerrand hinausgucken. In meinem Programm möchte ich möglichst wenig Mainstream machen.« (Interview 8, Betreiber)

Dieser Anspruch drücke sich beispielsweise in der strikten Einstellung gegenüber Cover-Bands aus, die auf vielen Bühnen keinen Platz finden.

> »Deshalb muss man die Bereitschaft kitzeln, ins Risiko zu gehen. Sonst hat man nur den Einheitsbrei.« (Interview 13, Politiker)

Über das Programm hinaus fördern Musikspielstätten die kulturelle Vielfalt insofern, als dass sie unterschiedlichste popkulturelle Akteur*innen an einem Ort zusammenführen. Betreiber*innen begreifen sich als Teil einer kulturellen Szene und erfüllen eine »Multiplikatorfunktion« (Interview 7, Wissenschaftler) im lokalen Kulturnetzwerk.

Förderung musikalischer Nachwuchskünstler*innen

Alle Befragten identifizieren die Nachwuchsförderung als essenziell für die Arbeit in Musikspielstätten. Besonders kleinere Musikspielstätten seien erste Räume, in denen sich Nachwuchskünstler*innen präsentieren und erproben können. Die Befragten beschreiben Musikspielstätten als »Kinderstube« (Interview 6, Betreiber), in der Künstler*innen ihre »Wurzeln« (Interview 5, Verbandsvertreter) haben.

> »Würde es uns nicht geben, dann gäbe es in zehn Jahre auch keine Künstler, die in den Hallen auftreten.« (Interview 8, Betreiber)

Daher bieten einige Musikspielstätten dezidierte Nachwuchsförderprogramme und pflegen einen engen Kontakt zu lokalen, jungen Talenten. Die Befragten verweisen darauf, dass diese Arbeit notwendigerweise einen großen Bezug zur örtlichen Kulturszene habe.

> »Gerade lokal arbeitende Musikspielstätten geben lokalen Künstler*innen die Möglichkeit, überhaupt mal auf eine Bühne zu kommen.« (Interview 12, Politiker)

Die Befragten beschreiben die Programmverantwortlichen in Musikspielstätten als »verantwortungsbewusst« (Interview 2, Verbandsvertreter), da sie Nachwuchstalenten die Chance und den Zugang zu ihren Bühnen geben. Obwohl es viele Faktoren gibt, die die Programmgestaltung beeinflussen, scheint es im Anspruch der Programmverantwortlichen verankert zu sein, Nachwuchskünstler*innen zu fördern.

Vergnügliche Musikrezeption

Obwohl die Expert*innen eher die Perspektive von Betreiber*innen einnehmen, verweisen einige auf einen weiteren kulturellen Aspekt: In Zeiten corona-bedingt geschlossener Musikspielstätten seien »die Leute gierig auf Liveerlebnisse« (Interview 4, Betreiber). Die Musikrezeption in einer Musikspielstätte ist grundsätzlich anders und gewissermaßen komplexer als im privaten Kontext. Es scheint geboten, dass kulturelle Dimensionen um Aspekte der Publikumsperspektive zu ergänzen sind und an theoretische Vorarbeiten popkultureller Produktion und Rezeption anschließen.

Soziale Dimensionen von Musikspielstätten

Wie theoretisch abgeleitet, erstrecken sich die sozialen Dimensionen auf drei Aspekte: (1) *Bonding* und *Bridging*, (2) gesellschaftliches Engagement und (3) Identitätsstiftung. Durch die Auswertung von 85 codierten Interviewpassagen konnten zudem zwei weitere Aspekte identifiziert werden, die am Schluss dieses Unterkapitels vorgestellt werden.

Bonding und Bridging

Musikspielstätten erschaffen soziale Räume, da sie Orte der Zusammenkunft und Interaktion sind. Die Befragten beschreiben Musikspielstätten als Community Builder und betonen dabei vor allem das Gemeinschaftsgefühl, das insbesondere auf Musikveranstaltungen in kleinen Spielstätten zu spüren und weniger in anderen Kultureinrichtungen vorstellbar ist.

> »Ich weiß nicht, ob Leute, die in die Oper gehen, sich nachher glücklich in den Armen liegen. Hier hat man das Gefühl, dass sie etwas verbindet. Dieser Moment, diese erlebte Nacht, dieses erlebte Set.« (Interview 9, Politikerin)

Musikspielstätten sind Treffpunkte und ermöglichen Intimität und Austausch – insbesondere innerhalb bereits bestehender Gruppen und Szenen (*bonding*), aber auch über Gruppen und Milieus hinweg (*bridging*). Auch wenn viele Konzerte ein homogenes Publikum anziehen, haben Musikspielstätten in der Querschnittsbetrachtung häufig ein sehr heterogenes Publikum, das beispielsweise Alters- und Szenegrenzen überschreitet. Die Befragten betonen, dass Musik helfe, das Publikum eines Abends zu verbinden. Besonders etablierte Spielstätten sorgen mit ihrer Arbeit für ein diverses Programm, auch für eine Segmentierung ihrer Gäste in verschiedene Publika.

»Man kann sich natürlich auch im Biergarten treffen, aber die Musik ist ein ganz zentrales Element in unseren Livestätten. Das macht dieses Gemeinschaftsgefühl aus.« (Interview 2, Verbandsvertreter)

Musik als verbindendes Element sorge aber auch dafür, dass eine Verständigung jenseits von Styles und Genres stattfinde. Gäste messen Musikperformances unabhängig von Genres allgemein einen hohen Wert zu.

Zivilgesellschaftliches Engagement

Viele Betreiber*innen haben einen »politischen Anspruch« (Interview 1, Betreiber), der sich im Programm und in der Arbeitsweise ausdrücke. So beschreiben viele der Befragten ihre Haltung als anti-rassistisch, anti-diskriminierend oder feministisch.

»Wir können uns auch politisch einmischen. Wir haben einen Monat, in dem ausschließlich Frauen bei uns auftreten.« (Interview 3, Betreiber)

Engagiert betriebene, politisch motivierte Musikspielstätten können darüber hinaus als »Forum« (Interview 1, Betreiber) für Diskussionen dienen. Die Befragten geben an, dass in der jüngeren Vergangenheit besonders Solidaritäts- und Benefizveranstaltungen im Zusammenhang mit Migration, Flucht und Seenotrettung zu beobachten gewesen seien, die »aus einer gewissen Überzeugung heraus« (Interview 9, Politikerin) veranstaltet werden und als Ergänzung zum musikalischen Programm stehen.

»Wir sind politisch auch verwurzelt mit stadtentwicklungspolitisch tätigen Initiativen oder so.« (Interview 11, Betreiberin)

Eine Betreiberin (aus einer deutschen Metropole) gibt an, Informations- und Diskussionsabende zu stadtpolitischen Themen wie Gentrifizierung zu veranstalten. Im Programm der Musikspielstätten spiegelt sich folglich ein großes, differenziertes Bewusstsein für unterschiedliche Problemlagen der globalen sowie lokalen Gesellschaft.

Identitätsstiftung

In anderen wissenschaftlichen Arbeiten erscheinen unter der Dimension der Identitätsstiftung vor allem Bezüge zu ikonischen Spielstätten. In den hier ausgewerteten Interviews ergeben sich Hinweise auf den identitätsstiftenden Charakter von Musikspielstätten im Allgemeinen. Dieser Charakter lässt sich auf das Programm und auf persönliche, emotionale Erfahrungen zurückführen. Mit einem Konzertbesuch drücken Besucher*innen ihre Persönlichkeit aus.

> »Jeder hat seine Szenen. Die ganze Diversität der Konsumenten heutzutage. Deshalb sucht man sich Clubs, die zu einem individuell passen.« (Interview 14, Verbandsvertreter)

Auch jenseits des Programms kann eine Musikspielstätte für subkulturelle, politische Gruppen identitätsstiftend sein. Einige der Befragten verweisen vor diesem Hintergrund beispielsweise auf die Bedeutung von Musikclubs als Treffpunkte der queeren Szene.

> »Es ist wichtig, dass man das Gefühl hat: Es gibt einen Ort, wo ich sein kann, wie ich will.« (Interview 9, Politikerin)

Neben der sehr persönlichen Beziehung des Publikums zur Musikspielstätte besteht ein weiterer identitätsstiftender Umstand darin, dass Musikspielstätten prägend für ihre Stadt oder Region sein können. Dieser Mechanismus verdeutlicht sich beispielsweise an der Berliner Clublandschaft für die Hauptstadt oder an Hamburger Liveclubs der Reeperbahn.

Safe Spaces und Eskapismus

Neben den deduktiv entwickelten Indikatoren der sozialen Dimension von Musikspielstätten können bei der Auswertung der Interviews zwei weitere identifiziert werden: Über das Medium Musik erleben Gäste besondere Erfahrungen außerhalb ihrer alltäglichen Routinen, weshalb Musikspielstätten als besondere Schutz- und Freiheitsräume beschrieben werden. Sie übernehmen eine wichtige soziale Funktion, beispielsweise als sogenannte *Safe Spaces*, insbesondere für LGBTQ+ Communities (Rühl et al. 2021, 82 ff.).

> »Gerade bei den kleineren Einrichtungen, die eine spezifische Community ansprechen, ist es auch ein Community Building. Wenn ich mal gucke, was es an queeren, schwulen oder anderen Veranstaltungen gibt – das ist mehr als ›Ich geh mal aus.‹.« (Interview 12, Politiker)

Eng verwandt mit der Rezeption von Popkultur (Kapitel 4.1) steht ein weiterer Aspekt: Durch Tanz und Vergnügen ermöglichen Musikspielstätten eskapistische Erfahrungen, die beispielsweise als Ausgleich zum leistungsgeprägten Arbeitsalltag fungieren. Sie dienen gewissermaßen als Ventil, als Raum für nächtliche Erfahrungen des Dazwischen (Jacke 2013, 204). Eine befragte Person verweist in diesem Zusammenhang auch auf den Foucaultschen Begriff der Heterotopien.

> »Also für mich sind Musikspielstätten immer andere Orte. Also sozusagen Heterotopien.« (Interview 14, Verbandsvertreter)

Heterotopien sind als »Gegenräume« zu verstehen, die sich von anderen Orten insofern unterscheiden, als dass sie ein utopisches Potential haben und an einem Ort vielschichtige und unterschiedliche Räume vereinen (Foucault 2019, 10 ff., im Kontext von Clubkultur Mahlich 2011).

Besonderheiten kleiner Musikspielstätten

Die Expert*innen illustrieren ihre Aussagen häufig an Beispielen kleiner Musikspielstätten. Aus der Analyse von 65 Codes zu Besonderheiten dieser Musikspielstätten ergeben sich Einblicke, die im Folgenden präsentiert werden.

Zu den Eigenschaften kleiner Musikspielstätten, die von den interviewten Expert*innen besonders hervorgehoben werden, gehören vor allem Intimität und Nähe.

> »Das macht die Einzigartigkeit von kleineren Liveclubs aus. Da ist einfach eine intime Atmosphäre und Zuschauer*innen sagen ganz oft: Ich habe das Gefühl, mit dabei zu sein.« (Interview 1, Betreiber)

Im Zusammenhang mit den Faktoren Intimität und Nähe beleuchten sie vor allem Facetten, die das Erlebnis im Raum vor der Bühne oder auf dem Dancefloor spezifizieren.

> »Zusammen in einem kleinen Raum. Es war ein bisschen so, als würde man diesen Planeten verlassen und sich gemeinsam in einer Art Sound-Bus setzen.« (Interview 2, Verbandsvertreter)

Intimität und Nähe tragen zu einer besonderen Atmosphäre bei, die Interaktion und Kommunikation fördert – und zwar sowohl zwischen Besucher*innen als auch zwischen Publikum und Performenden.

> »Wichtig ist die deutlich intimere Atmosphäre. Also die Nähe zum Publikum. Die Bühne ist nicht so weit weg. Du hast keine Gitter vor der Bühne. Die Bühnen sind oft ein bisschen niedriger und du bist einfach direkt an deinem Publikum.« (Interview 11, Betreiberin)

Die hier nur auszugsweise präsentierten Ergebnisse verweisen auf Fragen zur Konstitution von Raum in Musikspielstätten. Bevor diese in Kapitel 6 diskutiert werden, folgt eine Zusammenfassung zentraler Ergebnisse.

Zusammenfassung & Ausblick

Für diesen Beitrag sind 14 Interviews anhand von 290 kodierten Passagen inhaltsanalytisch ausgewertet worden. Im Fokus stehen drei Aspekte von Musikspielstätten: (1) kulturelle Dimensionen, (2) soziale Dimensionen und (3) Besonderheiten kleiner Musikspielstätten. Abbildung 1 zeigt die zentralen Befunde. Dimensionen aus theoretisch-konzeptionellen Überlegungen anderer Arbeiten bestätigen sich durch diese Analyse, wurden allerdings durch einige Facetten ergänzt. Diese sind für Musikspielstätten wesentlich und sollten als Ergänzung in künftigen Untersuchungen Beachtung finden.

Tabelle 1: Kulturelle und soziale Dimensionen von Musikspielstätten

kulturell	sozial
Förderung musikalischer Kreativität	Ermöglichung von *bonding* und *bridging*
Förderung kultureller Vielfalt	Förderung zivilgesellschaftlichen und politischen Engagements
Förderung musikalischer Nachwuchskünstler*innen	Förderung von Zugehörigkeitsgefühl und Identität
Ermöglichung vergnüglicher Musikrezeption	Bereitstellung von safe spaces und Eskapismusangeboten

Vor allem kleine Musikspielstätten weisen Besonderheiten auf. Als essenzielles Charakteristikum erscheint ihre Atmosphäre während der Musikperformance. Die Atmosphäre ist durch Intimität, Nähe und Interaktion geprägt. Da diese Atmosphäre durch Performende (auf der Bühne) und Veranstalter*innen (hinter der Bühne) produziert und durch das Publikum (vor der Bühne) rezipiert wird, ließe sich Atmosphäre als Teil der kulturellen Dimension begreifen (Damm/Drevenstedt 2020, 86 f.). Allerdings würde damit die Möglichkeit vergeben, räumliche Aspekte in und um Musikspielstätten als eigenständige Dimension zu konzeptionalisieren. Schließlich ist die Atmosphäre in (kleinen) Musikspielstätten kaum das einzige räumlich zu erfassende Phänomen. Sie steht im Kontext baulicher Gegebenheiten, materieller Gegenstände und urbaner Rahmenbedingungen.

Es scheint lohnend, Atmosphäre als räumliches Produkt in Musikspielstätten genauer zu untersuchen. Das Konzept der *live music ecologies* würde so ergänzt: Besucher*innen und ihre räumlich-ästhetischen Praktiken können im Kontext von Musikspielstätten genauer untersucht werden. Damit würde sich das Konzept der *live music ecologies* anschlussfähig an andere Theorien zeigen – insbesondere an Martina Löws Raumsoziologie, in der Räumen »eine eigene Potentialität, die Gefühle beeinflussen kann« (Löw 2019, 204), zugeschrieben wird. In diesem Verständnis konstituiert sich Raum durch Handlung. Besucher*innen von Musikperformances erscheinen so als wesentliche Produzent*innen popkultureller Räume und weniger als passive Rezipient*innen. Darin lässt sich ein Bezug zur »ästhetischen Aktivierung« (Reckwitz 219, 38) herstellen, für die sich somit nicht nur in der Arbeitswelt, sondern auch in der Rezeption popkultureller Events Hinweise finden lassen.

Literatur

Auslander, Philip. 2008. *Liveness. Performance in a mediatized culture.* 2. Auflage. New York: Routledge.

Behr, Adam, Matt Brennan, Martin Cloonan, Simon Frith und Emma Webster. 2016. »Live Concert Performance. An Ecological Approach.« In *Rock Music Studies* 3 (1): 5-23.

Damm, Steffen und Lukas Drevenstedt. 2020. *Clubkultur. Dimensionen eines urbanen Phänomens.* Frankfurt/New York: Campus.

Foucault, Michel. 2019. *Die Heterotopien. Der utopische Körper.* Frankfurt a.M.: Suhrkamp.

Frith, Simon. 2007. »Live music matters.« *Scottish Music Review* 1, Nr. 1: 1-17.

Gläser, Jochen und Grit Laudel. 2010. *Experteninterviews und qualitative Inhaltsanalyse als Instrumente rekonstruierender Untersuchungen.* 4. Auflage. Wiesbaden: Springer.

Holt, Fabian. 2020. *Everyone loves live music. A theory of performance institutions.* Chicago: Chicago Press.

Holt, Fabian. 2010. »The economy of live music in the digital age.« *European Journal of Cultural Studies* 13, Nr. 2: 243-261.

Jacke, Christoph. 2013. *Einführung in Populäre Musik und Medien.* 2. Auflage. Münster: LIT.

Jacke, Christoph. 2006. »Popmusik als Seismograph. Über den Nutzen wissenschaftlicher Beobachtung von Pop.« In *Kulturschutt. Über das Recycling von Theorien und Kulturen*, hg. von Christoph Jacke, Eva Kimminich und Siegfried J. Schmidt, 33-50. Bielefeld: transcript.

Kuchar, Robin. 2020. *Musikclubs zwischen Szene, Stadt und Music Industries. Autonomie, Vereinnahmung, Abhängigkeit*. Wiesbaden: Springer.

Kronenburg, Robert. 2019. *This must be the place: An architectural history of popular music performance venues*. New York: Bloomsbury.

Löw, Martina. 2019. *Raumsoziologie*. 10. Auflage. Frankfurt a.M.: Suhrkamp.

Mahlich, Ralf. 2011. *Heterotopie im Kontext von Clubkultur. Eine Analyse des Techno-/Houseclubs Berghain*. Berlin: Archiv der Jugendkulturen.

Mayring, Philipp. 2010. *Qualitative Inhaltsanalyse. Grundlagen und Techniken*. 11. Auflage. Weinheim und Basel: Beltz.

Mazierska, Ewa, Tony Rigg und Les Gillon. 2020. »Introduction. The continuous significance of live music.« In *The future of live music*, hg. von Ewa Mazierska, Les Gillon und Tony Rigg, 1-17. New York: Bloomsbury.

Rühl, Heiko, Niklas Blömeke, Katharina Huseljić, Johannes Krause und Jan Üblacker. 2021. *Clubstudie. Studie zur Situation der Musikspielstätten in Deutschland*. Berlin: Initiative Musik.

Schmid, Jakob F. 2018. *Stadtentwicklungspolitische Instrumente für das Management der urbanen Nachtökonomie*. Dissertation: HafenCity Universität Hamburg.

Tschmuck, Peter. 2018. »Die Musikwirtschaftsforschung im Kontext der Kulturbetriebslehre – ein Vorschlag.« In *Musikwirtschaftsforschung. Die Grundlagen einer neuen Disziplin*, hg. von Peter Tschmuck, Beate Flath und Martin Lücke, 57-76. Wiesbaden: Springer.

Tschmuck, Peter, Beate Flath und Martin Lücke. 2018. *Musikwirtschaftsforschung. Die Grundlagen einer neuen Disziplin*. Wiesbaden: Springer.

Van der Hoeven, Arno und Erik Hitters. 2020a. »The spatial value of live music: Performing, (re)developing and narrating urban spaces.« *Geoforum* 117, 154-164.

Van der Hoeven, Arno und Erik Hitters. 2020b. »Challenges for the future of live music: a review of contemporary developments in the live music sector.« In *The future of live music*, hg. von Ewa Mazierska, Les Gillon und Tony Rigg, 34-50. New York: Bloomsbury.

Van der Hoeven, Arno und Erik Hitters. 2019. »The social and cultural values of live music: Sustaining urban live music ecologies.« *Cities* 90: 263-271.

Van der Hoeven, Arno, Erik Hitters, Pauwke Berkers, Martijn Mulder und Rick Everts. 2020. »Theorizing the production and consumption of live music. A critical review.« In *The future of live music*, hg. von Ewa Mazierska, Les Gillon und Tony Rigg, 19-33. New York: Bloomsbury Academic.

Webster, Emma. 2010. »King Tut's Wah Wah Hut: initial research into a ›local‹ live music venue.« *Journal of IASPM* 1, Nr. 1: 24-30.

Interview mit Dieter Gorny

Was war Ihrer Erinnerung nach Ihr erstes »PopMusikEvent«?
Was war das Besondere daran, dass Sie sich bis heute daran erinnern?

Am 25. 6. 1967 wurde »All You Need Is Love« von den Beatles erstmals live (mit Teilplayback) aufgeführt. Das Spannende: das geschah im Rahmen der BBC-Sendung »Our World«, die die erste weltweit ausgestrahlte Live TV-Produktion war, sichtbar in 31 Ländern und gesehen von mehr als 400 Millionen Zuschauer*innen. Rundfunk, hier PopTV, als großes Teilhabeversprechen.

Können Sie diese besondere Erinnerung mit Ihrem heutigen Beruf in Zusammenhang bringen?
Inwiefern hat das Ihren beruflichen Werdegang beeinflusst?

Alles was ich beruflich getan, entwickelt und realisiert habe, ist dieser speziellen technologischen, medialen und musikalischen Bedingtheit von Pop gefolgt und fasziniert mich immer noch immer wieder neu.

Was machen Sie beruflich?
Warum haben Sie sich für diesen Beruf entschieden?
Wie sah Ihr beruflicher Werdegang aus?

Ich bin Musiker und Medienmanager. Warum? Weil ich gerne gestalte und an das glauben will, was ich realisiere. Ich habe im künstlerischen Sinne Musik studiert und bin ausgehend von dieser künstlerisch-kreativen Ausbildung über Stationen des Kulturmanagements (POPKOMM), Vorstandsvorsitzender eines mitgegründeten mittelständischen Medienunternehmens geworden (VIVA Media AG), danach wieder in die Kultur (RUHR 2010) und die Hochschullehre zurückgekehrt.

Beschreiben Sie bitte Ihr berufliches Verhältnis zu Politik und Management vor und während der COVID-19-Pandemie.

Das ist ein sehr enges und intensiv, manchmal widersprüchliches Verhältnis, das aus meiner Aufsichtsratsvorsitzendenrolle der Initiative Musik resultiert, die direkt in die »Neustart Kultur« Programme der Bundesregierung (BKM) und ihrer Abwicklung eingebunden war und ist.

Was können wir aus den Entwicklungen während der Pandemie über »PopEventKulturen« lernen?

Alles wird digital, obwohl wir haptische Wesen bleiben, was ganz neue Formen von PopEventKulturen ermöglicht hat und ermöglichen wird. Pop und Technologie sind einmal mehr aufeinander gekracht und haben endgültig ein neues Universum popmusikalischer Möglichkeiten der Produktion, Rezeption, Teilhabe und Organisation geschaffen.

Was wäre Ihre Vision bzw. Ihr Traum von einem »PopMusikEvent«?

Alles, was aus meinen in der vorherigen Antwort formulierten Beobachtungen entsteht.

Die Fragen stellten Beate Flath und Christoph Jacke.

Biographie

Dieter Gorny, 1953 in Soest geboren und aufgewachsen, hat zunächst nach der Schule in Düsseldorf und Köln Musik studiert (u.a. Kontrabass, Klavier und Komposition). Als Lehrbeauftragter erteilte er Unterricht an den Musikhochschulen Köln, Hamburg und der Folkwang Universität der Künste. Anfang der 90er Jahre gründete Dieter Gorny gemeinsam mit anderen die Musikmesse Popkomm und den deutschen Musiksender VIVA, wurde dessen Geschäftsführer und Vorstandsvorsitzender der VIVA Media AG. Er war künstlerischer Direktor der europäischen Kulturhauptstadt RUHR 2010, Beauftragter für

Kreative und Digitale Ökonomie des Bundeswirtschaftsministers und bis 2017 Vorsitzender des Bundesverbands Musikindustrie. Er ist Aufsichtsratsvorsitzender der Initiative Musik, im Präsidium des Deutschen Musikrates, Professor an der Hochschule Düsseldorf und hatte im Wintersemester 2019/20 die 3. Pop-Dozentur an der Universität Paderborn inne. Dieter Gorny hat vier erwachsene Kinder und lebt in Essen.

Das Party-Prekariat?[1]
Untersuchungen zu mobilen DJs in Deutschland

Manuel Troike

Wochenende für Wochenende begegnen wir Menschen, die uns auf der Suche nach Tanz, Unterhaltung oder Entspannung musikalisch begleiten. Nicht nur in Clubs und Bars sorgen DJs[2] für den richtigen Beat, auch an Messeständen, bei Firmenfeiern und bei unzähligen privaten Events[3] treffen wir auf sie. Im Folgenden sollen diese Personen genauer in den Blick genommen werden. Im Fokus stehen dabei nicht die Star-DJs wie Robin Schulz, Paul Kalkbrenner und Sven Väth, die in den angesehenen Clubs der Metropolen auflegen, sondern diejenigen DJs, die Wochenende für Wochenende ihr Auto mit technischem Equipment beladen und von Geburtstag zu Geburtstag oder von Hochzeit zu Hochzeit ziehen. Sogenannte »Mobile DJs«, die ihr Geld (oder zumindest einen Teil davon) damit verdienen, dass sie als eine Art Alleinunterhalter oder auch Ein-Mann-Tanzband für Stimmung und volle Tanzflächen sorgen.

---

1 Der folgende Beitrag beruht auf der Datenbasis und Textausschnitten der unveröffentlichten Masterarbeit von Manuel Troike (2019).

2 Der aus der englischen Sprache übernommene Begriff DJ wird im Deutschen häufig als »DJane« feminisiert. Diese Bezeichnung ist aber vor allem unter weiblichen DJs umstritten (Kim 2015; Schipkowski 2015; Sturmberger o.J.; Galler 2017) und wird deshalb hier vermieden. Der Dudenredaktion folgend und im Vorgriff auf die Ergebnisse der Studie wird im Folgenden die männliche Sprachform bei personenbezogenen Substantiven und Pronomen verwendet., um den Lesefluss nicht aus grammatikalischen Gründen zu stören. Im geschlechtsneutralen Wort »DJ« oder »Discjockey« sind Personen jeglichen Geschlechts inkludiert.

3 Die hier zu Grunde liegende Definition von Beate Flath (2016, 70) beschreibt Events als »geplante, zielorientierte Veranstaltungen […], die als vom Alltag herausgehobene, einzigartige bzw. außergewöhnliche Erlebnisangebote konzipiert und wahrgenommen werden und sich über vielfältige Interaktionsprozesse aller Beteiligten konstituieren«. Für eine differenziertere Betrachtung sei auf die weiteren Ausführungen von Flath (2016) oder Jan Dregner (2014) verwiesen.

DJs sind nicht nur integraler Bestandteil der Clubszene, sondern auch essenziell für viele private und kommerzielle Events. Daher stellt sich im Allgemeinen, jedoch besonders im Angesicht der starken Einschränkungen des Kultur- und Eventsektors im Frühjahr und Sommer des Jahres 2020 aufgrund der Corona-Pandemie die Frage, welche ökonomischen Abhängigkeiten von mobilen DJs in Eventkulturen bestehen. Zur Beantwortung dieser Frage wird im Folgenden ein Ausschnitt aus der Datenbasis meiner unveröffentlichten Masterarbeit (Troike 2019) präsentiert und dabei besonders die Erwerbssituation und das Einkommen von mobilen DJs in Deutschland in den Fokus gestellt, um zu ergründen, unter welchen Rahmenbedingungen sie ihren (Neben-)Beruf ausüben und wie sie damit im gesamtdeutschen Arbeitsmarkt unter anderem auch in der Kreativwirtschaft einzuordnen und eingebettet sind. Anschließend werden die Daten diskutiert und in wissenschaftliche und gesellschaftliche Diskurse eingeordnet, um abschließend an die Zusammenfassung der Ergebnisse und Diskussionsstränge Thesen zur sozialen und ökonomischen Situation mobiler DJs zu entwickeln. Um diese Schritte gehen zu können, muss die oben genannte Unterscheidung von Star-DJ und mobilen DJs zuerst genauer ausdifferenziert werden, sodass eine klare Definition des hier fokussierten DJ-Typus entsteht.

Definition

Der Begriff DJ ist eine Abkürzung für das Wort Discjockey, hat sich aber vor allem in abbreviierter Form durchgesetzt und die Langform größtenteils im allgemeinen Sprachgebrauch verdrängt (Poschardt 2015, 51-52). Das Wort Discjockey, das aus dem Englischen stammt und dort getrennt geschrieben wird (»disc jockey«), setzt sich aus den englischen Wörtern »disc« (dt. Scheibe) und »jockey« (dt. Handlanger*in, Fahrer*in) zusammen (Poschardt 2015, 51). Die »disc« bezeichnet im musikalischen Falle die Schallplatte beziehungsweise später die CD (»compact disc«), weshalb ein DJ im weitesten Sinne als jemand verstanden werden kann, der aufgenommene Musik (vorwiegend von anderen Personen geschaffen (Gilli 2017, 154)) abspielt. In der Literatur findet sich jedoch eine weitere Einschränkung, die essentiell ist, um den DJ gegenüber dem*r privaten Musiknutzer*in, der*die ja auch Musik abspielt, abzugrenzen: DJs präsentieren Musik in Rundfunk, Fernsehen und Diskotheken, grundsätzlich also gegenüber einem Publikum (Gilli 2017, 154; Katz 2012, 4).

In Abgrenzung zum Club- oder Radio-DJ zeichnet sich ein mobiler DJ nach Mark Katz (2012, 4) dadurch aus, dass er sein Equipment zur Party mitbringt und nicht wie ein Club-DJ auf bereitgestelltes zurückgreifen kann. Oliver Wang (2015, 9) konkretisiert das Equipment genauer und versteht unter mobilen DJs grundsätzlich »DJs who provide audio and lighting services«. Dieses Verständnis vertreten auch Michael Buonaccorso (2016, 13) und Stephen Webber (2008, 246). Die Abgrenzung zu Club-DJs ist dabei weniger auf Basis der lokalen Verortung – auch Club-DJs reisen von Stadt zu Stadt und sind damit mobil, also beweglich – zu sehen, sondern durch die Bereitstellung der Technik. Ein DJ, der in einer nicht festen Location, zum Beispiel einem Festzelt, auf einer fremden Anlage spielt, ist damit nach diesem Verständnis streng genommen kein mobiler DJ, sondern ein Club-DJ.

Nun soll aber nicht nur die Lokalität als Unterscheidungsobjekt herangezogen werden, sondern auch die anderen von Katz (2012, 4-5) genannten Kategorien. In Hinsicht auf eine Einschränkung nach musikalischem Genre kann an dieser Stelle (noch) keine Unterscheidung getroffen werden. Zwar gibt es Hinweise darauf, dass mobile DJs über ein Repertoire von »crowd pleasers« (Buonaccorso 2016, 13) verfügen, ähnlich dem von Top-40-Bands (Webber 2008, 245), beziehungsweise »obvious and commercial« (Brewster und Broughton 2003, 216) Musik spielen, was jedoch auch zu keiner Genre-Spezifizierung führen würde, sondern allgemein eher Musik beschreibt, die von vielen Personen (gerne) rezipiert wird – nach Christoph Jacke (2004, 21) also Populäre Musik im besten Sinne des Wortes. Daraus entsteht jedoch keine Abgrenzung zu anderen DJ-Typen, denn auch wenn häufig unter dem Begriff Club-DJ eher House-, Techno- oder Hip-Hop-DJs subsumiert werden, zählen unter anderem auch die Schlager-DJs der Après-Ski-Hütten zu den Club-DJs der oben gegebenen Definition.

Nicht jeder DJ, der mobil – also örtlich nicht gebunden – ist, fällt also unter die hier gegebene Definition eines »mobilen DJs«. Neben der technischen Ausstattung und der gewerblichen Aktivität ist es vor allem der Begriff Dienstleistung (bei Webber (2008, 245) auch »service industry«), der mobile DJs nach Wangs Verständnis von dem hier gegebenen abgrenzt. Mobile DJs werden dafür gebucht, ein Event musikalisch zu begleiten. Sie werden nicht beziehungsweise nur selten selbst aktiv und organisieren eigene Events. Dieser Dienstleistungsgedanke bezieht sich dabei nicht nur auf die Art der Events, sondern auch auf die Ausgestaltung dieser. Während sich Club-DJs häufig auf bestimmte Genres konzentrieren können und Clubs mit thematischen Abenden werben, sodass die Gäste wegen der Musik oder sogar des

DJs kommen, ist dies bei privaten Events anders. Die Gäste kommen, weil sie vom Gastgeber eingeladen wurden und nur in den seltensten Fällen, um einen bestimmten DJ zu sehen. Daraus folgt, dass mobile DJs eine diverse Zusammensetzung von Menschen (Alter, Musikgeschmack, Tanzfreudigkeit etc.) bedienen müssen. In letzter Konsequenz der Anwendung dieses Dienstleistungsgedanken führt dies auch dazu, dass ihre eigene musikalische Präferenz in den Hintergrund tritt und sie als menschliche Jukebox (nur) die Wünsche der Gäste erfüllen. »[I]t's important to check your ego at the door«, beschreibt Webber (2008, 245) diesen Umstand.

Trotz der verschiedenen Definitionsansätze und der Unterschiede im Verständnis, was denn ein »mobiler DJ« ist, bergen andere teilweise synonym verwendete Umschreibungen ähnliche Probleme in sich. So führt die Einschränkung auf die Arten der Veranstaltungen (zum Beispiel »Hochzeits-DJ« oder »Geburtstags-DJ«) dazu, dass eine Engführung auf eine unvollständige Liste von Eventtypen vorgenommen würde, die dem explorativen Charakter der zu Grunde liegenden Studie widerspricht. Auch der allgemeinere Begriff »Event-DJ« bringt Schwierigkeiten in der Abgrenzung zu Club-DJs mit sich, denn diese und auch die mobilen DJs nach Wangs Verständnis üben ihre DJ-Tätigkeit auf Events aus. Da der Begriff »mobiler DJ« auch als Selbstbezeichnung verwendet und in der Literatur (Webber 2008, 245; Brewster und Broughton 2003, 216; Buonaccorso 2016, 13-14) eher im hier gegebenen Verständnis genutzt wird, soll daher an ihm festgehalten werden,

In der Zusammenfassung wird im Folgenden ein mobiler DJ als (Musik-)Dienstleister verstanden, der auf privaten und öffentlichen bzw. kommerziellen Events an den verschiedensten Orten für musikalische Unterhaltung sorgt (zum Beispiel auf Hochzeiten, Geburtstags- oder Firmenfeiern). Dabei ist er zwingend gewerblich tätig und sorgt selbst für die technische Infrastruktur (vor allem die Bereitstellung von Sound- und Lichtanlagen) vor Ort. Der mobile DJ ist nicht nur »Musiker«, sondern muss auch die Vermarktung und Buchhaltung sowie die technische Ausstattung seines Unternehmens übernehmen (Buonaccorso 2016, 13).

Empirie

Ausgehend von dieser Definition und anschließend an die rar gesäte Literatur zu diesem besonders eingrenzten Forschungsgegenstand der mobilen DJs in Deutschland wurde im Rahmen der Studie ein explorativer Ansatz gewählt.

Um einen ersten groben Überblick über die Zielgruppe der DJs zu erhalten, wurde daher eine quantitative Datenerhebung geplant. Da aufgrund der Forschungslage nur wenige Theoriebezüge hergestellt und Hypothesen formuliert werden konnten, dienten vor allem die demographischen Standards des Statistischen Bundesamtes (2016) und die Ergebnisse des »Global Digital DJ Census 2018« (Santos 2018) als Referenz für die Erstellung eines Fragebogens. Dieser wurde im November 2018 über verschiedene Facebookgruppen, in denen deutschsprachige mobile DJs aktiv waren, und eine deutsche DJ-Messe verteilt.

Die Auswertung der erlangten Daten erfolgte auf Basis der »Quantitative Grounded Theory«, die von Barney G. Glaser (2008) speziell für die explorative quantitative Forschung in fremdem Datensätzen als eine Art Zweitverwertung (»Secondary Analysis«) entwickelt wurde. Obwohl der hier vorliegende Datensatz selbst erhoben wurde, sind die abgefragten Variablen nicht (nur) hypothesengeleitet entstanden, sondern vor allem aus Gründen der Vergleichbarkeit zu anderen Studien übernommen worden, ohne vorab Zusammenhänge anzunehmen.

Als Hauptkategorie zur Hypothesengenerierung dienen die Angaben zum DJ-Nettoeinkommen und die daraus berechneten Variablen zu Stundenlohn und Gage pro Auftritt, wenngleich auch die Angaben zu Genres und Veranstaltungen ähnlich behandelt werden. Die Hauptkategorie wird in der Auswertung gegenüber sämtlichen anderen Variablen vor allem durch Kreuztabellen, t-Tests, Korrelationstest und Varianzanalysen getestet, um Zusammenhänge aus den Daten abzuleiten. Dieses wurde auszugsweise auch mit anderen Kategorien gegenüber für die Fragestellung relevanten Variablen[4] durchgeführt. Dabei wurde nur die Hauptkategorie, das DJ-Nettoeinkommen, erschöpfend gegenüber anderen Variablen getestet. Von den 444 ausgefüllten Fragebögen gingen nur 218 in die endgültige Auswertung ein, da die anderen Rücksendungen höchst unvollständig oder fehlerhaft ausgefüllt waren. Zur demographischen Einordnung ist festzuhalten, dass 99 % der Stichprobe männlich sind und die Befragten durchschnittlich 40 Jahre alt sind ($n = 201$, $SD = 11.58$). Von den 99 Postleitregionen Deutschlands sind in den 203 gültigen Fällen 76 enthalten. Etwas mehr als die Hälfte der Angaben entfallen auf die Postleitzonen 2, 3, 4 und 5, also den Nordwesten Deutschlands. Im Rahmen

---

4   Nicht relevant für die auf mobile DJs fokussierte Fragestellung ist zum Beispiel der Zusammenhang zwischen allgemeiner und beruflicher Bildung im Allgemeinen oder die lokale Verteilung innerhalb der Altersgruppen.

der eingangs gestellten Fragestellungen fokussiert sich die Auswertung der Daten an dieser Stelle auf ökonomische und soziale Parameter, vor allem auf die Rahmenbedingungen und die Ausgestaltung der Erwerbstätigkeit. Gleichwohl wurden im Rahmen der Studie auch Daten zur musikalischen und schulischen Ausbildung und zur allgemeinen Tätigkeit der DJs erhoben. Da diese Daten, unter anderem die Antworten auf die Fragen nach technischer Ausrüstung der DJs und der Musikgenrefokussierung, jedoch in keinem direkten Zusammenhang mit der ökonomischen Situation und der Verortung der DJs in den Eventkulturen stehen, werden sie im Weiteren nicht ausgeführt.

Zuallererst lohnt sich ein Blick auf die besondere Form der Erwerbstätigkeit, die mobile DJs ausüben. Der Durchschnitt der monatlichen Arbeitszeit der Haupterwerbs-DJs liegt fast 100 Stunden unter den monatlichen Stunden einer Vollzeitstelle (40 Stunden pro Woche) und weit unter der durchschnittlichen Arbeitszeit von Selbstständigen in Deutschland (Mai und Marder-Puch 2013, 494-95). Insgesamt zeigt sich, dass die befragten Haupt- und Nebenerwerbs-DJs monatlich 45 Stunden für ihre Tätigkeit aufwenden. Rein rechnerisch ergibt sich somit, dass sie 12,5 Arbeitsstunden pro Auftritt benötigen und einen Stundenlohn von durchschnittlich 28 € bekommen. Für 11 % der Befragten ist das DJing die einzige Erwerbstätigkeit. Von den übrigen 89 % führen 81 % zusätzlich einen Vollzeiterwerb und 12 % einen Teilzeiterwerb neben dem DJing aus. Insgesamt sind 10 % der Stichprobe in geringfügiger Beschäftigung, einer beruflichen Ausbildung oder nicht erwerbstätig.

Grundsätzlich zeigt sich damit, dass der überwiegende Teil der Befragten ihre DJ-Tätigkeiten als Nebenerwerb ausführt. Neben der allgemeinen Diskussion um den Stellenwert und die Sicherheit von selbstständiger Tätigkeit (vgl. Bührmann und Pongratz 2010; Fachinger 2002) können vielfältige weitere Gründe dafür angeführt werden. Als erstes fällt sicherlich die Gagensituation ins Auge, die regional sehr unterschiedlich ist und durch die Abhängigkeit von anderen Faktoren (zum Beispiel Erfahrung und Budget der Buchenden) zu unsicheren finanziellen Umständen führen. Hinzu kommt, dass mobile DJs ihre Tätigkeit größtenteils an Wochenenden ausüben müssen. Dies wiederum führt zu zwei weiteren Schwierigkeiten. Zum einen ist es nicht möglich, durch den Ausbau der eigenen Produktivität zu wachsen, wenn bereits an allen Wochenendtagen im Jahr gearbeitet wird, sondern ein Mehrverdienst ist nur durch höhere Gagen erreichbar. Zum anderen kollidiert die Tätigkeit als mobiler DJ an den Freitag- und Samstagabenden mit den Zeiten, an denen im Normalfall ein Großteil des Soziallebens – unter anderem auf genau den Veranstaltungen, auf denen die DJs arbeiten – stattfindet. Dies führt auch dazu, dass immer eine Abwägung getroffen werden muss, sodass von den sowieso schon limitierten möglichen Arbeitsterminen weitere aus privaten Gründen wegfallen. Während also hauptberufliche mobile DJs aus finanziellen Gründen dazu gezwungen sind, eine bestimmte Anzahl von Wochenendtagen zu arbeiten und damit zwangsläufig in die Situation kommen, dass sie ihr Sozialleben an diesen Tagen vernachlässigen müssen, haben nebenberufliche DJs die Freiheit, selbst zu entscheiden, welche Buchungen sie annehmen, und können die Abwägung zwischen zusätzlichen Einnahmen und sozialer Interaktion ohne Existenznöte vornehmen.

Bei der genaueren Betrachtung der Einkommen fällt auf, dass die alleinverdienenden DJs der vorliegenden Stichprobe im Vergleich zu den durchschnittlichen Alleinverdienenden in Deutschland (Statistisches Bundesamt 2015, 21) ein in dem Betrag höheres Nettoeinkommen vorweisen können, wie sie aus ihrer DJ-Tätigkeit generieren. Abzüglich des DJ-Einkommens liegen sie also genau im Schnitt, sodass davon ausgegangen werden kann, dass die Aufnahme der Tätigkeit als mobiler DJ nicht dazu führt, dass sie ihre Haupterwerbstätigkeit reduzieren, sondern dass sie das DJing als ergänzende Tätigkeit über diese Erwerbstätigkeit hinaus ausführen. Ein Blick auf die Gagenhöhen nach Postleitzahlenbereich deckt weitere interessante Zusammenhänge auf. Es zeigt sich, dass die mobilen DJs aus den Postleitzahlregionen 0, 1, 2 und 9 (Nord- und Ostdeutschland) deutlich niedrigere Gagen pro Auftritt erhalten als ihre Kollegen aus den Regionen 6, 7 und 8 (Süd-/Südwestdeutschland). Die Tendenz, dass im Süden Deutschlands etwas mehr und im Osten Deutschlands eher weniger verdient wird, kann auch durch die allgemeine Gehaltsverteilung in Deutschland (Jagiello 2015, 9) bestätigt werden. Der Zusammenhang von allgemeiner Gehaltsverteilung und Gagenhöhe der DJs liegt nahe, da die Höhe der Gage mit dem Einkommen der Kunden beziehungsweise in diesem Fall auch der Auftraggeber verknüpft ist. Daraus folgt, dass Dienstleister in gehaltsstarken Regionen auch mehr Geld verlangen können. Auf Grund der kleinen Stichprobe kann dieser Zusammenhang jedoch nicht differenzierter nach PLZ-Leitregionen oder -bereichen betrachtet werden. Dies wäre aufschlussreich, um gegebenenfalls Unterschiede in der Verdienstmöglichkeit zwischen peripheren und städtischen Regionen aufzuzeigen.

Für die Auswertung des Einkommens der DJs ist es weiterhin wichtig, einen Zusammenhang von Alter und Verdienst und damit eine mögliche Abhängigkeit von der Erfahrung bzw. dem Dienstalter der DJs herzustellen. Es zeigt sich, dass der größte Verdienst bei den DJs vorliegt, die 30 bis 40 Jahre Erfahrung haben und danach wieder abnimmt. Während die Erklärung für die Abnahme nach oben vermutlich in dem hohen Alter und dem damit einhergehenden (Vor-)Ruhestand liegt, stellt sich die Frage, aus welchem Grund der Peak des Einkommens erst bei einer so hohen Anzahl an DJ-Jahren vorliegt und nicht bereits früher. Eine mögliche Antwort könnte sein, dass sich Erfahrung nur in geringem Maße auf den Stundenlohn auswirkt, sie kann also nicht direkt in eine höhere Gage transferiert werden. Das Dienstalter führt jedoch zu einer größeren Anzahl von Auftritten, die für das höhere Einkommen verantwortlich sind. Erklären lässt sich dieser Zusammenhang eventuell mit einem erweiterten Kundenstamm und größerer Bekanntheit, sodass erfahrene DJs mehr Auftritte akquirieren können.

Bemerkenswert ist auch, dass die DJs, die Mitglied im Berufsverband Diskjockey e.V. (BVD) sind, ein höheres DJ-Nettoeinkommen generieren können. Hier liegt keine einfache Kausalität vor – nicht die Mitgliedschaft im BVD bringt das höhere Einkommen –, sondern ein komplexer Zusammenhang vieler bereits genannter Faktoren. Die BVD-DJs sind sehr gut vernetzt und ausgebildet (signifikant höhere Anzahl von Teilnahmen an Laserschutzseminaren, DJ-Führerschein, Messen und Austauschtreffen), außerdem sind sie etwas erfahrener als der Durchschnitt ihrer Kollegen. Auch wenn aus dem signifikanten Zusammenhang keine Kausalität geschlossen werden kann, ist es in diesem Fall von Interesse, in weiterführender Forschung zu ergründen, ob die Mitgliedschaft im BVD zu einer besseren Vernetzung und Ausbildung und damit zu einem höheren Einkommen führt oder ob besser vernetzte und ausgebildete DJs eher dem Berufsverband beitreten.

Ein auf den ersten Blick paradoxer Zusammenhang ergibt sich, wenn man die positive Korrelation zwischen der Anzahl der Auftritte und dem DJ-Nettoeinkommen und die negative Korrelation zwischen der Anzahl der Auftritte und dem Lohn pro Auftritt betrachtet. Wenngleich diese Werte voneinander abhängig sind – der Lohn pro Auftritt wurde anhand von Nettoeinkommen und Anzahl der Auftritte berechnet – zeigt sich an ihnen, dass es sich zwar jeweils um näherungsweise lineare Zusammenhänge handelt, dass sie jedoch nicht proportional sind. Es ist nicht so, dass mit jeder weiteren Veranstaltung, die ein DJ spielt, das Nettoeinkommen um den durchschnittlichen Gagenbetrag wächst. Dies kann auf höhere Ausgaben durch mehr Verschleiß der Technik hindeuten, aber auch auf steuerliche Auswirkungen. DJs, die einen so hohen Gesamtumsatz haben, dass sie nicht mehr unter die Kleinunternehmerregelung[5] fallen, müssen zusätzlich Umsatzsteuer abführen. Dies dürfte in der Stichprobe auf mindestens 25 % der DJ zutreffen, wenn man zu Grunde legt, dass circa 20 % der DJs bereits einen jährlichen Nettogewinn von über 17.500 € haben. Hinzu kommt, dass ein Viertel dieser DJs ihre Tätigkeit im Haupterwerb ausführt, sodass zusätzlich Beiträge zur Sozialversicherung auf sie zukommen.

Diese Zusammenhänge werfen die Frage nach der Existenz einer Maximalgage aus, die von den DJs nicht überschritten werden kann, beziehungsweise darf. Dies würde dazu führen, dass die umsatzsteuer- und sozialabgabenpflichtigen DJs ihre erhöhten Aufwendungen nicht in vollem Umfang auf ihre Kunden umlegen können. Obwohl sie also einen höheren Bruttoverdienst haben, hebt sich ihr Nettoverdienst nur unwesentlich von dem anderer DJs ab, kann in Grenzfällen sogar darunter liegen. Dieser Umstand kann als Erklärung für den geringen Anteil an Haupterwerbs-DJs, aber auch für den geringen Nettoverdienst beziehungsweise die geringe Stundenanzahl von mobilen DJs allgemein herangezogen werden. Es scheint eine Grenze zu geben, ab der sich das DJing – bei angenommener Gagenkonstanz – finanziell nicht mehr lohnt oder erst wieder lohnt, wenn die erhöhten Ausgaben durch mehr Auftritte aufgefangen werden können. Letzteres führt aber fast zwangsläufig dazu, dass das DJing Haupterwerb wird, sodass an dieser Stelle auch in Frage zu stellen ist, ob es sich bei der Motivation mobiler DJ zu werden/sein, eher um die finanziellen Anreize der Erwerbstätigkeit handelt oder eher um die musikalische Tätigkeit als (bezahltes) Hobby.

Diese Diskussion führt zurück auf die eingangs gestellte Frage nach den Abhängigkeiten der mobilen DJs in der Eventbranche. Die in den letzten Abschnitten dargelegten Studienergebnisse zeigen, dass ein Großteil der mobilen DJs für ihr finanzielles Auskommen nicht auf die DJ-Tätigkeit angewiesen ist. Damit besteht für die allermeisten der befragten mobilen DJs auch keine existenzielle Abhängigkeit vom Event- und Kultursektor und es ist anzunehmen, dass die Vielzahl der Nebenerwerbs-DJs im Gegensatz zu ihren Haupterwerbskollegen und vielen anderen freischaffenden Kreativen in der sogenannten »Corona-Krise« im Frühjahr und Sommer 2020 nicht in ihrer Existenz bedroht waren. So trivial diese Feststellung zu sein scheint, so relevant ist sie dennoch für die Verantwortlichen in Kulturpolitik und Kreativwirtschaft, denn im Gegensatz zu einer Selbstständigenquote von über

---

5   Bis zu einem Gesamtumsatz von 17.500 € jährlich können sich Gewerbebetriebe von der Umsatzsteuer befreien lassen.

30 % in den Kulturberufen (Liersch und Asef 2015, 25 f.; Statistisches Bundesamt 2020) und den damit verbundenen Komplikationen in Fällen wie der »Corona-Krise« sowie den notwendigen sozialen Absicherungsmechanismen ist die Berufsgruppe der selbstständigen mobilen DJs im Haupterwerb mit 11 % augenscheinlich mit weniger politischem und sozialem Betreuungsaufwand verbunden.

Dabei ist die Erwerbssituation von mobilen DJs nicht weniger komplex und herausfordernd. Die Tätigkeit von mobilen DJs in Deutschland kann auf Basis der vorliegenden Daten zwar nicht pauschal als prekär eingeordnet werden, legt man Alessandro Pelizzaris Definition prekärer Arbeit (Pelizzari 2009) zu Grunde, es zeigen sich jedoch einige Tendenzen, die genauer beobachtet werden sollten. Die mobilen DJs haben ein Haushaltseinkommen, das über dem Durchschnittseinkommen in Deutschland liegt – hungern müssen sie also nicht. Das Nettoeinkommen aus der DJ-Tätigkeit ist aber nicht sehr üppig und die Betrachtung von Stundenlohn, Gagen und Arbeitszeiten zeigt, dass nicht von einem Luxusleben gesprochen werden kann. Auch die hohe Quote der nebenberuflichen DJs zeugt davon, dass eine hauptberufliche Tätigkeit als mobiler DJ selten angestrebt wird. Aus welchen Gründen dies genau der Fall ist, kann hier nur spekuliert werden. Anhand der großen Einschränkungen durch die Corona-Verordnungen Anfang 2020 in Deutschland lässt sich jedoch festmachen, dass gerade mobile DJs eine recht geringe Arbeitsplatzsicherheit haben. Wenngleich ihre individuelle ökonomische Abhängigkeit von der Kultur- und Eventbranche auf den ersten Blick nur gering ist, zeigt sich doch, dass die Berufsgruppe der mobilen DJs in Gänze sehr stark mit der Veranstaltungsbranche verwoben ist. Während viele Künstler*innen und Kulturschaffende sich in der »Corona-Krise« schnell durch Möglichkeiten der Direktvermarktung und Digitalisierung angepasst haben, wurde der Eventbranche und damit auch den mobilen DJs als musikalische Dienstleister lange Zeit jede Grundlage der Berufsausübung verwehrt.

Hinzu kommen auch die bereits angesprochenen sozialen Probleme, denn mobile DJs arbeiten, wenn ihr soziales Umfeld feiert. Die Entscheidung zur Teilnahme an wochenendlichen Treffen und Events mit Freunden steht daher immer unter dem Zeichen des damit verbundenen Verdienstausfalls. Ein hauptberuflicher mobiler DJ muss den in dieser Studie erhobenen Daten nach an jedem Wochenende zwei Veranstaltungen bespielen, um auf einen durchschnittlichen Bruttoverdienst zu kommen. Auch dies könnte ein Grund dafür sein, weshalb nur sehr wenige DJs mit überdurchschnittlich hohen Einzelgagen den Schritt in die Solo-Selbständigkeit im Haupterwerb wagen.

Zusätzlich dazu führt eine zunehmende Digitalisierung beziehungsweise im Besonderen das verstärkte Einsetzen von »künstlichen Intelligenzen« in der Musikwirtschaft, wie zum Beispiel die Implementierung von »intelligenten« Automix-Playlisten in Streaming-Portalen oder DJ-Software, zu einer Gemengelage, die den teils prekären Arbeitssituationen von Solo-Selbstständigen in Deutschland (Treusch 2018) sehr ähnlich ist.

Zusammenfassung und Ausblick

Vor dem Hintergrund des empirischen Materials lässt sich also feststellen, dass die soziale und ökonomische Abhängigkeit der befragten mobilen DJs vom Eventsektor sehr differenziert betrachtet werden muss. Auf den ersten Blick ist die Dependenz sehr stark, da mobile DJs ohne Events keine Möglichkeit zur Einkommensgenerierung haben. Bei genauerer Betrachtung zeigt sich jedoch, dass dies in der Praxis nur wenige konkrete ökonomische Folgen haben dürfte, da ein Großteil der befragten Personen das DJing als nebenberufliche Erwerbstätigkeit ausführen und somit nur einen geringen Teil ihres Lebensunterhalts damit verdienen. Eine detaillierte Einsicht in den Zusammenhang zwischen mobilen DJs und Eventkulturen lässt sich auf Basis der Daten nicht geben, hierzu bedarf weiterer Forschungsprojekte, die sich der aufgeworfenen Fragestellungen und Hypothesen gezielter annehmen.

Insgesamt zeigen die Studienergebnisse, dass auch aufgrund der komplexen und unscharfen Definitionslage mobile DJs in Deutschland keinesfalls als homogene Masse angesehen werden können, sondern dass sie sich in ihrem gewerblichen und musikalischen Alltag durch Heterogenität in fast allen abgefragten Parametern auszeichnen. Die hier übersichtsartig dargestellten Studienergebnisse verdienen daher weitere Forschung über mobile DJs in Deutschland mit dem Schwerpunkt auf ökonomischen und sozialen Perspektiven. Dabei sollte besonders die Erwerbssituation näher betrachtet werden, um zu ergründen, mit welchen Mitteln eine Unterstützung für mobile DJs in Neben- und Hauptberuflichkeit geschaffen werden kann. Dabei spielen zum Beispiel Fragen nach der sozialen und finanziellen Absicherung, der Vereinbarkeit der Arbeitszeiten mit einem geregelten Sozialleben und der Abhängigkeit von lokalen Lohngefügen eine Rolle. Insgesamt sollten alle aufgeworfenen Fragen auch in internationale Kontexte gesetzt werden, um zu überprüfen, ob es sich um nationale Phänomene der deutschen mobilen DJs handelt, beziehungsweise inwiefern der in dieser Studie erläuterte DJ-Typus überhaupt in andere Länder übertragbar ist.

Literaturverzeichnis

Brewster, Bill und Frank Broughton. 2003. *How to DJ Right: The Art and Science of Playing Records.* [Nachdr.]. New York: Grove Press.

Bührmann, Andrea D. und Hans J. Pongratz. 2010. *Prekäres Unternehmertum.* Wiesbaden: VS Verlag für Sozialwissenschaften.

Buonaccorso, Michael. 2016. *A Different Spin: The DJ Story: The Evolution and Revolution of the Mobile DJ.*

Drenger, Jan. 2014. »Events als Quelle inszenierter außergewöhnlicher und wertstiftender Konsumerlebnisse – Versuch einer Definition des Eventbegriffes.« In *Events und Messen*, hg. von Cornelia Zanger, 113-40. Wiesbaden: Springer Fachmedien Wiesbaden.

Fachinger, Uwe. 2002. »Die Selbständigen: Armutspotential der Zukunft?« In *Armut als Herausforderung: Bestandsaufnahme und Perspektiven der Armutsforschung und Armutsberichterstattung*, hg. von Stefan Sell, 87-130. Schriften der Gesellschaft für Sozialen Fortschritt e.V. 23. Berlin: Duncker & Humblot.

Flath, Beate. 2016. »Co-Creation-Prozesse in Livemusikkonzerten.« *Zeitschrift für Kulturmanagement* 2, Nr.2: 67-80.

Galler, Miriam. 2017. »ICH TARZAN, DU JANE?« *Libertine Magazine*, 27. April 2017. Zugriff am 16. Juni 2020. http://libertine-mag.com/magazin/ich-tarzan-du-jane/.

Gilli, Lorenz. 2017. »›Navigate Your Set‹. Zur Virtuosität von DJs.« In *Schneller, höher, lauter*, hg. von Thomas Phleps. Bielefeld: transcript.

Glaser, Barney G. 2008. *Doing quantitative grounded theory.* 1. Ausgabe. Mill Valley Calif. Sociology Press.

Jacke, Christoph. 2004. *Medien(sub)kultur. Geschichten, Diskurse, Entwürfe.* Bielefeld: transcript.

Jagiello, Artur. 2015. »Gehaltsatlas 2015.« https://cdn.personalmarkt.de/cms/gehaltsatlas-2015-Gehalt-de.pdf.

Katz, Mark. 2012. *Groove Music: The Art and Culture of the Hip-Hop DJ.* Oxford: Oxford University Press.

Kim, Ji-Hun. 2015. »DJane sollte man aus dem Vokabular streichen: Clara Moto über Sexismus und Nachholbedarf in der elektronischen Musikszene.« *Das Filter*, 25. September 2015. Zugriff am 16. Juni 2020. http://dasfilter.com/kultur/djane-sollte-man-aus-dem-vokabular-streichen-clara-moto-ueber-sexismus-und-nachholbedarf-in-der-elektronischen-musikszene/.

Liersch, Anja und Dominik Asef. 2015. *Beschäftigung in Kultur und Kulturwirtschaft: Sonderauswertung aus dem Mikrozensus.* Wiesbaden: Statistisches Bundesamt.

Mai, Christoph-Martin und Katharina Marder-Puch. 2013. »Selbstständigkeit in Deutschland« WISTA – Wirtschaft und Statistik, 482–96. Zugriff am 14.3.2022. https://www.destatis.de/DE/Methoden/WISTA-Wirtschaft-und-Statistik/2013/07/selbststaendigkei-deutschland-72013.pdf.

Pelizzari, Alessandro. 2009. *Dynamiken der Prekarisierung: Atypische Erwerbsverhältnisse und milieuspezifische Unsicherheitsbewältigung.* Analyse und Forschung Sozialwissenschaften 63. Konstanz: UVK. Zugl. Genf, Univ., Diss., 2008.

Poschardt, Ulf. 2015. *DJ Culture: Diskjockeys und Popkultur.* [Aktualisierte Neuaufl.]. Stuttgart: Tropen.

Santos, Joey. 2018. »Global Digital DJ Census 2018.« *Digital Dj Tips*, 20. März 2018. Zugriff am 16. Juni 2020. https://www.digitaldjtips.com/2018/03/2017-dj-census/.

Schipkowski, Katharina. 2015. »DJane sagt man nicht.« *taz*, 17. April 2015. Zugriff am 16. Juni 2020. http://www.taz.de/!5012086/.

Statistisches Bundesamt. 2015. »Einkommens- und Verbrauchsstichprobe 2013: Einnahmen und Ausgaben privater Haushalte.« https://www.destatis.de/DE/Publikationen/Thematisch/EinkommenKonsumLebensbedingungen/EinkommenVerbrauch/EVS_EinnahmenAusgabenprivaterHaushalte2152604139004.pdf?__blob=publicationFile.

Statistisches Bundesamt. 2016. *Demographische Standards – Ausgabe 2016: Eine gemeinsame Empfehlung des ADM Arbeitskreis Deutscher Markt- und Sozialforschungsinstitute e.V., der Arbeitsgemeinschaft Sozialwissenschaftlicher Institute e.V. (ASI) und des Statistischen Bundesamtes.* Unter Mitarbeit von Jürgen H. P. Hoffmeyer-Zlotnik. 6., überarb. Aufl. Statistik und Wissenschaft Bd. 17. Wiesbaden: Statistisches Bundesamt.

Statistisches Bundesamt. 2020. »Rund eine halbe Million Selbstständige in Kulturberufen.« *Destatis*, 22. April 2020. https://www.destatis.de/DE/Presse/Pressemitteilungen/2020/04/PD20_145_216.html.

Sturmberger, Werner. o.J. »Die DJ, nicht DJANE.« *c/o vienna*, o.J. Zugriff am 16. Juni 2020. http://www.co-vienna.com/de/leute/die-dj-nicht-djane/.

Treusch, Wolf-Sören. 2018. »Die Einzelkämpfer: Solo-Selbständige in Deutschland.« *Deutschlandfunk Kultur*, 12. Juni 2018. https://www.deutschlandfunkkultur.de/solo-selbstaendige-in-deutschland-die-einzelkaempfer.976.de.html?dram:article_id=420199.

Troike, Manuel. 2019. »Luxusleben oder Hungerjob? Eine deskriptive Studie zu mobilen DJs in Deutschland.« Unveröffentlichte Masterarbeit, Institut für Kunst/Musik/Textil, Universität Paderborn.

Wang, Oliver. 2015. *Legions of Boom: Filipino American Mobile DJ Crews in the San Francisco Bay Area*. Refiguring American Music. Durham: Duke University Press.

Webber, Stephen. 2008. *DJ skills: The essential guide to mixing and scratching*. Oxford: Focal.

PopEventKulturen und Management:
Fallstudien

Paderboring. Hartnäckiges Vorurteil oder wirklich nichts los hier?
Eine Untersuchung an der Universität Paderborn zum Image Paderborns im Zusammenhang mit dem Kulturangebot

Ina Heinrich

Einleitung

>»Nur 150.000 Einwohner – Für manche klingt das nach Paderboring. Manche sprechen aber von Partyborn«
>*Alberternst 2016*

Paderboring – Der Themenkomplex rund um das Image der Stadt ist in Paderborn seit längerem allgegenwärtig. Insbesondere im Jahr 2019 gewann die Verhandlung der Attraktivität der Stadt jedoch noch einmal an Fahrt: Gleich im Januar öffnete das Rathaus seine Türen für das in Kooperation mit der Wirtschaftsförderungsgesellschaft zum dritten Mal stattfindende und stetig wachsende Veranstaltungsformat XO Talk. Bekannte Vertreter*innen aus den Bereichen Universität, Kirche und Kultur[1] diskutierten darüber, welchen Wert die Kultur- und Kreativwirtschaft für Paderborn hat, wo doch »so viele Menschen in Paderborn (zumindest gedanklich) auf gepackten Koffern sitzen« (XO PB 2019). Bei vergangenen Veranstaltungen wurde bereits über die Feierkultur Paderborns gesprochen und die Frage aufgegriffen, inwiefern das Kulturleben im öffentlichen Raum die Attraktivität der Innenstadt prägt.

---

1   Nils Petrat, Studierendenpfarrer und Dompastor; Simone Probst, Vizepräsidentin für Wirtschafts- und Personalverwaltung der Universität, Dominik Nösner, Club- und Festivalbetreiber.

Wenig später schrieb der Verein Paderborn überzeugt mit PB Calling einen Wettbewerb für Event-Ideen aus, um das Kulturangebot der jungen Universitätsstadt Paderborn auszubauen. Gefördert wurden Kulturideen für junge Leute in Höhe von 9.500 € (Paderborn überzeugt e.V. 2019). Die Universität selbst positionierte sich am 18. Mai 2019 zum Start des Sommersemesters als Kooperationspartner des Musik Open Airs T1GA. Als offiziellen Programmpunkt gab es eine Begrüßung der Erstsemester durch die Universitätspräsidentin und den Bürgermeister[2] (T1GA 2019)[3]. Basierend auf dem erneuten Aufstieg des SC Paderborn 07 in die erste Bundesliga einen Tag später rief das Amt für Öffentlichkeitsarbeit und Stadtmarketing die laufende Imagekampagne #PaderbornerTalente ins Leben. Gemeinsam mit Partnern aus dem Sport, der Wirtschaft, dem Tourismus, dem Einzelhandel und dem Verein Paderborn überzeugt soll das Stadtmarketing intensiviert werden. Die Markierung Paderborns als junge, wachsende und sich positiv entwickelnde Universitätsstadt wird dabei als vorrangiges Themenfeld genannt (Stadt Paderborn 2019a).

Private Kulturinitiativen reagieren ebenfalls auf das Thema. Die Veranstaltungsinitiative Wintergrün baute ihre Video-Werbekampagne Road to Wintergrün für das Wintergrün Festival in Paderborn Ende Juni 2019 rund um den Begriff Paderboring auf. Während das erste Video der Reihe humorvoll das Vorurteil der langweiligen Stadt nachzeichnet, legen Interviewpartner*innen in den darauffolgenden Videos unter dem Hashtag #paderboringneindanke dar, was dafürspricht, sich kulturell in der Stadt zu engagieren. Man selbst trage die Verantwortung, das Stadtbild mitzugestalten, und der Begriff Paderboring sei ein »Unausdruck« (Wintergruentv 2019). Der jüngst gegründete Dachverband Paderborner Kulturinitiativen Die Kuppel schließt sich dieser Haltung an und schreibt auf seiner Homepage: »Auf herrschende Vorurteile gegenüber einem provinziellen und langweiligen Paderborn antworten wir mit einer starken Gemeinschaft und Botschaft: Die Kunst- und Kulturszene in Paderborn ist vielfältig und aktiv! Und wir haben keinen Grund uns vor den gehypten Kulturstädten zu verstecken« (Die Kuppel 2019).

---

2   Prof.[in] Dr.[in] Birgitt Riegraf; Michael Dreier.
3   Zum Start des Wintersemesters 2019/2020 veranstaltete die Universität zur Begrüßung der Erstsemester dann selbst eine College Kickoff Party mit vier über den Campus verteilten Bühnen und 12 DJs (Universität Paderborn 2019a).

Ausgehend von diesen Beobachtungen kann festgehalten werden, dass sich die Thematik rund um die Attraktivität der Stadt Paderborns zu einem viel diskutierten Gesprächsgegenstand etabliert hat. Sowohl die Stadt als auch die Universität und Unternehmen aus der Wirtschaft versuchen, Einfluss auf das Image Paderborns zu nehmen. Dazu bedienen sie sich kultureller Angebote. Einige Akteur*innen der Kulturszene selbst wehren sich gegen das Vorurteil einer langweiligen Stadt, indem sie sich organisieren und versuchen, ihre Angebote sichtbarer zu machen. Positiv zu bemerken ist, dass auf beiden Seiten der Dialog gesucht wird, um gemeinsam das kulturelle Image der Stadt zu prägen.

Theoretische Rahmung

Das Forschungsfeld der vorliegenden Untersuchung lässt sich demnach anhand der Begriffe Kulturangebot, kulturelle Teilhabe und Image aufspannen. Diese werden im Folgenden definiert und zueinander in Bezug gesetzt. Als Einstieg in den Themenkomplex werden zunächst auch die Begriffe Paderboring, Langeweile und Erlebnis eingeordnet.

Der Begriff Paderboring kann anhand von Nelson Puccios Typologisierung von Ortsnamenkontaminationen (Puccio 2019) bestimmt werden. Puccios Ausführungen zufolge handelt es sich bei der Bezeichnung Paderboring um eine metaphorisch induzierte Ortsnamenkontamination. Üblicherweise sind dies zwei Ortsbezeichnungen, die hinsichtlich eines bestimmten Assoziationsmoments miteinander in Beziehung gesetzt werden[4]. Die Funktion der Kontamination durch einen US-amerikanischen Stadtbezirksnamen ist es, »einen vagen Anstrich von Lifestyle« (ebd., S. 120) zu geben. Die Ortsnamenkontamination Paderboring stellt einen Sonderfall dar, da sie in dieser Hinsicht unvollständig ist. Anstelle einer Ortsnamenkreuzung besteht sie nur aus einem Toponym und einem englischen Appellativ. Allerdings zeigt auch dieses Prinzip der Ortsnamenkontamination (für das Puccio noch weitere Beispie-

---

4 Als Beispiel führt Puccio unter anderem die Ortsnamenkreuzungen »Heilbronx« (Heilbronn + Bronx) und »Osnabrooklyn« (Osnabrück + Brooklyn) auf (ebd., S. 120 f.). Beide Ortsnamenkontaminationen existieren in dieser Form auch für Paderborn (»Paderbronx« und »Paderbrooklyn«).

le aufführt)⁵, dass sich durch diese Form der informellen Ortsnamengebung spezifische Stadtbilder evozieren lassen. Die informelle Ortsnamenbezeichnung Paderboring beschreibt demnach das Bild einer langweiligen Stadt.

Langeweile ist ein temporales Phänomen (Levine 2004; Pöppel 2000). Hat das Interesse nichts, worauf es sich richten kann, verlangsamt sich die Zeit der inneren Wahrnehmung. Diese Verlangsamung der Zeit kann positiv oder negativ wahrgenommen werden. Während einer Meditation kann beispielsweise ein angenehmes Gefühl der Zeitlosigkeit entstehen, wohingegen sich zehn Minuten in einem Wartezimmer wie Stunden anfühlen können. Langeweile wird im letztgenannten Zusammenhang negativ konnotiert und entsteht, wenn die Verlangsamung der Zeit außerhalb der Kontrolle des Individuums liegt und bedeutsame Ereignisse ausbleiben (Levine 2004, S. 70). Das hat zur Folge, dass sich die Aufmerksamkeit auf den Ablauf der Zeit selbst richtet. Die Zeit rückt ins Bewusstsein und das Gefühl entsteht, dass die Zeit scheinbar langsamer vergeht. Im Kontext der Freizeitwissenschaft stellt Langeweile ein großes Problem der individuellen Freizeitgestaltung dar (Opaschowski 2006; Freericks, Hartmann & Stecker 2010). Horst Opaschowski definiert Langeweile als psychosoziales Problem: Langeweile entsteht, weil sich ein Aktivitätsbedürfnis nicht erfüllt. Dieses Nichtstun erzeugt wiederum Schuldgefühle. Es entsteht die Angst, »dem gesellschaftlichen Anspruch sinnvoller Freizeitgestaltung« (Opaschowski 2006, S. 226) nicht nachkommen zu können. Während Langeweile am Arbeitsplatz akzeptiert wird, da sich der Zweck der Arbeit im Lohnerwerb erfüllt und die Zeit bezahlt wird, wird Langeweile in der Freizeit als verlorene Lebenszeit empfunden (ebd.).

Die drohende Langeweile wird daher oft durch die Suche nach Erlebnissen überbrückt. Das Erlebnis wird somit zu einem zentralen Motiv der Freizeitgestaltung. Renate Freericks, Rainer Hartmann und Bernd Stecker definieren Erlebnis als »ein außergewöhnliches Ereignis, das sich vom Alltag des Erlebenden so sehr unterscheidet, dass es ihm lange im Gedächtnis bleibt« (Freericks, Hartmann & Stecker 2010, S. 61). Der Wunsch viele und intensive Erlebnisse zu machen, dominiert heute die individuelle Lebensauffassung. Gerhard Schulze führte diesbezüglich die Bezeichnung der Erlebnisgesellschaft ein (Schulze 2000). Der/die Akteur*innen der Erlebnisgesellschaft

---

5   »Salzghetto« (Salzgitter + ghetto ›Stadtbezirk einer diskriminierten Minderheit‹); »Highdelberg« (Heidelberg + High ›von Drogen berauscht‹); »Bam!berg« (Bamberg + Bam! ›lautmalerische Interjektion für einen lauten Knall‹) (ebd., S. 121).

denken und handeln erlebnisorientiert. Schulze führt diese Erlebnisorientierung auf die veränderte Situation des späten 20. Jahrhunderts zurück: Die Grundbedürfnisse der Gesellschaft sind gesichert und der Alltag stellt keine Herausforderung mehr an das Individuum dar. Nicht mehr die Reproduktion von Arbeitskraft, Beschaffung von notwendigen Ressourcen und Altersvorsorge sind das Ziel der Gesellschaft, sondern »das Projekt des schönen Lebens« (ebd., S. 37). Das Ziel vom Projekt des schönen Lebens ist nicht das physische Überleben, sondern etwas zu erleben, das sich in ästhetischen Begriffen fassen lässt (»schön«, »spannend«, »interessant...).

Kulturangebote spielen in der Erlebnisgesellschaft eine tragende Rolle. Schulze bezeichnet kulturelle Angebote als professionell für Erlebniszwecke hergerichtete Situationen (ebd., S. 99). Eine weitere Definition von Kulturangebot kann mithilfe des von Tasos Zembylas und Peter Tschmuck entworfenen Ansatz der Kulturbetriebsforschung erarbeitet werden (Zembylas & Tschmuck 2006). Der Begriff Kulturbetrieb lässt sich so aus zwei Perspektiven definieren. In diesem Kontext bezeichnet ein Kulturgut ein Gut, das zum einen ein kulturelles Symbol darstellt und zum anderen ökonomisch aufgeladen ist. Der Transformationsprozess von kulturellen Artefakten zu kulturellen Gütern folgt der Annahme, dass kulturelle Artefakte und Handlungen klaren Eigentumsverhältnissen und Knappheit unterliegen und somit den marktlichen Dynamiken wie Angebot und Nachfrage folgen. Ein wesentlicher Unterschied zwischen Kulturgütern und ökonomischen Gütern besteht dabei darin, dass für Kulturgüter die Wechselwirkung und Simultanität von symbolischer und ökonomischer Funktion konstitutiv ist (ebd., S. 7 ff.). Ausgehend von dieser Erkenntnis nimmt die vorliegende Studie an, dass sich ein städtisches Kulturangebot gleichermaßen aus hochkulturellen Angeboten sowie populären Unterhaltungsangeboten zusammensetzt.

Darüber hinaus sichert die Teilhabe an Kulturangeboten die Teilhabe an gesellschaftlichen Prozessen. Barbara Hornberger bezeichnet Kultur als wesentliches Aushandlungsmedium unserer Zeit. Kultur ermöglicht die Hinführung zu Selbst- und Mitbestimmung und ist essenziell für die Reproduktion und Entwicklung der Gesellschaft (Hornberger 2019, S. 205). Das Recht auf kulturelle Teilhabe hat schon lange Eingang in den kulturpolitischen Diskurs gefunden und ist darüber hinaus in der Allgemeinen

Erklärung der Menschenrechte verankert[6]. Die Verbesserung kultureller Teilhabe obliegt der Kulturpolitik und den einzelnen Kultureinrichtungen. Sie haben zur Aufgabe, durch kulturelle Bildung mehr Teilhabe am gesellschaftlichen Leben zu ermöglichen. Damit der gesetzlich verankerte Anspruch auf kulturelle Teilhabe eingelöst werden kann, muss das dargebotene Angebot jedoch wahrgenommen werden. Birgit Mandel identifiziert die am häufigsten genannten Gründe für das Ausbleiben kultureller Teilhabe: Mangelnde finanzielle Mittel, mangelnde Zeit, kein Wissen über bestimmte kulturelle Angebote, kein Interesse sowie die Sorge, sich beim Kulturbesuch zu langweilen und das Bedürfnis nach Unterhaltung ebenso wie nach sozialem Austausch nicht befriedigen zu können (Mandel 2016, S. 130).

Kultur und Unterhaltung sind, neben privater Lebensqualität (Sport, Einkaufs- und Bildungsangebote), Naherholung (Parkanlagen, Wälder, Seen) und Bioqualität (Luftqualität, Lärm), ebenso konstituierend für das Image einer Stadt. Stadtimages sind eng verwandt mit verfestigten Erfahrungen, Erwartungen und Vorurteilen in Form von kulturellen und sozialen Stereotypen. Sie entstehen wie verbreitete Standardwitze, die einen manchmal sehr alten menschlichen Erfahrungskern haben. Generell lässt sich zwischen dem Selbstimage der Bewohner*innen einer Stadt und dem Fremdimage, welches Menschen von außerhalb von der betreffenden Stadt haben, unterscheiden. Diese können zuweilen extrem auseinanderfallen. Dabei ist für die Bewohner*innen das Selbstimage ihrer Stadt von größerer Bedeutung als das Fremdimage, da es mit der wahrgenommenen Lebenszufriedenheit und der Identifikation mit der Stadt korrespondiert (Lüdtke 2001, S. 207 ff.). Darüber hinaus ist das Image einer Stadt ein wichtiger Bestandteil im Wettbewerb der Städte. Standorte konkurrieren um Unternehmensansiedlungen und Arbeitsplätze, um Infrastrukturinvestitionen, Tourist*innen sowie qualifizierte Arbeitskräfte, mit der Absicht, Wachstum und Wohlstandsmehrung zu gewährleisten. Der Erfolg eines Standortes hängt dabei immer mehr davon ab, ob es ihm gelingt, seine Attraktivität zu erhöhen. Weiche Standortfaktoren wie Kultur spielen daher eine immer größer werdende Rolle im Standortmarketing (Pechlaner & Bachinger 2010, S. 5).

---

6 »Jeder hat das Recht, am kulturellen Leben der Gemeinschaft frei teilzunehmen, sich an den Künsten zu erfreuen und am wissenschaftlichen Fortschritt und dessen Errungenschaften teilzuhaben« (Vereinte Nationen 1948).

Methode

Ausgehend von den eingangs geschilderten Beobachtungen und der theoretischen Rahmung wurde daher im Rahmen einer Befragung an der Universität Paderborn der Zusammenhang von Image und Kulturangebot untersucht. Im Speziellen, ob und inwiefern Studierende der Universität Paderborn die Stadt als langweilig empfinden, weil es ein unzureichendes Kulturangebot gibt. Die Zielgruppe der Studierenden ist in zweierlei Hinsicht von Interesse: Zum einen geht aus den in der Einleitung aufgeführten Beobachtungen hervor, dass es der Stadt ein Anliegen ist, Paderborn als junge Universitätsstadt zu markieren. Zum anderen macht die Studierendenschaft der Universität mit über 20.000 Studierenden (Universität Paderborn 2019b) einen beträchtlichen Teil der Gesamtbevölkerung der Kernstadt Paderborns (knapp 90.000 Einwohner*innen) aus (Stadt Paderborn 2019b).

Als Messinstrument diente ein standardisierter Online-Fragebogen, auf den durch allgemeine Teilnahmeaufrufe über Facebook und Instagram unter Angabe des Links zur Umfrage-Plattform aufmerksam gemacht wurde. Bei der Stichprobe handelt es sich daher um eine Gelegenheitsstichprobe oder »convenience sample« (Döring & Bortz 2016, S. 305). Obwohl diese Art der willkürlichen Stichprobenziehung nicht für wissenschaftlich belastbare Ergebnisse geeignet ist, können daraus erste Eindrücke zum Forschungsgegenstand gewonnen werden (ebd., S. 306). Erhoben wurden die persönliche Bedeutung von Kultur für die befragten Personen, ihre Motive für die Teilnahme an kulturellen Veranstaltungen, die Bewertung des Paderborner Kulturangebots hinsichtlich Qualität und Vielfalt, die Kenntnis des Paderborner Kulturangebots und die Einschätzung des Images der Stadt Paderborn. Das abgefragte Kulturangebot setzt sich wie folgt zusammen:

Bei den ausgewählten Veranstaltungen handelt es sich um Veranstaltungen, die in den Jahren 2017-2019 das erste Mal stattgefunden haben (T1GA, Wintergrün Festival, Tausendquell Open Air, Sofa Stories, Zwischenmiete-Wohnzimmerkonzerte, Führung: Paderborn und seine Graffitis, Freunde Konzerte, Treelektro). Diese bilden exemplarisch die aktuellen kulturellen Entwicklungen in Paderborn ab. Die Kenntnis lokaler Veranstaltungsorte wird anhand von Kneipen, Clubs, Bühnen- und Ausstellungsorten abgefragt, deren kulturelles Angebot in Form von Tanzveranstaltungen, Konzerten, Lesungen, Ausstellungen, Quiz-, Comedy- und Poetry Slam-Abenden breit gefächert ist (AKKAdemie, Alles ist Gut, Container, Lötlampe, Raum für Kunst, Sputnik, Wohlsein). Zum anderen werden die Studierenden gebeten anzugeben, inwiefern ihnen Veranstaltungsorte bekannt sind, die auf der Homepage der Stadt Paderborn in der Rubrik »Musik, Theater, Kino« als Veranstaltungsorte in Paderborn gelistet werden (Deelenhaus, Kulturwerkstatt, PaderHalle, Stadtmuseum Paderborn, Theater Paderborn). Die Kenntnis lokaler Veranstalter wird anhand von Paderborner Kulturinitiativen erfragt, die es sich laut eigener Aussagen zur Aufgabe machen, ein »Mehr« an Kulturangebot in Paderborn zu schaffen (Bedroom Producer Paderborn, Cheezee e.V., Connect Paderborn e.V., Freunde Konzerte, JANX Records, Wintergrün, Zwischenstand e.V., drei, Labori e.V., Programmkino Lichtblick e.V.) (Die Kuppel 2019; drei 2020; Labori e.V. 2020; Programmkino Lichtblick e.V. 2020).

Ergebnisse und Fazit

Insgesamt nahmen 1219 Personen an der Befragung teil. 702 Fragebögen wurden ausgewertet[7]. Die Stichprobe kann wie folgt beschrieben werden: Im Durchschnitt sind die befragten Studierenden ca. 24 Jahre alt und studieren seit sieben Semestern an der Universität Paderborn. Die Mehrheit der Befragungsteilnehmer*innen ordnet sich dem weiblichen Geschlecht zu und studiert an der Fakultät für Kulturwissenschaften. Die meisten Befragten pendeln nicht und wohnen in Paderborn. Ein Großteil von ihnen könnte sich auch vorstellen, in Paderborn wohnen zu bleiben. Eine Entscheidung für oder gegen Paderborn würden sie davon abhängig machen, ob sie in der Stadt eine ansprechende Arbeit finden und ob diese Entscheidung mit ihrer Partnerschaft beziehungsweise Familie vereinbar ist. Insgesamt zeigen die Befunde der Studie, dass das Image von Paderborn überwiegend positiv eingeschätzt wird. 70 % der befragten Studierenden (n = 491) nehmen die Stadt nicht als Paderboring wahr. Viele von ihnen haben in Paderborn eine zweite Heimat gefunden und empfinden die Stadt als entspannt und gemütlich. Diejenigen, die Paderborn als Paderboring empfinden (n = 211), nehmen die Stadt hingegen als dörflich und konservativ wahr. Generell wird das Bild, welches die Studierenden von Paderborn haben, durch eine starke Assoziation mit der Kirche und dem Katholizismus geprägt.

---

7   Um bei der Analyse ein möglichst deutliches Bild beschreiben zu können, wurden in der Datenverarbeitung und -auswertung lediglich jene Fragebögen berücksichtigt, die vollständig ausgefüllt wurden (n = 702).

Die Mehrheit der Stichprobe (n = 468) empfindet das Kulturangebot der Stadt als eher ausschlaggebend bis ausschlaggebend für ihr Bild von Paderborn. Am häufigsten und am liebsten besuchen die befragten Studierenden Paderborner Bars und Kneipen. Am wenigsten Interesse besteht an Ausstellungen, Lesungen und dem Theater. Mit der Qualität und Vielfalt des Kulturangebotes zeigen sich die Studierenden nur mäßig zufrieden. Durchaus positiv eingeschätzt wird das Angebot an Kinos sowie Bars und Kneipen. Deutliche Unzufriedenheit zeigt sich mit der Vielfalt von Musik-Festivals, Konzerten und Clubs in Paderborn. Während die befragten Studierenden mit der Qualität der bereits vorhandenen Musik-Festivals und Konzerte jedoch zufrieden sind, wird die Qualität des bestehenden Clubangebotes ebenfalls bemängelt. Aus den offenen Kommentaren geht hervor, dass sich die Befragungsteilnehmer*innen allgemein mehr Auswahl an Ausgehmöglichkeiten in Form von Clubs wünschen. Darüber hinaus ist ihnen das Angebot der Clublandschaft nicht differenziert genug. Sie wünschen sich, dass sich die einzelnen Clubs musikalisch mehr voneinander absetzen und dass generell mehr alternative Musikstile gespielt werden. Mehr Konzerte wünschen sie sich in erster Linie von namhaften Künstler*innen. Allgemein fühlen sich die Befragungsteilnehmer*innen im Hinblick auf das Kulturangebot in Paderborn schlecht informiert. Dieser Befund spiegelt sich in der Auswertung der Kenntnis ausgewählter Paderborner Veranstaltungen, Veranstaltungsorte und Veranstalter wider. Aktuelle Veranstaltungen und deren Veranstalter sind den befragten Studierenden (zumindest namentlich) kaum bekannt. Daher wünschen sie sich effektivere Werbung beziehungsweise eine bessere Übersicht, die auf das bereits vorhandene Angebot aufmerksam macht. Abschließend kann gesagt werden, dass das Bedürfnis, etwas zu erleben, für die befragten Studierenden ein zentrales Motiv ihrer Freizeitgestaltung darstellt. Sie wollen Spaß haben, der Langeweile des Alltags entfliehen und etwas Besonderes erleben. Die Mehrheit nutzt ihre Freizeitaktivitäten außerdem dazu, etwas mit Freund*innen und Gleichgesinnten zu unternehmen.

Im Hinblick auf die eingangs formulierte Fragestellung, ob und inwiefern die Studierenden der Universität Paderborn die Stadt als Paderboring empfinden, weil es ein unzureichendes Kulturangebot gibt, können folgende Schlussfolgerungen formuliert werden: Obwohl eindeutig Verbesserungsbedarf im Bereich des Paderborner Kulturangebotes besteht, nimmt die Mehrheit der Studierenden die Stadt nicht als Paderboring wahr. Diese Beobachtung ist äußerst interessant, da die Mehrheit der Befragten gleichzeitig angeben, dass das Kulturangebot der Stadt ausschlaggebend für ihr Bild von

Paderborn ist. Eine mögliche Erklärung für diese scheinbare Inkongruenz könnte sein, dass das Image von Paderborn als Paderboring außerhalb von Paderborn tendenziell stärker ausgeprägt ist und es den befragten Studierenden (die zu einem großen Teil auch in Paderborn wohnen und die Stadt gut kennen) ein Anliegen ist, sich gegen dieses Image zu behaupten. Dies könnte verschiedene Gründe haben. Eine weitere Erklärungsmöglichkeit wäre, dass das negativ besetzte Image von Paderborn als Paderboring zwar höchstwahrscheinlich einem wahren Erfahrungskern (»Es ist langweilig in Paderborn«) entspringt, sich die Stadt jedoch in den letzten Jahren bereits merklich positiv entwickelt hat. Obwohl es nach wie vor Verbesserungsbedarf im Kulturangebot der Stadt gibt, wird die Stadt von den befragten Studierenden nicht mehr als Paderboring wahrgenommen. Damit diese Entwicklung anhält, sollte weiterhin kontinuierlich und nachhaltig Kulturentwicklungsarbeit geleistet werden. Im Falle der Markierung Paderborns als junge, attraktive Universitätsstadt sollten folglich die Bedürfnisse und Interessen der Studierenden berücksichtigt werden. Im Folgenden werden daher aus den erhobenen Daten abgeleitete Ansatzpunkte aufgezeigt, die zu einer positiven Weiterentwicklung des Kulturangebots in Paderborn beitragen können.

Dringend erforderlich wäre, dass sich die Clubs in ihrer musikalischen Auswahl mehr voneinander absetzen. Allgemein ist sich das gesamte Veranstaltungsangebot der Clubs zu ähnlich. Dieser Umstand sollte jedoch nicht auf eine mangelnde Kreativität der Clubbetreiber im Hinblick auf ihre Programmgestaltung zurückgeführt werden. Einen Club zu betreiben bedeutet, ein finanzielles Risiko einzugehen. Von den Einnahmen durch Eintrittspreise und den Getränkeverzehr der Gäste müssen anfängliche Investitionen (Genehmigungen, Anschaffungen) und monatliche Verbindlichkeiten (Betriebs- und Personalkosten) gezahlt werden. Auf Veranstaltungsformate zurückzugreifen, die sich bereits bewährt haben oder versprechen, ein möglichst breites Publikum anzusprechen, birgt in diesem Zusammenhang ein möglichst geringes Risiko. Zieht man darüber hinaus die geringe Kenntnis der Studierenden über einzelne Veranstaltungen und Veranstalter, die mit einer geringeren Wahrnehmung der Angebote einhergeht in Betracht, leuchtet es ein, dass experimentelle Veranstaltungen und Nischenangebote in Paderborn zu wünschen übriglassen. Besonders spannend sind daher die kommenden Entwicklungen bezüglich einer im Februar 2020 im Bundestag angehörten Forderung der Berliner Clubcommission, den rechtlichen Status von Clubs von Vergnügungsstätten zu Kulturstätten zu ändern. Damit wären Clubs berechtigt öffentliche Fördergelder zu beziehen. Dadurch hätten die Betreiber*innen eine größere finanzielle Sicherheit, um abseits vom Mainstream ansprechendes Angebot bereitzustellen, und könnten wertvolle kulturelle Bildungsarbeit leisten. Wünschenswert für Paderborn wäre eine entsprechende Interessenvertretung in der lokalen Kulturpolitik sowie ein angepasstes Kulturverständnis in Bezug auf die Verteilung von Fördergeldern.

Weiterhin zeigt sich eindeutiger Verbesserungsbedarf im Hinblick auf Konzerte. Ein Großteil der befragten Studierenden wünscht sich mehr Konzerte von namhaften Künstler*innen in Paderborn. Um ein entsprechendes Angebot nachhaltig zu etablieren, bedarf es zunächst einer Anschubfinanzierung, um auszutesten, wieviel Anklang diese Konzerte letztendlich finden. Nach einer ersten Testphase ist es sicherlich in Zusammenarbeit mit Sponsoren möglich, die Veranstaltung größerer Konzerte zu verstetigen. In diesem Zusammenhang äußern die befragten Studierenden außerdem den Wunsch nach einem größeren Veranstaltungsort für Konzerte in Paderborn. Diesbezüglich bietet sich aktuell die Umnutzung der Instandsetzungshallen der Barker Barracks an. Laut einer Berichterstattung der Neuen Westfälischen Ende 2019, beabsichtigt die Stadt Paderborn von ihrer Erstzugriffsoption Gebrauch zu machen und die Kaserne im Osten der Kernstadt zu kaufen (Kosbab 2019). Im Zuge der Konversion der ehemaligen Militärfläche könnte dort beispielsweise in einer der Instandsetzungshallen ein modularer, flexibel einsetzbarer Veranstaltungsort geschaffen werden.

Des Weiteren ist dringend eine Verbesserung der Sichtbarkeit des Kulturangebots in Paderborn erforderlich. Das bestehende Kulturangebot ist einem Großteil der befragten Studierenden nicht bekannt. Eine digitale Plattform könnte das Kulturangebot der Stadt bündeln und damit in Zukunft sowohl besser sichtbar als auch besser nutzbar machen. Die Plattform könnte zum Beispiel im Rahmen eines geförderten Projekts in Kooperation mit bereits bestehenden Print-Veranstaltungskalendern entwickelt werden. Damit die Plattform einen Effekt auf die Wahrnehmung des Kulturangebotes hat, müsste sich diese allerdings zunächst bei der Zielgruppe etablieren. Zum Kick-Off sollte es daher eine groß angelegte Werbekampagne geben, die auf die Plattform aufmerksam macht. Darüber hinaus wären Werbeflächen in der Innenstadt hilfreich, um auf Veranstaltungen aufmerksam zu machen. Um eine größtmögliche Wirkung zu erzielen, könnte vorab ermittelt werden, welche Orte der Kernstadt am häufigsten von der Zielgruppe frequentiert werden und dort im Anschluss Plakatwände aufgestellt werden.

Insgesamt könnte es durchaus positiv sein, einen Kulturentwicklungsplan für Paderborn zu entwerfen. Paderborn ist eine lebendige junge Stadt mit engagierten Kulturakteur*innen. Mit der Gründung des Dachverbands Die Kuppel erfolgte bereits eine Bündelung der Paderborner Kulturinitiativen, die dazu beitragen soll, den Kulturdiskurs in Paderborn zu intensivieren. Nach dem Prinzip der Teilhabe könnten nun in Zusammenarbeit mit Vertreter*innen der Stadt, der Wirtschaft, der Universität und der Kulturszene gemeinsame Ziele und mögliche Lösungsansätze für die Kulturentwicklung in Paderborn formuliert werden. Zudem könnte und sollte die breite Öffentlichkeit als Ideengeber miteinbezogen werden. Der in diesem Kontext erarbeitete Ideenkatalog könnte dann dem Rat der Stadt Paderborn vorgelegt werden. Die Verabschiedung eines Kulturentwicklungsplans für Paderborn könnte zur Imageschärfung beitragen und helfen, die Stadt als Erlebnisraum zu gestalten.

Literatur

Alberternst, Benedikt. 2016. »Wie studiert es sich in Paderborn?« *Frankfurter Allgemeine*, 21. Februar 2016. Zugriff am 28. Oktober 2019. https://hochschulanzeiger.faz.net/magazin/studium/wie-studiert-es-sich-in-paderborn-14080214.html.

Die Kuppel e.V. o.J. »Selbstverständnis« Zugriff am 29. Oktober 2019. https://diekuppel.de/selbstverstaendnis/.

Döring, Nicola und Jürgen Bortz. 2016. *Forschungsmethoden und Evaluation in den Sozial- und Humanwissenschaften*. Berlin und Heidelberg: Springer.

Drei. o.J. Facebook. Zugriff am 6. Januar 2020. https://www.facebook.com/dreiMagazine/.

Freericks, Renate, Rainer Hartmann und Bernd Stecker. 2010. *Freizeitwissenschaft. Handbuch für Pädagogik, Management und nachhaltige Entwicklung*. München: Oldenburg Verlag.

Hornberger, Barbara. 2019. »Die Anerkennung kultureller Präferenzen. Zum Verhältnis von populärer Kultur und kultureller Teilhabe.« In *Kulturelle Teilhabe. Ein Handbuch*, hg. von Nationaler Kulturdialog, 205-212. Zürich: Seismo Verlag.

Kosbab, Holger. 2019. »Stadt Paderborn kann Barker Barracks kaufen.« *Neue Westfälische*, 10. November 2019. Zugriff am 10. November 2019. https://www.nw.de/lokal/kreis_paderborn/paderborn/22609233_Stadt-Paderborn-kann-Barker-Barracks-kaufen.html.

Labori e.V. o.J. Facebook. Zugriff am 6. Januar 2020. https://www.facebook.c om/pg/LaboriaufLibori/about/?ref=page_internal.

Levine, Robert V. 2004. *Eine Landkarte der Zeit. Wie Kulturen mit Zeit umgehen.* München: Piper Verlag.

Mandel, Birgit. 2016. »Sozial integrative Kulturvermittlung öffentlich geförderter Kulturinstitutionen zwischen Kunstmissionierung und Moderation kultureller Beteiligungsprozesse.« In *Teilhabeorientierte Kulturvermittlung. Diskurse und Konzepte für eine Neuausrichtung des öffentlich geförderten Kulturlebens*, hg. von Birgit Mandel, 125-139. Bielefeld: transcript.

Opaschowski, Horst. W. 2006. *Einführung in die Freizeitwissenschaft.* Wiesbaden: VS Verlag für Sozialwissenschaften.

Paderborn überzeugt e.V. o.J. »›Paderborn überzeugt.‹ fördert Kulturideen für junge Menschen mit 9500 Euro« Zugriff am 29. Oktober 2019. https://paderborn-ueberzeugt.de/paderborn-ueberzeugt-foerdert-kulturideen-fuer-junge-menschen-mit-9500-euro/?fbclid=IwAR34zGXJAxd5_dwWnd3Xsb16QQGH3hSfkhJ968jeoLodpyHxoiWbzJCmogQ.

Pechlaner, Harald und Monika Bachinger. 2010. *Lebensqualität und Standortattraktivität. Kultur, Mobilität und regionale Marken als Erfolgsfaktoren.* Berlin: Erich Schmidt Verlag.

Pöppel, Ernst. 2000. *Grenzen des Bewusstseins. Wie kommen wir zur Zeit, und wie entsteht Wirklichkeit?* Frankfurt a.M. und Leipzig: Insel Verlag.

Programmkino Lichtblick e.V. o.J. Facebook. Zugriff am 6. Januar 2020. https://de-de.facebook.com/programmkinolichtblick/.

Puccio, Nelson. 2019. »Ortsnamen-Kontamination – Versuch einer Typologisierung.« In *Varia selecta: Ausgewählte Beiträge zur Sprach- und Literaturwissenschaft unter dem Motto »Sperrigkeit und Interdisziplinarität«*, hg. von Roger Schöntag und Patricia Czezior, 113-129. München: Ibykos.

Schulze, Gerhard. 2000. *Die Erlebnisgesellschaft.* Frankfurt a.M.: Campus Verlag.

Stadt Paderborn. 2019a. »#Paderborner Talente – Die neue Imagekampagne der Stadt Paderborn« Zugriff am 29. Oktober 2019. https://www.paderborn.de/microsite/paderborner-talente/rubrik3/diekampagne.php.

Stadt Paderborn. 2019b. »Bevölkerung/Einwohnerzahlen« Zugriff am 31. Oktober 2019. https://www.paderborn.de/rathaus-service/stadtportrait/109010100000056020.php.

T1GA. o.J. Facebook. Zugriff am 29. Oktober 2019. https://www.facebook.com/events/2297663550480474/.

Universität Paderborn. 2019a. »›College Kickoff‹: Offizielle Begrüßung der Erstsemester.« *upb aktuell*, Nr. 55, 4.

Universität Paderborn. 2019b. Zugriff am 4. Februar 2022. https://www.uni-paderborn.de/fileadmin/zv/1-3/Statistiken/Aktuell_Studierende/WS19_20/Studiengang_WS1920_insgesamt.pdf.

Vereinte Nationen. 1948. »Resolution der Generalversammlung 217 A (III). Allgemeine Erklärung der Menschenrechte.« Zugriff am 13. Dezember 2019. https://www.un.org/depts/german/menschenrechte/aemr.pdf.

Wintergruentv. o.J. Facebook. Zugriff am 29. Oktober 2019. https://www.facebook.com/wintergruenfest/videos/347796602599921/UzpfSTE5MDQ1NDMzMzk3NTk4NTY6MjMzOTA2MzYzNjMwNzgyMg.

XO PB. o.J. Facebook. Zugriff am 29. Oktober. https://www.facebook.com/events/2014467378623007/.

Zembylas, Tasos und Peter Tschmuck. 2006. *Kulturbetriebsforschung. Ansätze und Perspektiven der Kulturbetriebslehre*. Wiesbaden: VS Verlag für Sozialwissenschaften.

Interview mit Markus Runte

Was war Ihrer Erinnerung nach Ihr erstes »PopMusikEvent«?
Was war das Besondere daran, dass Sie sich bis heute daran erinnern?

Das erste Popevent war in meiner Jugend in den 1980er Jahren, ein Open-Air-Festival im Hermann-Löns-Stadion in Neuhaus. Die Besonderheit war, dass es mein erstes Konzert dieser Art mit Musiker*innen war, die sonst nur in damaligen Medien zu sehen waren. Besonders die entspannte Atmosphäre eines schönen Sommertages bis in die späten Abendstunden in Verbindung mit der Musik haben mich nachhaltig beeindruckt.

Können Sie diese besondere Erinnerung mit Ihrem heutigen Beruf in Zusammenhang bringen?
Inwiefern hat das Ihren beruflichen Werdegang beeinflusst?

Der heutige Beruf des Kunsthistorikers hat weniger mit Events dieser Art zu tun, jedoch versuche ich in den Veranstaltungen des Stadtmuseums, ob im Innen- oder Außenbereich, atmosphärische Stimmungen zu erzeugen die »hängen bleiben«, nachhaltig beeindrucken und zur Wiederkehr und Erinnerung in/an das Museum beitragen sollen.

Was machen Sie beruflich?
Warum haben Sie sich für diesen Beruf entschieden?
Wie sah Ihr beruflicher Werdegang aus?

Derzeit leite ich als Kunsthistoriker und Verantwortlicher für Veranstaltungen das Stadtmuseum Paderborn. Nach einer ersten Ausbildung zum »Technischen Zeichner im Maschinenbau« sowie nach dem Abitur auf dem 2. Bildungsweg konnte ich Kunstgeschichte und Germanistik an der HBK in Kassel studieren und erfolgreich abschließen. Kunst- und Stadtgeschichten haben mich schon immer sehr interessiert, diese ebenso lebendig zu vermitteln – daher habe ich mich für den Beruf entschieden.

Beschreiben Sie bitte Ihr berufliches Verhältnis zu Politik und Management vor und während der COVID-19-Pandemie.

Vor und während der Pandemie hat sich in meinem Umfeld wenig verändert. Dank Unterstützung, auch teilweise von Seiten der Politik her, konnte ich im Stadtmuseum alternative Programme anbieten, die Kulturschaffende aber auch interessierte Bürger*innen angesprochen haben. Das war und wird mir auch weiterhin ein wichtiges Anliegen sein.

Was können wir aus den Entwicklungen während der Pandemie über »PopEventKulturen« lernen?

Viele Angebote werden nicht mehr als »selbstverständlich« angesehen – zurecht! Es hat sich gezeigt, dass »Kultur« im weitesten Sinne systemrelevant ist. Ein Umdenken wird und muss stattfinden. Kulturschaffende und Veranstaltungen werden mehr geschätzt.

Was wäre Ihre Vision bzw. Ihr Traum von einem »PopMusikEvent«?

Da gibt es zahlreiche – für Paderborn wäre wünschenswert, dass zum Beispiel eines Tages das große Fußballstadion des SCP für Live-Konzerte geöffnet wird und dort über ein oder mehrere Tage Live-Musik für jeden Geschmack angeboten werden kann. Bielefeld und andere Städte machen es vor, auch unsere Stadt sollte eines Tages nachziehen und Angebote dieser Art schaffen, um die Stadt weiterhin in diesem Sektor attraktiv zu (er-)halten, insbesondere zu stärken.

Die Fragen stellten Beate Flath und Christoph Jacke.

Biographie

Markus Runte M.A., Kunsthistoriker, studierte von 1996 bis 2002 Kunstwissenschaft, Germanistik und Psychologie an der Universität und Kunsthochschule in Kassel. Von 1997 bis 2002 war er wissenschaftlicher Mitarbeiter im Museum für Stadtgeschichte in Paderborn. Das Studium beendete er mit einer Arbeit über dem Bauhaus nahestehenden Künstler Robert Michel (1897-1983). 2003 wurde ihm die Leitung des Stadtmuseums Paderborn übertragen. Von 2007 bis 2014 war er zudem Kurator der Städtischen Galerie Am Abdinghof und betreute gleichzeitig die städtische Kunstsammlung. Neben zahlreichen stadtgeschichtlichen Ausstellungen bildet bis heute die Fotografie ein Schwerpunkt seiner Tätigkeiten: 2010, 2012 und 2015 war er einer der Kuratoren der »Paderborner Fototage« mit internationalen Künstler*innen. Von 2014 bis 2017 gestaltete er die Neukonzeption für das Stadtmuseum Paderborn mit. Ein wichtiger Baustein im Stadtmuseum sind neben seinen Sonderausstellungen Veranstaltungen im »Offenen Foyer« mit Paderborner Kulturschaffenden und Wissenschaftler*innen, die über die Stadt arbeiten. Informationen unter www.paderborn.de/stadtmuseum.

Popmusikfestivalbesuche als Ritual der Alltagskolorierung

Maryam Momen Pour Tafreshi

Im Jahr 2020 ist die Weltbevölkerung aufgrund der Corona-Pandemie geprägt von Social Distancing, Lock-Downs und Hygieneschutzverordnungen. Die Geburtstagsfeier eines Familienmitglieds, das Kneipen-Konzert oder der Festivalbesuch werden zum Infektionsrisiko. Im Frühjahr 2020 erreichte die erste Infektionswelle ihren Höhepunkt in Deutschland. Großveranstaltungen wie Musikfestivals wurden bis Ende Oktober 2020 untersagt – mit Aussicht auf Verlängerung. Das Virus zwang die Menschen dazu, die meiste Zeit in ihren Wohnungen zu bleiben und die sozialen Kontakte auf ein Minimum zu beschränken. Das Arbeiten im Homeoffice wurde zum Dauerzustand und Kurzarbeit war an der Tagesordnung. Mund-und-Nase-Bedeckungen sowie Desinfektionsmittel sollten alltägliche Begleiter werden. Der Alltag der Menschen in Deutschland veränderte sich schlagartig. Zum einen wurden jegliche Freizeitaktivitäten unterbunden und zum anderen stand der gewohnte Alltag Kopf.

Ganz allgemein ist das Leben der meisten Menschen von einem mehr oder weniger geregelten Alltag geprägt, welcher zeitweise durch eine Auszeit unterbrochen wird. Dabei geht es grundsätzlich nicht um eine Bewältigung des Alltags, sondern um eine Alltagskolorierung, eine Art Abwechslung vom Alltag in positiver Hinsicht, ohne dass der Alltag als negatives Element gilt. Der Besuch von Popmusikfestivals kann Alltagskolorierung beeinflussen. In der hier vorgestellten Studie wurden eben diese Thesen und der Ritualcharakter dieser Besuche untersucht. Fokussiert wurde, wie sich das Erlebnis des Popmusikfestivals auf die Besuchenden auswirkt und inwieweit ihr Alltag dadurch beeinflusst wird bzw. ob dabei eine Art bewusste oder unbewusste Loslösung vom Alltag und in diesem Sinne auch rituelle Wiederholungen und Handlungen erfolgen. Dazu wurden Besuchende von nicht-urbanen Popmusikfestivals in teilstrukturierten leitfadengestützten Tiefeninterviews zu ihren Popmusikfestivalbesuchen und ihrem Alltag befragt. Zentral war die Frage, ob und wenn ja inwiefern Festivalerlebnisse in den Alltag hineinwirken.

Popmusikfestivals stellen eine Form von Events dar, welche in der hier vorgestellten Untersuchung als Teil der Eventisierung nach Ronald Hitzler (2011) betrachtet wurden. Diese steht in einem einem engen Zusammenhang mit dem Konzept »Erlebnisgesellschaft« nach Gerhard Schulze (2005), welche ihren Namen dem Bedürfnis nach besonderen Erlebnissen verdankt und westlich geprägte spätmoderne Gesellschaften beschreibt.

In der hier präsentierten Untersuchung wurden drei Personengruppen fokussiert: Studierende, Vollzeiterwerbstätige unter 30 Jahren sowie Vollzeiterwerbstätige über 40 Jahre. Jede Gruppe wurde jeweils von einer männlichen und einer weiblichen Person vertreten. Dementsprechend wurden drei männliche und drei weibliche Vertretende interviewt. Es wurden ausschließlich Besuchende von nicht-urbanen, mehrtägigen Popmusikfestivals, welche eine außeralltägliche Umgebung und Erfahrung durch mindestens zwei Übernachtungen auf dem Festivalgelände und Entfernung zum Wohnort bieten, befragt.

Zu Beginn des Beitrages werden die theoretischen Grundlagen kurz erläutert, um eine Beziehung zwischen den Begriffen zu veranschaulichen. Nach einer Beschreibung der Methode und der Darlegung des Leitfadens folgt die Interpretation der Untersuchungsergebnisse. Die Zusammenfassung der Ergebnisse gibt eine erste Antwort auf die Frage, inwiefern Besuche von Popmusikfestivals ein Ritual der Alltagskolorierung darstellen können.

Theoretische Rahmung

Die Untersuchung baut auf den Begriffen Alltag, Ritual, Event, Eventisierung und Erlebnisgesellschaft auf. Kern der Erlebnisgesellschaft ist das »Projekt eines schönen Lebens« (Schulze 2005, 37 f.), welches Individuen mit innenorientierten Lebensauffassungen verfolgen. Innenorientierte Lebensauffassungen meinen eine Erlebnisorientierung, die eine »Ästhetisierung des Alltagslebens« (Schulze 2005, 38) ist und sich auf das »Schöne« richtet. Sie tragen jedoch gleichermaßen zur »Individualisierung des Subjekts« bei. Einerseits suchen Individuen das individuelle Erlebnis, andererseits ein »Wir-Gefühl«. Das Selbsterlebnis ist dabei die Selbstpräsentation des Subjekts sowie das Gemeinschaftserlebnis (Elfert 2009, 91 ff.). Events können daher als für die Erlebnisgesellschaft konstitutiv erachtet werden.

Events bezeichnen eine spezifische Variante des Festlichen. Jennifer Elfert (2009) definiert basierend auf einer Definition des Deutschen Kommunikationsverbands Events wie folgt: »Unter Events werden inszenierte Erlebnisse verstanden, die durch erlebnisorientierte Veranstaltungen emotionale und physische Reize darbieten und einen starken Aktivierungsprozess auslösen« (Elfert 2009, 92). Zudem sind sie »aus dem Alltag herausgehobene, raumzeitlich verdichtete, interaktive ›Performance-Ereignisse‹« (Gebhardt, Hitzler, Pfadenhauer 2000, 12). Anhand eines Überangebots von Events, wie z.B. Popmusikfestivals, spricht Hitzler (2011) von Eventisierung, im Sinne von Angebot und Nachfrage bzw. einer gesellschaftlichen Bewegung und eines Prozesses, der hinter einem bestimmten Event vollzogen wird (Hitzler 2011, 20 ff.). Das stetige Ansteigen des Eventangebotes bezeichnet Winfried Gebhardt (2000) als Multiplizierung von Ereignissen, welche nicht zu besonderen Anlässen, wie Feiertage oder persönliche Anlässe, sondern aus willkürlichen oder kommerziellen Gründen veranstaltet werden (Gebhardt 2000, 26). Aufgrund des massiven Eventangebots ist es jedem Subjekt möglich, sich zu jederzeit und überall für das individuell »beste« Erlebnis-Angebot zu entscheiden (Hitzler 2000, 406). Besuche von Events bzw. Popmusikfestivals stellen eine Abwechslung vom Alltag dar. Dadurch ist es in der Erlebnisgesellschaft möglich, den Alltag zu kolorieren und das »Projekt eines schönen Lebens« zu realisieren. Dabei gilt Alltagskolorierung als eine positiv konnotierte Form der Alltagsbewältigung.

Rituale spielen in diesem Zusammenhang eine wichtige Rolle und teilen einige Eventeigenschaften. Harald Schroeter-Wittke (2017) beschreibt das Ritual als eine transzendierende Unterbrechung des Alltags, wohingegen das Event das routinierte Außeralltäglichkeitserleben darstellt (Schroeter-Wittke 2017, 73). Beides ist somit als eine Unterbrechung von, eine Abgrenzung zu oder ein Heraustreten aus dem Alltag zu verstehen. Folgt man Ruprecht Mattig (2009), bezeichnen Rituale in Zusammenhang mit Popkulturen zeitlich geordnete Handlungssequenzen, bei denen die Beteiligten verschiedene Rollen einnehmen, z.B. die des Publikums (Mattig 2009, 34). Der wesentliche Unterschied von Events und Ritualen ist der magisch-religiöse Zweck, aus dem Rituale durchgeführt werden. Popmusikfestivals bieten eine Art Kult, der mit diesem Zweck verglichen werden kann. Einige Popmusikfestivalabläufe haben einen »rituellen Zauber«, wie z.B. die Verschmelzung von Menschen durch das Tanzen oder sich wiederholende Gesten des Jubelns (Mattig 2009, 11 ff.).

Bei dem Erleben und der Durchführung eines Rituals, ob religiös oder gesellschaftlich geprägt, wird praktisches Wissen darüber erworben, in welchen bestimmten sozialen Zusammenhängen welches Verhalten angemessen ist. Mattig (2009) spricht dabei von einer Bearbeitung sozialer Differenzen, welche aufgehoben, gefestigt oder hervorgebracht werden können. Diese Bearbeitung kann sich »schließlich auf den Übergang von Individuen oder Kollektiven von einem Status oder Zustand zu einem anderen beziehen« (Mattig 2009, 36). Übergangsrituale von »tribal societies« nach Victor Turner (1989) beinhalten eben diesen Übergang und bestehen aus drei aufeinanderfolgenden Phasen: Trennungsphase, Schwellenphase, Angliederungsphase. Die Schwellenphase beschreibt das Durchschreiten eines kulturellen oder sozialen Bereichs, der sowohl mit dem vergangenen als auch mit dem zukünftigen Zustand keine Ähnlichkeiten aufweist (Turner 1989, 94 f.). Die Liminalität bzw. der Schwellenzustand dieser Rituale stellt die Grundlage für die ihr ähnelnde Liminoidität dar (Turner 1974). Liminoidität bezeichnet Phänomene, »die nicht im Kontext expliziter Übergangsrituale verortet sind, aber in ihrer symbolischen Ausgestaltung und sozialen Funktion Gemeinsamkeiten mit der liminalen Phase aufweisen« (Mattig 2009, 61). Liminoidität steht im Zusammenhang mit freiwilligen Ritualen bzw. ist rituell-ähnlichen Vorgängen zuzuordnen und betrifft zunächst nur das Individuum spätmoderner Gesellschaften. Außerdem unterliegt das Liminoide den Marktbedingungen und kommt weitgehend ohne transzendentalen Bezug aus. Der Begriff dient als Hintergrundfolie zur Beschreibung dessen, was Besuchende von Popmusikfestivals während ihres Aufenthalts erleben. Zudem wird der Festivalbesuch selbst ebenfalls als eine rituelle Handlung verstanden. Dabei ist auch das gemeinsame Erleben der Selbst-Inszenierung von Bedeutung, da dieses bereits als rituelle Handlung verstanden werden kann.

Methodisches Vorgehen

Die vorangegangenen begrifflichen Zusammenhänge stellen die theoretische Grundlage der Fragestellung dar, inwiefern die Besuche von Popmusikfestivals ein Ritual der Alltagskolorierung sind. Die Fragestellung wurde mithilfe von Leitfadeninterviews untersucht. Die Stichprobe bildet einen für diese Untersuchung angemessenen Querschnitt der Grundgesamtheit ab, da es nicht möglich ist, »alle Elemente einer Grundgesamtheit zu untersuchen« (Mayer 2009, 38). Vor diesem Hintergrund sind Leitfadeninsterviews »das einzig sinnvolle Forschungsinstrument, wenn Gruppen von Menschen, die auch in großen Stichproben oft in zu kleiner Zahl angetroffen werden, erforscht werden sollen« (Atteslander 2008, 132). Konkret wurde das qualitative, teilstrukturierte Tiefeninterview als Methode gewählt, da das Erleben der Festivalbesuchenden subjektiv und teils unbewusst ist. Zudem konnte erfasst werden, inwiefern die einzelnen Personen rituelle Handlungen oder ritualähnliche Vorgänge auf einem Festival vollziehen. Durch den Leitfaden war ein direkter Vergleich der Antworten möglich. In Hinblick auf die Fragen und die Themenblöcke stützte sich die Untersuchung z.B. auf Ergebnisse empirischer Forschungen von Heather E. Bowen und Margret J. Daniels (2005) sowie Beate Flath (2017), die ähnliche Fragestellungen behandelten. Die zentrale Herausforderung in der Formulierung der Fragen war, nicht immer bewusste Handlungen und Erlebnissen zu erfragen. Die Anlage des methodischen Designs ist damit vorrangig explorativ.

Die Themenblöcke des Leitfadens waren in gegliederter Reihenfolge die Frequenz von Festivalbesuchen, Motive für Festivalbesuche, Rituale bzw. rituelle Handlungen vor und auf dem Festival, musikalisches Erleben auf den Konzerten, das Hineinwirken von Festivalerlebnis und -erinnerung in den Alltag, Rituale bzw. rituelle Handlungen nach dem Festival, die Alltagsstruktur und letztlich ein Ausblick auf kommende Festivalbesuche und damit zusammenhängende Empfindungen und Gedanken.

Ergebnisse und Interpretation

In der Auswertung der transkribierten Interviews mit Hilfe der qualitativen Inhaltsanalyse nach Mayring (2015) ergaben sich folgende Hauptkategorien: Hineinwirken von Festivalerlebnissen und -erinnerungen in den Alltag, Festival-Rituale sowie Motive für den Festivalbesuch. Bereits aufgrund der ersten Kategorie ist ein direkter Alltagsbezug des Festivalbesuchs erkennbar.

Positive Auswirkungen auf den Alltag äußern sich durch soziale Kontakte (z.B. neu geknüpfte Freundschaften), verschiedene musikalische Aspekte (z.B. das Hören der Festivalmusik im Alltag), emotionale bzw. mentale Empfindungen, positive Erinnerungen (emotional, mental, digital als Fotos oder Videos und physisch in Form von Merchandise) sowie das Urlaubsempfinden verbunden mit der Vorfreude und dem Hineinwirken in den Alltag. Diese Auswirkungen sind teilweise von kurzer Dauer, wie beispielsweise das Urlaubsgefühl, oder langanhaltend, wie Erinnerungen und Emotionen. Bei den physischen und digitalen Erinnerungen geht es jedoch nicht nur um die eigenen Fotos, Videos und Merchandise-Artikel, sondern auch um das Wahrnehmen digitaler Berichterstattung oder das Erkennen anderer Festivalbesuchenden außerhalb des Festivalkontextes durch Merchandise-Artikel und daraus entstehende neue soziale Kontakte.

Negative Aspekte, wie die körperlichen und finanziellen Auswirkungen, wurden ebenfalls genannt. Es überwiegt jedoch der positive Einfluss des Festivalerlebens auf den Alltag, da die negativen Auswirkungen eher kurzfristig sind, wie körperliche Schmerzen durch das Zelten oder Tanzen in der Menge. Auch die finanziellen Auswirkungen sind nicht mit den positiven zu vergleichen, da sie lediglich von dem befragten Studenten genannt wurden und eher den Geldverlust angesichts der hohen Kosten auf einem Festival betonen.

Die sozialen Kontakte, die auf Festivals entstehen, bleiben gegebenenfalls auch im Alltag bestehen. Durch die Motivforschung ist belegbar, dass Bekanntschaften und Freundschaften gleichermaßen positiv zum Alltagsleben beitragen, da z.B. gemeinsame Unternehmungen, wie Festivalbesuche, als häufiges Motiv des »Entfliehens aus dem Alltag« genannt werden (vgl. auch Crompton & McKay 1997; Bown & Daniels 2005; Flath 2017, 5).

Die Motive für den Festivalbesuch zeugen ebenfalls von einem starken Bezug zum Alltag, denn die Aussage aller Befragten, dass der Festivalbesuch als Abwechslung zum Alltag wahrgenommen wird, belegen den Alltagsbezug. Der »soziale Aspekt« zeigte sich im Gemeinschaftserlebnis als weiteres Motiv. Der Alltagsbezug ist bei diesem Motiv einerseits durch das gemeinsame Erleben mit Freundinnen und Freunden aus dem Alltag zu erkennen, andererseits verfolgen die sozialen Kontakte gegebenenfalls ebenso das Motiv »Abwechslung vom Alltag«, sodass dieses Vorhaben ein gemeinsames ist. Auch das Motiv, Popmusikfestivals aufgrund der Musik zu besuchen, nannten alle Befragten. Das Hören der Festivalmusik im Alltag verschafft ihnen ein positives Gefühl und ruft Emotionen hervor, die den Alltag kolorieren. Nur eine Person meidet Festivalmusik nach dem Festival und hört hingegen Kontrastmusik, die ihr gefällt. Das Motiv, Spaß haben zu wollen, das konkret mit dem »Projekt eines schönen Lebens« in Beziehung steht, nannten vier von sechs Befragten.

Die dritte Hauptkategorie stellten die Festival-Rituale dar. Erfragt wurde hier, inwiefern der Festivalbesuch selbst ein Ritual ist. Ein direktes Merkmal dafür ist die Besuchsfrequenz. Sie ist eine Form des zyklischen Ablaufs, wie bei Übergangsritualen. Die kollektive Dimension des Festivalerlebnisses spricht gleichermaßen für die Nähe zum Ritual, denn dieses wird innerhalb einer Gemeinschaft oder sozialen Gruppe vollzogen.

Alle Befragten betreiben Festival-Rituale bewusst oder unbewusst. Dabei ist das »aktive Musikerleben« das einzige Ritual, welches von allen Befragten durchgeführt wird, da sie alle die Rolle des Publikums einnehmen. Außerdem bedienen sie sich dabei gestischer und szenischer Arrangements, wie z.B. des Call-and-Response-Schemas. Der »rituelle Zauber«, den Mattig (2009) der Musik zuspricht, findet sich auch bei weniger aufwendigen aktiven Musikerlebnissen wieder. Schon das Mitsingen und das Tanzen zur Musik oder das Jubeln und Armschwenken geben dem Musikerleben ein rituelles Setting, sodass alle Befragten ausnahmslos das »aktive Musikerleben« als Festival-Ritual vollziehen. Zudem bestätigten alle Befragten, dass das konzertgebundene Musikerleben ein Gemeinschaftsgefühl bei ihnen auslöst. Dieses Musikerleben kann im Nachhinein als positive emotionale Erinnerung in den Alltag hineinwirken.

Die Unterkategorien »soziale«, »individuelle« und »szenespezifische Rituale« erfordern Planung oder Routine. Sie sind vergleichbar mit einer Tradition. Bei all diesen Ritualen ist der soziale Bezug grundlegend, da sie in einer Gruppe stattfinden. Die Individuen führen sich voreinander auf, wodurch eine rituelle Differenzbearbeitung und ein Status- bzw. Zustandswechsel möglich sind. Auf diese Weise kann soziales Wissen erlangt werden. (Mattig 2009, 36)

Weitere Unterkategorien waren »Alkoholkonsum«, »Verzicht auf mobile Endgeräte«, »organisatorische Rituale« und »ortsbezogene Rituale«. Die beiden letzteren haben nur das Ritual-Element der immer gleichen Abläufe. Der »Alkoholkonsum« stellt eine auf das Individuum bezogene Veränderung des Zustands dar, wie es bei Übergangsritualen zu finden ist, welche weder dem vorherigen noch dem zukünftigen Zustand ähnelt. Ein Statuswechsel bleibt dabei hingegen eher aus. Der »Verzicht auf mobile Endgeräte« ist deutlicher mit einem Ritual vergleichbar. Der soziale Status der Person verändert sich, da sie mobil nicht erreichbar und somit mehrere Tage aus der digitalen Gemeinschaft ausgeschlossen ist. Dies wurde ausschließlich von unter 30-Jährigen angegeben. Diese Antwort lässt sich auf ihr Alter zurückführen. Sie sind Teil der »Generation Handy«, zu der all diejenigen gehören, die »sich kaum noch vorstellen können, ohne Handy zu leben« (Bleuel 2008, 13). Für sie ist dieses Festival-Ritual eine Abwechslung vom Alltag und eine Form des Freiheitsgefühls.

In Bezug zur Liminoidität zeigt diese Studie, dass die Rituale auf einem Festival auf das Individuum bezogen sind. Zudem finden sie freiwillig statt. Sie alle sind zeitlich begrenzt und somit kein dauerhafter Zustand. Alle Befragten vollziehen demnach Festival-Rituale und werden von ihnen beeinflusst. Rituale wie diese sind bedeutsam und notwendig in allen Bereichen spätmoderner Gesellschaften (Mattig 2009, 10).

Inwiefern der Besuch eines Popmusikfestivals ein Ritual der Alltagskolorierung sein kann, lässt sich zunächst mit dem außeralltäglichen Erlebnis des Besuchs argumentieren, welches eine Auszeit vom Alltag ist. Ein Ritual im individuellen Alltag dient dazu, die alltäglichen Probleme auf Abstand zu halten. Das Ritual ist dabei eine »Erfahrung einer besonderen, intensiven Zeit« (Zirfas 2004, 11) und spricht für den Festivalbesuch als Ritual der Alltagskolorierung. Die Zeit mit Freundinnen und Freunden, Spaß und das Musikerleben tragen zum positiven Erlebnis bei. Der Festivalbesuch kann als Inszenierung einer gemeinsamen Realität der Besuchenden gesehen werden. Diese Inszenierung gemeinsamer Realität beschreibt Zirfas (2004) als Anschein des Teilhabens an der Ewigkeit (Zirfas 2004, 11). Damit zu vergleichen ist auch das Freiheitsgefühl bzw. das Motiv der Freiheit. Diese intensive Form der gemeinsamen Realität entsteht durch die »räumliche und zeitliche Verdichtung ritueller Veranstaltungen« (Zirfas 2004, 11). Zum einen ist das Festival an sich eine rituelle Veranstaltung. Zum anderen beschreiben vor allem die Konzerte diese Verdichtung. So ist es möglich, dass sich das Freiheits- bzw. Ewigkeitsgefühl weiter ausdehnt und bis in den Alltag hineinwirkt. Gebhardt (2000) bezeichnet das Event als eine den Alltag transzendierende Welt, was auch auf das Festival zutrifft, denn die Befragten beschrieben Festivals als »eigene Welt« bzw. »Gemeinschaft«, sodass es sich bei einem Event um eine außeralltägliche Erfahrung handelt. Das Ritual ist ein Gesamtkunstwerk, welches eine außeralltägliche Erfahrung hervorruft (Mattig 2009, 39) und der Festivalbesuch ist deutlich als außeralltägliches Erlebnis zu definieren. Dadurch wird die Annahme des Festivals als Ritual der Alltagskolorierung gestützt.

Zusammenfassung

Die hier präsentierte explorative Studie zeigt, dass die Befragten unabhängig von Alter, Gender und Erwerbstätigkeit durch den Festivalbesuch eine positiv wahrgenommene Alltagskolorierung erleben. Dabei zeigen die genannten Motive, Popmusikfestivals zu besuchen, den Wunsch den eigenen Alltag emotional positiv zu färben. Auch Rahmenbedingungen wie Ort oder Termin eines Festivals können in gewisser Weise zur Alltagskolorierung der Besuchenden beitragen. Alle Befragten gaben an, dass sie auf verschiedene Art und Weise in ihrem Alltag vom Festivalbesuch beeinflusst werden. Erinnerungen in physischer, mentaler oder digitaler Form, z.B. Merchandise, Fotos oder Erinnerungen an bestimmte Emotionen oder Erlebnisse vor Ort, sorgen für nachhaltige Alltagskolorierung.

Die Musik spielt eine wesentliche Rolle bei dieser Alltagskolorierung. In allen vorgestellten Hauptkategorien waren musikalische Aspekte vorhanden. Ob das Konzerterlebnis, das Hören der Festival-Musik oder die Interaktion mit Bands – der Einfluss von Musik ist von allen Befragten genannt worden. Dieser musikalische Einfluss wirkt auch noch in den Alltag hinein und koloriert ihn nachhaltig. Den Alltag beeinflusst die Musik insofern, als dass sie zu jeder Zeit, an fast jedem Ort zugänglich ist und so Popmusikfestivalerlebnisse und -erwartungen allgegenwärtig sein können.

Die in den Interviews genannten Festival-Rituale unterstützen zudem die Annahme, dass Besuche von Popmusikfestivals Rituale der Alltagskolorierung sein können. Die Subjekte durchleben verschiedene liminoide Ereignisse, die sie langfristig beeinflussen. Weitere Erkenntnisse bezüglich des Festivalbesuchs als Ritual sind Merkmale, wie z.B. die zyklische Wiederholung der Besuche. Die Liminoidität des Festivalbesuchs konnte deutlich herausgearbeitet werden, da das Subjekt im Vordergrund steht und das Festival als außeralltägliches Erlebnis freiwillig besucht. Außerdem ist kein direkter transzendentaler Bezug zu finden und das Festival unterliegt gewissen Marktbedingungen. Des Weiteren empfinden alle Befragten das Festival als Gemeinschaftserlebnis. Während des Festivals erweitern sie ihre Persönlichkeit und ihr soziales Wissen. Diese Entwicklung koloriert im Nachhinein den Alltag der Besuchenden von Popmusikfestivals. Auch die Unternehmung mit der gleichen Personengruppe wirkt in den Alltag hinein. Durch das gemeinsame Erlebnis fühlen sich die Individuen miteinander verbunden und tauschen sich über den Festivalbesuch aus. Diese Vorfreude und Rückblenden kolorieren den Alltag nachhaltig. Andere Rituale, die szenespezifisch sind, wirken sich ähnlich aus wie soziale Rituale. Der Austausch mit anderen Szeneangehörigen in Form von Gesprächen oder Merchandise wirkt mit positiven Emotionen in den Alltag hinein.

Der soziale Aspekt wurde auch in den anderen beiden Hauptkategorien genannt. So spielt das Verhältnis von Individuum und Gemeinschaft bzw. Gesellschaft in mehreren Hinsichten eine Rolle bezüglich des Alltagseinflusses eines Festivals. Beim Musikerleben ist ebenfalls eine soziale Dimension vorhanden: Alle Befragten gaben ein »Wir-Gefühl« in Bezug auf das Konzerterlebnis an. Zudem sind vor allem Rituale, wie das Call-and-Response-Schema, von Bedeutung, die durch mehrere Personen ausgeführt werden müssen, um sie erlebbar zu machen. Auch das Kennenlernen von neuen Menschen trägt zur Alltagskolorierung bei. Die Personen sind aufgrund eines bestimmten Erlebnisses miteinander verbunden. Das Kontakteknüpfen ist sowohl auf dem Festival möglich als auch im Alltag durch das Erkennen von Merkmalen, wie Merchandise-Artikeln. Diese Kontakte können im Alltag bestehen bleiben und ihn kolorieren, denn soziale Kontakte fördern das »Projekt eines schönen Lebens«.

Ausblick

Die Untersuchung zeigt, dass der Besuch von Popmusikfestivals als Ritual der Alltagskolorierung genutzt werden kann und Festivals, Musik sowie bestimmte Abläufe auf einem Festival rituellen Charakter haben. Das Musikerleben und der Popmusikfestivalbesuch lassen sich nachweislich als eine Form der Alltagskolorierung aller Befragten betrachten.

Aufgrund der Eventisierung und des steigenden Angebots an Events ist es möglich, diese positiven Beeinflussungen des Alltags immer wieder zu erreichen. Events bieten die Möglichkeiten, sich dem Alltag zeitweise zu entziehen und in eine »ihn transzendierende Welt« (Gebhardt 2000, 19 f.) zu gleiten. Ein Teil der Befragten bezeichnete Popmusikfestivals ebenfalls als eine eigene »Welt«. Auch das Motiv, Spaß haben zu wollen, zeugt von einer Verbindung zur Erlebnisgesellschaft, in welcher das »Spaß-Versprechen« bei einem Event das zu erwerbende Angebot darstellt.

Mattig (2009) spricht von der »Kraft der Rock- und Popmusik, Menschen zu verzaubern« (Mattig 2009, 11). Diese Aussage ist der Inbegriff des Popmusikfestivalerlebnisses. Popmusikfestivals haben einen Einfluss auf das alltägliche Leben der Menschen und sind wichtige »Tools« für ihre Alltagskolorierung. Musik spielt dabei eine wesentliche Rolle. Das aktive Musikerleben bereichert das Leben der Besuchenden von Popmusikfestivals nachhaltig und ist Teil ihres »Projekts eines schönen Lebens«.

Unter diesen Gesichtspunkten ist erneut die gesellschaftliche Lage aufgrund der Corona-Pandemie zu betrachten. Durch die Pandemie ist es den Menschen kaum bis nicht möglich, ihren Alltag auf diese sehr spezifische

Weise zu kolorieren. Dies ist jedoch sowohl für das Individuum als auch für Gemeinschaften und Gesellschaften eine wichtige Strategie zur Alltagsbewältigung und eine positive Form der Abwechslung vom Alltag oder Alltagsflucht.

Literatur

Atteslander, Peter. 2008. *Methoden der empirischen Sozialforschung*. Berlin: Erich Schmidt Verlag.

Bleuel, Heike-Solweig. 2008. *Generation Handy...grenzenlos im Netz verführt*. St. Ingbert: Röhrig Universitätsverlag.

Bowen, Heather. E. und Margaret. J. Daniels. 2005. »Does the music matter? Motivations for attending a music festival.« *Event Management*, Vol. 9, No. 3: 155-164.

Crompton, John L. und Stacey L. McKay. 1997. »Motives of visitors attending festival events.« Annals of Tourism Research, Vol. 24, No. 2: 425-439.

Elfert, Jennifer. 2009. *Theaterfestival. Geschichte und Kritik eines kulturellen Organisationsmodells*. Bielefeld: transcript.

Flath, Beate. 2017. »Festivals in rural regions: an empirical study on value creation processes by the example of the Orange Blossom Special Festival (OBS).« Zugriff am 28. Juni 2020. https://www.orangeblossomspecial.de/wp-content/uploads/2018/01/Festivals_in_rural-regions_OBS_Beate-Flath_proposal_VMBRDays_2017.pdf.

Gebhardt, Winfried, Ronald Hitzler und Michaela Pfadenhauer. 2000. *Events. Soziologie des Außergewöhnlichen*. Opladen: Leske + Budrich.

Gebhardt, Winfried. 2000. »Feste, Feiern und Events. Zur Soziologie des Außergewöhnlichen«. In *Events. Soziologie des Außergewöhnlichen*, hg. von Winfried Gebhardt, Ronald Hitzler und Michaela Pfadenhauer, 17-31. Opladen: Leske + Budrich.

Hitzler, Ronald. 2000. »›Ein bißchen Spaß muß sein!‹ Zur Konstruktion kultureller Erlebniswelten.« In *Event. Soziologie des Außergewöhnlichen*, hg. von Winfried Gebhardt, Ronald Hitzler und Michaela Pfadenhauer, 401-412. Opladen: Leske + Budrich.

Hitzler, Ronald. 2011. *Eventisierung. Drei Fallstudien zum marketingstrategischen Massenspaß*. Wiesbaden: Springer VS.

Mattig, Ruprecht. 2009. *Rock und Pop als Ritual. Über das Erwachsenwerden in der Mediengesellschaft*. Bielefeld: transcript.

Mayer, Horst. O. 2009. *Interview und schriftliche Befragung*. 5. Aufl. Oldenburg: Oldenburger Wissenschaftsverlag.

Mayring, Philipp A. E. 2015. *Qualitative Inhaltsanalyse. Grundlagen und Techniken*. 12. Aufl. Weinheim und Basel: Beltz.

Schroeter-Wittke, Harald. 2017. »Event(uelle) Kirche«. In *Massen und Masken. Kulturwissenschaftlicher und theologische Annäherungen*, hg. von Richard Janus, Florian Fuchs und Harald Schroeter-Wittke, 71-78. Wiesbaden: Springer VS.

Schulze, Gerhard. 2005. *Die Erlebnisgesellschaft. Kultursoziologie der Gegenwart*. Frankfurt a.M.: Campus.

Turner, Victor. 1974. »Liminal to Liminoid, in Play, Flow, and Ritual: An Essay in Comparative Symbology.« *Rice University Studies*, Vol. 60, No. 3 (Summer): 53-92.

Turner, Victor. 1989. *Das Ritual. Struktur und Anti-Struktur*. Frankfurt a.M.: Campus.

Zirfas, Jörg. 2004. *Vom Zauber der Rituale: der Alltag und seine Regeln*. Leipzig: Reclam.

Kulturelle Nachhaltigkeit erlebnisreich vermitteln
Nachhaltigkeitsorientierte Eventkommunikation am Beispiel des Deutschen Evangelischen Kirchentags

Kristian Keuer

> »Menschen leiden. Menschen sterben. Ganze Ökosysteme kollabieren. Wir stehen am Anfang eines Massensterbens und alles, worüber ihr reden könnt, ist Geld und Märchen über unendliches wirtschaftliches Wachstum. Wie könnt ihr es wagen!« (übersetzt aus der Rede von Greta Thunberg bei der UN-Klimakonferenz vom 23.09.2019).

Mit diesen Worten hat die Gründerin der Fridays for Future-Initiative Greta Thunberg die ökologische Dimension von Nachhaltigkeit emotional hervorgehoben und den bestehenden Diskurs um Nachhaltigkeit aufgeladen sowie öffentlichkeitswirksam verschärft. Das Thema Nachhaltigkeit durchdringt und spaltet die Gesellschaft. Mit Blick auf Events oder Großveranstaltungen wird diesen häufig ein ambivalentes Verhältnis zur Nachhaltigkeit nachgesagt, in welchem sie zum einen die Kulturlandschaft prägen und sich großer Beliebtheit erfreuen und in welchem ihnen zum anderen hedonistische Eigenschaften vorgeworfen werden, die mit dem starken Verbrauch natürlicher Ressourcen einhergehen. Großveranstaltungen können im Weiteren jedoch als »Zivilisationsagenturen« (Broch 1936, zitiert nach Teissl 2013, 10) einen wichtigen Beitrag zur Diskussion gesellschaftlicher Themen bieten. Sie können dem Thema Nachhaltigkeit öffentliche Präsenz einräumen und mit ihren erlebnisreichen Kommunikationsmöglichkeiten Bildungsansätze für ein verantwortungsbewusstes Denken und Handeln ermöglichen sowie unterstützen. In der Zeit einer komplexen Nachhaltigkeitskommunikation, in welcher die Begrifflichkeit von Nachhaltigkeit stark variiert, das Verständnis von Nachhaltigkeit häufig gegenläufigen Interessen unterliegt und in der Regel von wirtschaftlichen, ökologischen oder sozialen Diskursen bestimmt wird, kann das Event als wichtiges Kommunikationsinstrument, das insbesondere auf einer emotionalen Ebene fußt, zu einer neuen Wahrnehmung und Emotionalisierung des öffentlichen Diskurses um Nachhaltigkeit beitragen. So können Veranstaltungen, aber auch Veranstaltungsinhalte mit den Besuchenden in ein direktes Verhältnis gesetzt werden (vgl. Holzbaur 2016, 3).

Kultur als Dimension der Nachhaltigkeit

Der Begriff Nachhaltigkeit wird im gesellschaftlichen Diskurs, aber im Speziellen auch in der Eventbranche höchst unterschiedlich bewertet und häufig mit einem umweltpolitischen Leitbild um die drei Dimensionen Ökologie, Soziales und Ökonomie assoziiert. Obwohl das in Deutschland weitverbreitete Drei-Säulen-Modell, das die genannten Dimensionen als gleichwertig und gleichgewichtig beschreibt, im gesellschaftlichen und politischen Diskurs großes Ansehen erfährt, birgt es zugleich einen Themen- und Zielpluralismus, welcher die spezifischen Zielvorstellungen und Nachhaltigkeitsaspekte der einzelnen Säulen umfasst. Um einen ganzheitlichen Ansatz zu erfassen, muss das Konzept Nachhaltigkeit erweitert und in ein *integratives Modell* überführt werden. So konstatieren Rainer Lucas und Thomas Matys mit Blick auf das Leitbild der Nachhaltigkeit eine »kulturelle Lücke der Nachhaltigkeit« (2003, 13). Es bedarf daher einer weiteren, kulturellen Dimension, die eine Durchdringung der Gesellschaft verwirklicht, um einen wechselseitigen Austausch von Ökonomie, Sozialem sowie Ökologie zu ermöglichen und einzufordern. Aus der Feststellung, dass bei Abnahme der kulturellen Vielfalt die gesamte Umweltwahrnehmung der Gesellschaft sinkt, ist abzuleiten, dass Kultur einen starken Einfluss auf das Verständnis von Nachhaltigkeit ausübt (vgl. Brocchi 2007, 12). Es bedarf einer kulturell-ästhetischen Ausformung von Nachhaltigkeit, die gleichberechtigt neben Ökologie, Ökonomie und Sozialem auch Kultur als querliegende Dimension umfasst und auf wechselseitigem Austausch basiert (vgl. Kurt/Wagner 2002, 14). Dem gesellschaftlichen Transformationsprozess nach Uwe Schneidewind zufolge kann nur durch eine kulturelle Dimension ein gesellschaftlicher Wertewandel vollzogen werden, der eine integrative Aufarbeitung und Weiterentwicklung der klassischen Nachhaltigkeitsbereiche bedingt (vgl. Schneidewind 2018, 11). Erst durch die Berücksichtigung der Kultur, die durch ihre Wirkkraft die anderen Nachhaltigkeitsaspekte miteinander in direkte Verbindung bringt, entsteht ein ganzheitlicher Ansatz und ein Modell, das Nachhaltigkeit in einem tatsächlich umsetzbaren Modell abbildet. Unter dieser Prämisse geraten Stichworte wie künstlerisch-kulturelle Alltagspraxis, die Aktivierung kultureller Ressourcen und Organisationsformen sowie die Auseinandersetzung mit der heutigen Wechselwirkung zwischen Natur, Kultur und Mensch in den Mittelpunkt (vgl. Merkel/Möller 2017, 108). Die Kultur- und Kreativwirtschaft, Kultur im öffentlichen Raum, künstlerische Auseinandersetzungen, kulturelle Teilhabe, Bildung für Nachhaltige Entwicklung, aber auch Wirkungen, Organisationsstrukturen und Kommunikationsprozesse geraten somit in den Fokus der weiteren Auseinandersetzung.

Events und Nachhaltigkeit

Die Frage, wie Großveranstaltungen mit dem Thema Nachhaltigkeit umgehen, ist ein Thema, dem erst in den vergangenen Jahren eine signifikante Bedeutung beigemessen wurde und das insbesondere aus der Problematik von Belastungen für Mensch und Umwelt erwachsen ist. Veranstalter*innen reagieren in der Planung und Organisation einer Veranstaltung immer mehr, um den gesellschaftlichen Ansprüchen sowie dem Gedanken einer nachhaltenden, zumeist im Sinne einer umweltschonenden Veranstaltung gerecht zu werden. Dennoch wird spektakulären Großereignissen häufig ein widersprüchliches Verhältnis zu Nachhaltigkeit vorgeworfen. Zum einen tragen sie zur Kulturlandschaft bei, erfreuen sich aufgrund ihrer positiven Grundstimmung großer Beliebtheit und unterstützen aktiv Leitbilder der kulturellen Teilhabe sowie der Inklusion. Zum anderen werden oft negative Begleiterscheinungen hervorgehoben, die mit Lärmbelästigung, Vermüllung, einer Steigerungsspirale sowie einem nicht nachhaltigen Verständnis einhergehen. Während immer mehr Veranstalter*innen sich der gesellschaftlichen Verantwortung bewusstwerden, trägt die damit einhergehende, in Teilen öffentliche Wahrnehmung unmittelbar zum Erfolg oder Nicht-Erfolg einer Veranstaltung bei.

Events, als geplante, einzigartige und dialogische, im Sinne von interaktive, Ereignisse, die ein Gefühl exklusiver Gemeinschaft vermitteln, stehen im Schnittpunkt aller möglichen Existenzbereiche und bedienen sich eines kulturellen und ästhetischen Synkretismus (vgl. Gebhardt 2000, 19 ff.) Auf Seiten der Veranstalter*innen setzen sie in ihren Zielen der individuellen und gemeinschaftlichen Wertschöpfung eine systematische Konzeptualisierung voraus, welche unter Berücksichtigung von ökonomischen, ökologischen, sozialen sowie eventspezifischen Zielen zu planen ist und sich somit in einem

Spannungsfeld, das sich in Zielkonflikten spiegelt, bewegt (vgl. Weiß 2008, 247 f.). Die Eventkonzeption bildet somit ein mehrdimensionales und wechselseitiges Konstrukt aus unterschiedlichen Gestaltungsdimensionen ab. Als zentrale Bestandteile gelten der Veranstaltungsort, das Veranstaltungsprogramm, die Beherbergung, der Transport, die Sicherheit, die Infrastruktur, Umweltbedingungen, die Finanzierung sowie Aspekte der Eventgastronomie und Marketing-Mittel (ebd. 249 ff.; vgl. Kästle 2012, 38 ff.). Die Durchführung von Events und die damit einhergehende Ausgestaltung der hier genannten planbaren Prozesse gehen mit vielschichtigen Auswirkungen für Mensch und Umwelt innerhalb der Veranstaltungsregion einher, die sowohl Nutzen als auch Schaden stiften können. In Bezug auf das Konzept von Nachhaltigkeit lassen sich die Wirkungen von Events in direkte und unmittelbare, also zeitlich und räumlich dem Event zuordenbaren, sowie in Arten indirekter und mittelbarer Wirkungen unterteilen.

Ein wichtiger Aspekt in der Wechselwirkung von Nachhaltigkeit und Events ist die Berücksichtigung der nachhaltigen Entwicklung als Randbedingung für die Organisation und Durchführung des Events (Holzbaur 2016, 21). So gilt es die Wirkungen von Events miteinzubeziehen und die einzelnen Gestaltungsdimensionen unter Berücksichtigung nachhaltiger Gesichtspunkte zu planen und umzusetzen. Während sowohl die Verantwortlichkeit als auch die Zielgestaltung für ein gesamtes Event bei den Veranstalter*innen verbleibt, stellen interessierte Gruppen Anforderungen und Ansprüche an das Event. Im Rahmen des Eventmanagements existieren mehrere Orientierungsmodelle, die sich an dem klassischen Drei-Säulen-Modell, an unterschiedlichen Leitstrategien oder auch einzelnen Eventkomponenten ausrichten (vgl. Holzbaur 2015, 27 f.). Die für das Eventmanagement wichtigen Faktoren sind neben wirtschaftlichen und sozialen Aspekten gegenüber Mitarbeiter*innen und Teilnehmer*innen auch Ressourcennutzung und Energieverbrauch beim Event und im Umfeld, Schutz der natürlichen Umwelt am Veranstaltungsort, Partizipation, Barrierefreiheit sowie Verantwortungsübernahme und Förderung von nachhaltiger Entwicklung (vgl. Holzbaur 2016, 22). Neben der Berücksichtigung ökologischer Auswirkungen wie dem Ressourcenverbrauch und dem CO_2-Ausstoß, sozialer Auswirkungen wie z.B. Geschlechtergerechtigkeit oder kulturelle Teilhabe und wirtschaftlicher Auswirkungen, z.B. dem Konsumverhalten oder lokale Wirkungen, lässt sich so auch das von der UNESCO gefasste Weltaktionsprogramm Bildung für Nachhaltige Entwicklung im Rahmen von Veranstaltungen integrieren.

Dem folgend richtet sich das Eventmanagement an einem komplexen und dynamischen Nachhaltigkeitsverständnis aus.

Nachhaltigkeitsorientierte Eventkommunikation

Die Kommunikation nachhaltiger Maßnahmen und Eigenschaften kann für Organisationsformen sowie für Events zu einer positiven Reputation beitragen (vgl. Krys 2017). Eine nachhaltigkeitsorientierte Außendarstellung kann ein Vertrauensverhältnis in der Öffentlichkeit schaffen und zu Wettbewerbsvorteilen gegenüber nicht nachhaltig denkenden Unternehmen oder Veranstalter*innen führen, während beim Ausbleiben oder bei Mängeln in der Kommunikation von Nachhaltigkeit die verantwortlichen Personen hingegen Gefahr laufen in der öffentlichen Wahrnehmung negativ aufzufallen (vgl. Mast/Fiedler 2007, 5). Die Vermittlung eines Leitbildes der nachhaltigen Entwicklung und dieses mit den Menschen zu gestalten, bilden demnach die zentralen Aufgaben von Nachhaltigkeitskommunikation (vgl. Reinermann/Lubjuhn 2011, 43). Das Fehlen einer eindeutigen Definition sowie durch die hohe Komplexität des Nachhaltigkeitsbegriffs können jedoch die Kommunikation von und über nachhaltige Belange erschweren. Es gilt die Mehrdimensionalität und Wechselwirkungen zwischen den einzelnen Dimensionen zu berücksichtigen und eine widersprüchliche Kommunikation zu vermeiden (vgl. Pfeiffer 2004, 179). Dem Leitbild einer kulturellen Nachhaltigkeit folgend, ist besonders zu berücksichtigen, dass ein solches integratives Nachhaltigkeitsverständnis und die Wirkungen der einzelnen Komponenten mit der Absicht einer nachhaltigkeitsorientierten Eventgestaltung häufig nicht direkt erkennbar sind. Während die allgemeine Leitidee des Nachhaltigkeitskonzeptes zwar breite öffentliche Resonanz und auch an Alltagsmentalitäten Anschluss findet, ist das entscheidende Problem, dass das Nachhaltigkeitskonzept als solches zu allgemein ist, um mobilisierungsfähig zu sein sowie nicht in hinreichendem Maße Handlungsmotive oder auch Emotionen bindet (vgl. Brand 2000, 13 f.). Als mögliche Antwort auf eine solche fehlende emotionale Bindung an den Begriff Nachhaltigkeit lässt sich folglich der Erlebnischarakter fassen, der sich insbesondere in der Event- und Veranstaltungsbranche als wichtiges Merkmal von Nachhaltigkeitskommunikation sowie von Imagebildung wiederfinden lässt (vgl. Krause 2007, 59). Events können als Plattform der erlebnis- und dialogorientierten Kommunikation zu einer direkten Auseinandersetzung mit der Öffentlichkeit beitragen. Nachhaltigkeitsorientierte Themen samt ihrer Problemwahrnehmungen können auf diesem Weg aktivierend vermittelt sowie Prozesse der Meinungsbildung verstärkt und verkürzt werden.

In einem direkten und dauerhaften Dialog, der sich mit partizipativen Elementen auszeichnet, lassen sich eine für die Veranstalter*innen, Besucher*innen und weiteren beteiligten Akteure nachvollziehbare und gültige, aber auch transformative reflexive Definition von Nachhaltigkeit schaffen (vgl. Renn 2001, 129 ff.). In ihrer Dialogfunktion und in ihrer Fähigkeit, Gemeinschaftsgefühle sowie positive Emotionen zu erzeugen, schaffen es Events, einen veränderten kommunikativen Rahmen zu bilden, in dem das Nachhaltigkeitsleitbild erlebnisreicher gestaltet wird, und können somit zur Emotionalisierung des Begriffes beitragen. Wie eine solche nachhaltigkeitsorientierte Kommunikation im Kontext von Großveranstaltungen gelingen kann, wurde am Praxisbeispiel des Deutschen Evangelischen Kirchentags untersucht.

Praxisbeispiel Kirchentag

Der Deutsche Evangelische Kirchentag ist ein alle zwei Jahre mit bis zu 300.000 Besuchenden stattfindendes Großereignis mit wechselndem Austragungsort. Die Programmstruktur auf einem Kirchentag umfasst neben politisch-gesellschaftlichen und geistlich-religiösen Veranstaltungen, wie Podien-Reihen oder Gottesdiensten, auch gleichberechtigt kulturelle Angebote, z.B. (Groß-)Konzerte oder Tanzaufführungen. Hinsichtlich der partizipativen und transformatorischen Ansprüche, die ein Kirchentag birgt, ist bei diesem auch von einer »schwer zu fassenden Bewegung« (Ueberschär 2016, 8) die Rede. Neben seiner Funktion des kulturellen Ereignisses versteht sich der Kirchentag als (Diskussions-)Plattform für den Menschen und seine Umwelt betreffenden Themen sowie als Bildungsort. Mit Blick auf die organisatorische Umsetzung hat sich der Kirchentag der Ökologie mit dem Grundanliegen der Bewahrung der Schöpfung bzw. zum Erhalt der gottgegebenen Natur verpflichtet. Als zentraler Bestandteil für die Kontrolle und Einhaltung der Umweltleitlinien dient das externe Eco Management and Audit Scheme-Zertifizierungsverfahren (EMAS). Durch seine inhaltlichen Themenschwerpunkte in den Bereichen Verkehr, Energie, Ernährung oder Entsorgung und die Verankerung von Umweltleitlinien und -standards in der Arbeitskultur und deren Umsetzung gilt der Kirchentag heute als eine der umweltfreundlichsten Großveranstaltungen in Deutschland.

In einer explorativen Einzelfallstudie am Beispiel des Deutschen Evangelischen Kirchentags wurde das Verständnis von Nachhaltigkeit für Großveranstaltungen präzisiert und insbesondere die Kommunikation von Nachhaltigkeit erforscht. Bezogen auf die Frage, wie Eventveranstaltende und -verantwortliche Nachhaltigkeit definieren, wurde deutlich, dass sich der Nachhaltigkeitsbegriff innerhalb der Veranstaltungsbranche an den konkreten Dimensionen des Eventmanagements sowie an eventspezifischen Zielsetzungen ausrichtet und ökologische, soziale sowie ökonomische Aspekte umfasst (vgl. Holzbaur 2016, 22). Dem stark verbreiteten umweltpolitischen Leitbild entsprechend, wird Nachhaltigkeit zumeist unter ökologischen Gesichtspunkten aufgefasst und als solche auch kommuniziert.

Der Kirchentag kommt diesem Leitbild mit der Umsetzung eines eigenen Umweltkonzepts als Teil der Eventkonzeption nach, welche durch die starke Orientierung an der EMAS-Zertifizierung bindend und transparent sichergestellt wird. Auch das sozial geprägte Nachhaltigkeitsbild wird innerhalb der Gestaltungsdimensionen der Eventkonzeption berücksichtigt und richtet sich vornehmlich an den Besucher*innen einer Veranstaltung aus. Am Beispiel des Kirchentags manifestiert sich dieses in konkreten, z.T. inklusiven Maßnahmen, wie z.B. in der Einführung von leichter Sprache oder der Berücksichtigung barrierefreier Zugänge. Insbesondere der sozial nachhaltige Aspekt der Bildung geht dabei über die eigentliche Veranstaltung hinaus und begrenzt das soziale Verständnis von Nachhaltigkeit nicht nur auf den Veranstaltungsrahmen. Die ökonomische Dimension von Nachhaltigkeit wird zumeist mit einem ausgewogenen Finanzierungskonzept und wirtschaftlicher Vernunft in Verbindung gebracht. Hierbei korreliert sie häufig mit den kommerziellen Zielsetzungen der Veranstalter*innen und lässt sich im Weiteren durch ökonomische Effekte auf Kooperationspartner oder die Veranstaltungsregion ausweiten.

Während sich die Nachhaltigkeitsdimensionen in ihrer Ausrichtung und Umsetzung von Event zu Event unterscheiden, bleibt dem Großteil aller Veranstalter*innen das Nachhaltigkeitsbild gemein, langanhaltende, positive Erinnerungen bei den Teilnehmenden hervorzubringen (vgl. Pollmann 2007, 38). Diesem Gedanken folgend werden die Besuchenden eines Kirchentags bzw. deren Anwesenheit und Erleben in den Mittelpunkt gerückt. Aus dieser Perspektive lassen sich die ökologischen, sozialen und ökonomischen Nachhaltigkeitsdimensionen mit den Erfahrungen der Besucher*innen zu einem ganzheitlichen Nachhaltigkeitskonzept für Veranstalter*innen sowie beteiligte Personen zusammenführen. Unter Berücksichtigung der Wechsel- und Auswirkungen der verschiedenen Nachhaltigkeitsdimensionen sowie der unterschiedlichen Perspektiven folgt der Kirchentag somit einem Modell, das einer integrativen, kulturellen Nachhaltigkeit nahekommt.

In seinem Ausmaß und seiner Vielschichtigkeit bietet der Kirchentag einen großen Rahmen und mannigfaltige Möglichkeiten, um Nachhaltigkeit jeglicher Art zu kommunizieren. Aufgrund seiner Größe und hohen Beliebtheit, verfügt er über ein breites öffentliches und mediales Interesse, in welchem nachhaltigkeitsorientierte Belange über die einzelne Veranstaltung hinaus positioniert werden können. Die nachhaltigkeitsorientierten Absichten eines Events lassen sich unmittelbar den Zielsetzungen, Leitlinien und Auffassungen der Veranstalterinnen und Veranstalter zuordnen und spiegeln sich, auch in Abhängigkeit des jeweiligen Veranstaltungstypus, in den inhaltlichen Themenschwerpunkten, wie in dem Programm, aber auch in sekundären Dienstleistungen wider.

In seinen Eigenschaften zeichnet sich der Kirchentag durch eine ausgeprägte Dialogfunktion sowie Interaktion zwischen allen Beteiligten aus und bietet in seiner Ausgestaltung einen Rahmen, in dem auch nachhaltigkeitsorientierte Themen dialogisch und aktivierend vermittelt werden können. Durch die Einbindung von stark partizipativen Formaten lassen sich Veranstaltungen wie der Kirchentag weniger als ein konsumierbares Angebot, sondern vielmehr als Plattform verstehen, die einen Rahmen für gemeinsames und individuelles Erleben ermöglicht. In ihrer Eigenschaft, multisensorisch zu wirken und die Gefühlswelten von Besucher*innen anzusprechen, können Events folglich den sachlich komplexen Nachhaltigkeitsbegriff emotionalisieren und vereinfachen.

Innerhalb des Veranstaltungsprogramms eignen sich somit nachhaltigkeitsorientierte, partizipative Angebotsformate im Besonderen, um sich über Nachhaltigkeit zu verständigen und dieses Verständnis für Besuchende erfahrbar zu machen. Da diese Form der Kommunikation dialogisch zwischen den Veranstaltenden und Besuchenden erfolgt, setzt dies eine aktive Auseinandersetzung aller Beteiligten mit den jeweiligen Inhalten voraus. Die Teilnahme, Auseinandersetzung und Reflektion mit dem Veranstaltungsprogramm bzw. mit dem Erlebten kann so zu einer Signalwirkung im Umgang mit Nachhaltigkeit führen. Es gilt jedoch zu beachten, dass lediglich Teilaspekte betrachtet werden und der Begriff Nachhaltigkeit häufig nicht direkt einbezogen wird. Ob Besuchende diese Prozesse als erlebbare Nachhaltigkeit wahrnehmen bzw. mit dem Konzept der Nachhaltigkeit verknüpfen, bleibt offen und gilt es ggf. über einseitige Kommunikationsprozesse bzw. -kanäle auch informell zu fördern. Der Bezug zu einem ganzheitlichen Nachhaltigkeitsbild fällt jedoch schwer.

In seiner Einmaligkeit und Strahlkraft bietet der Deutsche Evangelische Kirchentag die Möglichkeit, Interessen auf nachhaltige Themen zu lenken und nachhaltigkeitsbezogene Prozesse und Debatten öffentlichkeitswirksam zu positionieren. Mit Blick auf die öffentliche Wahrnehmung, die ein entscheidendes Erfolgskriterium darstellt, sind Eventveranstaltende bestrebt, die negativen Wirkungen einer Veranstaltung auf das Umfeld, in dem sie stattfinden, zu minimieren und positive Effekte zu schaffen. Verbrauchte Mittel, zum Teil aus öffentlichen Ressourcen bestehend oder mit öffentlichem Interesse behaftet, sind transparent darzustellen und einem Gegenwert für die Stakeholder, aber auch für die Öffentlichkeit gegenüberzustellen. Dieser Gegenwert kann sich in »Wert-e-schöpfungen« (Flath 2017, 2; in Anlehnung an Paulus/Winter 2014, 133) manifestieren, die sich »aus dem Zueinander von monetären und nicht monetären Komponenten kontext- und akteursspezifisch konstituieren und von den jeweiligen Akteur*innen als unterschiedlich (wertvoll) wahrgenommen (und bewertet) werden« (ebd.). Dabei kann dieser Gegenwert auch über Veranstaltungen hinauswirken und in einem Transformationsprozess für Ort, Individuum und Gemeinschaft münden. Bezogen auf ein ganzheitliches, kulturelles Leitbild von Nachhaltigkeit können Events somit die benötigten Such-, Lern- und Erkundungsprozesse abbilden und als Plattform für neue Werte, Erzählungen, Lebensformen und Haltungen dienen (vgl. Merkel/Möller 2017, 109 f.). In ihrer Zielsetzung und Ausgestaltung können Großveranstaltungen wie der Kirchentag folglich zu einer Eventisierung von Nachhaltigkeit beitragen und den öffentlichen Diskurs um das komplexe Thema Nachhaltigkeit fördern.

Literatur

Brand, Karl-Werner. 2000. »Kommunikation über nachhaltige Entwicklung, oder: Warum sich das Leitbild der Nachhaltigkeit so schlecht popularisieren lässt.« *sowi-onlinejournal*. https://www.sowi-online.de/journal/2000_1/brand_kommunikation_ueber_nachhaltige_entwicklung.html.

Flath, Beate. 2017. »Festivals in rural regions: an empirical study on value creation processes by the example of the Orange Blossom Special Festival

(OBS).« Zugriff am 28. Juni 2020. https://www.orangeblossomspecial.de/wp-content/uploads/2018/01/Festivals_in_rural-regions_OBS_Beate-Flath_proposal_VMBRDays_2017.pdf.

Gebhardt, Winfried. 2000. »Feste, Feiern und Events. Zur Soziologie des Außergewöhnlichen«. In *Events. Soziologie des Außergewöhnlichen*, hg. von Winfried Gebhardt, Ronald Hitzler und Michaela Pfadenhauer, 17-32. Opladen: Leske + Budrich.

Holzbaur, Ulrich. 2015. *Nachhaltige Events. Erfolgreiche Veranstaltungen durch gesellschaftliche Verantwortung*. Wiesbaden: Springer Gabler.

Holzbaur, Ulrich. 2016. *Events nachhaltig gestalten. Grundlagen und Leitfaden für die Konzeption und Umsetzung von Nachhaltigen Events*. Wiesbaden: Springer Gabler.

Kästle, Thomas. 2012. *Kompendium Event-Organisation. Business- und Kulturveranstaltungen professionell planen und durchführen*. Wiesbaden: Springer Gabler.

Krause, Melanie. 2007. »Nachhaltigkeitskommunikation. Motivieren statt deprimieren!« In *Zukunftsfähiges Eventmarketing. Strategien. Instrumente. Beispiele*, hg. von Rainer Lucas, 51-76. Berlin: Schmidt.

Krys, Christian. 2017. »Megatrends. Rahmenbedingungen für unternehmerische Nachhaltigkeit.« In *CSR und strategisches Management. Wie man mit Nachhaltigkeit langfristig im Wettbewerb gewinnt*, hg. von Thomas Wunder, 45-65. Berlin: Springer Gabler.

Kurt, Hildegard und Bernd Wagner. 2002. *Kultur. Kunst. Nachhaltigkeit. Die Bedeutung von Kultur für das Leitbild Nachhaltige Entwicklung*. Essen: Klartext-Verlag.

Mast, Claudia und Katja Fiedler. 2007. »Nachhaltige Unternehmenskommunikation.« In *Handbuch Nachhaltigkeitskommunikation. Grundlagen und Praxis*, hg. von Gerd Michelsen und Jasmin Godemann, 567-578. München: Oekom-Verlag.

Merkel, Christine M. und Lutz Möller. 2017. »Nachhaltigkeit und Kultur. Die Vielfalt kultureller Ressourcen für die Nachhaltigkeitsstrategie heben.« In *Die Deutsche Nachhaltigkeitsstrategie. Wegweiser für eine Politik in die Nachhaltigkeit*, hg. von Gerd Michelsen, 107-122. Wiesbaden: Hessische Landeszentrale für politische Bildung.

Paulus, Aljoscha und Carsten Winter. 2014. »Musiker als Media-Artepreneure? Digitale Netzwerkmedien als Produktionsmittel und neue Wertschöpfungsprozesse.« In *Gravitationsfeld Pop*, hg. von Uwe Breithorn, Thomas Düllo und Sören Birke, 133-142. Bielefeld: transcript.

Pfeiffer, Christiane. 2004. *Integrierte Kommunikation von Sustainability-Netzwerken. Grundlagen und Gestaltung der Kommunikation nachhaltigkeitsorientierter intersektoraler Kooperationen.* Frankfurt a.M.: Peter Lang.

Pollmann, Anne. 2007. »Empirische Befunde zur Eventkultur in Deutschland.« In *Zukunftsfähiges Eventmarketing. Strategien. Instrumente. Beispiele,* hg. von Rainer Lucas, 29-47. Berlin: Schmidt.

Reinermann, Julia-Lena und Sarah Lubjuhn. 2011. »›Let Me Sustain You‹. Die Entertainment-Education Strategie als Werkzeug der Nachhaltigkeitskommunikation.« *Medien Journal* 1, 43-56.

Renn, Ortwin. 2001. »Kooperative Verfahren zur Umsetzung einer nachhaltigen Entwicklung.« In *Vom schwierigen Vergnügen einer Kommunikation über die Idee der Nachhaltigkeit,* hg. von Andreas Fischer und Gabriela Hahn, 122-149. Frankfurt a.M.: Verlag für akademische Schriften.

Schneidewind, Uwe. 2018. *Die große Transformation. Eine Einführung in die Kunst gesellschaftlichen Wandels.* Berlin: S. Fischer Verlag.

Teissl, Verena. 2013. *Kulturveranstaltung Festival. Formate, Entstehung und Potenziale.* Bielefeld: transcript.

Thunberg, Greta. 2019. »Transkript der Rede bei der U.N. Climate Action Summit New York.« Zugriff am 08. September 2020. https://www.npr.org/2019/09/23/763452863/transcript-greta-thunbergs-speech-at-the-u-n-climate-action-summit?t=1599584009633.

Ueberschär, Ellen. 2016. »Deutscher Evangelischer Kirchentag. Einleitung.« In *Deutscher Evangelischer Kirchentag. Wurzeln und Anfänge,* hg. von dies., 8-18. Gütersloh: Gütersloher Verlagshaus.

Weiß, Dirk. 2008. *Strategische Gestaltung des Lebenszyklus von Mega-Events.* Wiesbaden: Springer Gabler.

PopEventKulturen und Institutionen: (Aus-)Bildungen

Interview mit Katharina Pfennigstorf

Was war Ihrer Erinnerung nach Ihr erstes »PopMusikEvent«?
Was war das Besondere daran, dass Sie sich bis heute daran erinnern?

Rainbirds (Katharina Franck) mit Blueprint, Ende der 80er/Anfang der 90er, ein Konzert in einer Toulouser Bar. Kann das sein? Ich bin verwirrt... aber es war so, meine ich. Ich war als Teenagerin mit meiner Mutter und einer Freundin von ihr dort. In Erinnerung geblieben ist mir, dass die Stimmung in diesem kleinen, überschaubaren Lokal unglaublich gut war, dass alle bei Blueprint mitgesungen haben und dass ich mich dieser Gruppe von mir unbekannten Menschen sehr nahe fühlte.

Können Sie diese besondere Erinnerung mit Ihrem heutigen Beruf in Zusammenhang bringen?
Inwiefern hat das Ihren beruflichen Werdegang beeinflusst?

Nein, da gibt es keinen Zusammenhang, denn mein Weg führte mich zunächst in die Heilpädagogik. Allerdings hat mich meine Familie in meiner Kindheit und Jugend gut ausgestattet mit Kunst-Erfahrungen, sowohl zu Hause (viel Musik verschiedener Genres, Kunst, viele Bücher), als auch im Außen (Konzert-, Theater-, Kino- und Museumsbesuche, Kunstmessen) und im Selbermachen (Chor, Instrumentalunterricht).

Was machen Sie beruflich?
Warum haben Sie sich für diesen Beruf entschieden?
Wie sah Ihr beruflicher Werdegang aus?

Mein Weg zur Leiterin des postgradualen Lehrgangs für Kulturmanagement am Institut für Kulturmanagement und Gender Studies (IKM) der Universität für Musik und darstellende Kunst Wien (mdw) war von Zufällen geprägt. Von der Arbeit in Wohngemeinschaften von Menschen mit Behinderungen führte er mich zur Integration von Menschen mit chronischen Erkrankungen in den ersten Arbeitsmarkt und zum systemischen Coaching. Von dort kam ich zum IKM und bekam die Möglichkeit, die Rahmenbedingungen für das Lehren und Lernen im Kulturmanagement-Studium mitzugestalten. Wichtig ist mir dabei, wie schon in vorherigen Kontexten, die Bedingungen so zu gestalten, dass sie den Beteiligten die gewünschte Weiterentwicklung ermöglichen und, in der Erwachsenenbildung, den Austausch auf Augenhöhe.

Beschreiben Sie bitte Ihr berufliches Verhältnis zu Politik und Management vor und während der COVID-19-Pandemie.

Ich sehe die Grenzen des Möglichen sowohl in der Politik als auch im Management vor allem in der Diskrepanz zwischen den überhöhten Erwartungen an Politiker*innen und Manager*innen einerseits und dem Menschsein mit seinen Fehlern andererseits.

Ich würde mir wünschen, dass wir uns von der Vorstellung verabschieden, Politiker*innen und Manager*innen müssten »Wunderwuzzis« sein:

- stets rational denkend und dabei höchst empathisch,
- Expert*innen für alles sein, stets den Überblick bewahrend und gleichzeitig zu 100 % vertrauend in die Fähigkeiten ihrer Mitarbeiter*innen,
- 24 Stunden verfügbar, in der Öffentlichkeit sichtbar und doch Familienmenschen,
- dem Leben des »kleinen Mannes« nahe, aber anders als dieser in allen Situationen korrekt, ohne Schleichwege und Abkürzungen, mit großem Welt- und Weitblick entscheidend,
- und zusätzlich zu alledem auch als Vorbild in gesunder Lebensführung fungierend.

Hier gelte es meiner Meinung nach, ein menschlicheres Verständnis von Führung – egal ob in der Politik oder im Management – zu entwickeln. »Goodenough« erschiene mir im Wissen um die Begrenztheit von Menschen als Leitspruch sinnvoll, ergänzen würde ich das mit einer Haltung von Mut und Demut gleichermaßen.

Die Zeit der Covid-19-Pandemie habe ich als intensive Zeit eines Nebeneinanders von Erwartungen vieler unterschiedlicher Anspruchsgruppen erlebt. In dieser Zeit ist in meinen Augen in Österreich vieles – gut genug – gelungen, während zahlreiche Entscheidungen sich im Rückblick als weniger günstig erwiesen haben. Für die Überforderung, aus der diese im Nachhinein als falsch identifizierten Entscheidungen getroffen wurden, habe ich großes Verständnis. Kein Verständnis habe ich hingegen für bewusst gesetzte betrügerische Aktionen.

Was können wir aus den Entwicklungen während der Pandemie über »PopEventKulturen« lernen?

Dass es einen großen Wunsch nach Gemeinschaftserleben gibt, für das die PopEventKultur prädestiniert ist. Dass es jedoch gleichzeitig dringend Alternativen zum Live-Geschäft braucht, damit Künstler*innen langfristig von ihrem Schaffen leben können, ohne vom Live-Geschäft, mit allem, was es von den Künstler*innen fordert, abhängig zu sein, denn auch die große Erschöpfung aufgrund eines Gefühls des Getrieben-Seins ist in den letzten anderthalb Jahren deutlich zutage getreten.

Was wäre Ihre Vision bzw. Ihr Traum von einem »PopMusikEvent«?

Zwei Settings reizen mit gleichermaßen: Zum einen das große Open-Air-Event mit hunderten von Menschen, die gemeinsam mit den Musiker*innen Stimmung schaffen, zum anderen das Konzert in der kleinen Indoor-Location, bei dem ein überschaubares Publikum zu einer temporären Gemeinschaft wird, die die Musik mitträgt. Hier schließt sich der Kreis zur Erinnerung am mein erstes PopMusikEvent.

Die Fragen stellten Beate Flath und Christoph Jacke.

Biographie

Dipl.-Heil.Päd.^{in} (FH) Katharina Pfennigstorf, geboren 1974, ist seit 2007 an der mdw – Universität für Musik und darstellende Kunst Wien tätig. Sie leitet dort seit 2011 unter anderem den Universitätslehrgang Kulturmanagement und ist seit 2018 als stellvertretende Leiterin des Institutes für Kulturmanagement und Gender Studies (IKM) aktiv. 2000 hat sie das Studium der Heilpädagogik und Rehabilitation an der Fachhochschule Magdeburg abgeschlossen und arbeitete anschließend sowohl im österreichischen Hilfswerk für Taubblinde und hochgradig Hör- und Sehbehinderte als auch darauffolgend in der Auftakt-GmbH im Bereich der pädagogischen Wohnbetreuung. 2006-2007 war sie bei der Wien Work Integrative Betriebe und Ausbildungs-GmbH Wien als Outplacement- und Integrationsbegleitung tätig, bevor sie an die Universität für Musik und darstellende Kunst Wien wechselte, wo sie bis heute arbeitet.

Dritte Orte für die *Dritte Mission?*
Was leistet das Konzept *Field Configuring Events* zum Verständnis neuer kollaborativer Lern- und Transferformate in Hochschulen?

Bastian Lange

Herausforderungen, Leitfragen und Ziele

In der Wirtschaftsgeographie, den Organisationswissenschaften sowie den Management Studies haben sich in den vergangenen Jahren fruchtbare Diskussionen zur Rolle von temporären sozialen Ereignissen bei der Erklärung von neuen relevanten Wissensbeständen, neuen Industriestandards und marktverändernden Prozessen eingestellt (Anand and Watson 2004; Lampel and Meyer 2008; Henn and Bathelt 2014). Im Kern stehen Fragen, wie Messen, Konferenzen und deren zeremonielle Praktiken zur Einführung, Akzeptanz und Transformation neuer Technologien, Industrien und Märkte beitragen (Lange, Power, and Suwala 2014). Bis dato zeigt sich, dass ein Hauptaugenmerk der Forschungsbeiträge auf wirtschaftliche Sektoren, Technologiemessen, Preisverleihungen in Kreativ- und Medienmärkten oder Konsumentenmärkten angewandt wurde (Moeran and Strandgaard Pedersen 2011) sowie transnational relevante Konferenzen (Schüßler, Rüling, and Wittneben 2013).

Bisher nicht im fachlichen Fokus sind Fragen von neuen kleinmaßstäblichen Ausbildungsformaten, die in Schulen (Projekte), Hochschul- und Bildungseinrichtungen (WorkLabs, FabLabs, Reallabore u.a.) in jüngster Zeit zeitlich befristet ein besonderes Ereignis (Event) darstellen, um interne Akteure (Dozenten und Studierende) mit extern Akteuren (KMU, NGO u.a.) systematisch zusammenzubringen. Derartige *Third Mission*-Formate sind zudem bis dato noch nicht aus wirtschaftsgeographischer Sicht sowie der Perspektive *Third Spaces* mit Hilfe des konzeptionellen Ansatzes Field-Configuring Events (FCE) beleuchtet worden.

Der folgende Beitrag richtete seinen analytischen Fokus auf die eigenen fachimmanenten Formen der Wissensproduktion. Mit Hilfe einer raumwissenschaftlicher Perspektive soll dabei die aktuelle Herausforderung *Third Mission* im Verbund mit der Rolle von sog. *Third Spaces* in Augenschein genommen werden. Als immanente Formen der Wissensproduktion werden veränderte Kompetenzerwartungen bei Studierenden verstanden wie modifizierte Erwartungshaltungen der zukünftigen Arbeitgeber. Dynamisiert wird dieser Bereich durch gesellschaftspolitische Leitbegriff wie *Third Mission*, Co-Creation und geänderte Kollaborationserwartungen zwischen Markt, Gesellschaft und Wissenschaft.

Daraus leiten sich implizit sowie explizit veränderte Rollenverständnisse zwischen Arbeitsmarkt und der Institution Wissenschaft als Lern- und Bildungseinrichtung ab, um auf gesellschaftliche Bedarfe zu reagieren. Vielerorts entstehen neue sog. *Third Places* in Gestalt von institutionell in Wissens- und Bildungseinrichtungen eingebundenen Makerspaces, FabLabs, Werkstätten und Open Design Labs (Lange 2015; Kleibrink and Schmidt 2015; Karvonen and van Heur 2014; Troxler 2014; Schäpke et al. 2017).

Der Beitrag diskutiert demzufolge die Frage, welche Interaktionsprozesse in diesen neuen edukativen Formaten zu beobachten sind und welche prozessbezogenen Dynamiken temporäre Anlässe bieten. Der Beitrag verwendet die Heuristik einer raumbezogenen Perspektive von FCE, um der Frage nachzugehen, wie neue edukative und projektbezogene Transfer- und Kollaborationsangebote in Universitäten das grundsätzlich veränderte institutionelle Feld in den Bildungseinrichtungen erfassen können. Konzeptionelles Ziel ist es, die Heuristik FCE weiter zu verfeinern und falladäquater auszurichten, um dynamische Wissensproduktionen als Ausdruck neuer temporärer Geographien zu verstehen.

Ziele und Struktur des Beitrags

Thematisch-sachlicher Ausgangspunkt ist die Beobachtung, dass Wissenschafts- und Bildungsinstitutionen vor dem Hintergrund von globalem und regionalen Wettbewerbssituationen neue kollaborative Lern- und Transferfelder entwickeln. Sie versuchen damit auf veränderte gesellschaftliche sowie unternehmerische wie ebenso wissensspezifische Erwartungen zu reagieren.

Hochschulen und Bildungseinrichtungen stehen vor der Herausforderung, einerseits fachliche Pluralität aufrecht zu erhalten und sich nicht nur markt- und nachfrageorientiert zu verhalten. Andererseits gilt es, steigende entscheidungskritische Leistungserwartungen auf europäisch und global vergleichbarer Bewertungsebene einzulösen.

Immer eindringlicher stellt sich die Frage, wie plurale Vielfalt in akademischen Kontexten aufrecht zu erhalten ist, die Prozesse der Wissensproduktion sichern können. Derartige Prozesse sollen offen für epistemische Vielfalten sein, um auf eine immer größer werdende regionale Vielfalt hinsichtlich Soziökonomie, Kultur, Sprache und Identitäten aber auch regional und thematisch differenzierte Wissensprozesse konstruktiv zu reagieren.

Der Beitrag eröffnet mit der Erläuterung, wie Universitäten und weiterführende Bildungseinrichtungen Praktiken und Formate zur Zielerreichung der sog. *Third Mission* (engl. für Dritte Mission) an den Tag legen: Neben internen Entrepreneurship-Prozessen eröffnet sich auf dem Weg der »Offenen Universität« ein weites Feld, bei dem verschiedene Transferwerkstätten und Laboratorien, kurz Labs, eine vermittelnde Rolle zwischen einerseits Credit-Points-bezogenen Lern- und Seminarkontexten und andererseits anwendungsbezogenen, praxisnahen Arbeitsmarkterfahren zu erzielen suchen.

Für Hochschulen steht dabei das Ziel im Raum, in kollaborativen Wissensproduktionsprozessen relevante Antworten auf regionalwirtschaftliche oder regionalkulturelle Herausforderungen mit KMU, Zivilgesellschaft und intermediären Akteuren zu erreichen (Potts et al. 2008). Die im methodisch-didaktischen Mittelpunkt derartiger Transferevents stehenden Designmethoden geben sich als kollaborative Co-Creation-Formate zu erkennen (Lange, Knetsch, and Riesenberg 2016). Ihre konkreten Verhandlungs- und Arbeitsräume werden hier als sogenannte Dritte Orte, sog. Third Places, angesprochen (Fabbri and Charue-Duboc 2013).

Das konzeptionelle Fundament des Beitrags basiert auf jüngeren Fachdiskussionen um das Konzept FCE und ermittelt offene und bis dato ungeklärte sowie unzureichende Konzeptelemente. Aus den laufenden Diskussionen werden Leerstellen und Missing Links vorgeschlagen, die im Sinne von heuristischen Konzepten einerseits anhand eines konkreten Falls eines Transferformats expliziert werden, andererseits an die theoretische FCE-Diskussion rückgebunden werden. Die Kriterien sind Space/Place-Verständnisse (1), die Rolle von Infrastrukturen (2), die Rolle von Prozessmethoden (3) und die Rolle temporäre soziale Nähe zwischen heterogenen Akteuren (4).

Diese vier räumlich bezogenen Analyseelemente werden aus der Diskussion entwickelt, um der Frage nachzugehen, inwiefern FCE in der Lage sind, Mikroformationen von neuen Lern- und Transfermethoden in Universitäten adäquat beschreiben zu können. Dabei richtet sich das Interesse auf die Frage, wie derartige Interaktionen kuratiert und orchestriert werden und inwiefern diese das Verständnis der Mikromechaniken FCE erkenntnisgewinnend weiter informieren können.

Anhand eines Transferformats an einer Fachhochschule in Berlin, der HTW Berlin, werden exemplarisch die vier identifizierten Konzeptelemente der FCE-Debatte durchdekliniert, um daraus weitere Erkenntnisse für die Leistungsstärke des Konzepts FCE zu erhalten, um – so das Leitziel – adäquater neue Formen der Wissensproduktion unter veränderten gesellschaftlichen Erwartungen zu verstehen. Im Kern richtet sich das Erkenntnisinteresse auf die Rolle von sog. raumwissenschaftlich informierten *Third Places*, um neue kuratierte Praktiken und Prozess von Geographien der Wissensproduktion zu beschreiben.

Forschungsgegenstand, Fragestellungen und Untersuchungsperspektive

Ausgangspunkt des Beitrags ist der Leitbegriff »Dritte Mission«. Dahinter verbirgt sich für Hochschulen kein gänzlich neuer Aufgabenbereich. Vielmehr gibt der Begriff Tätigkeiten, Aufgaben und Leistungen einen Namen, die Hochschulen neben Lehre und Forschung bereits seit vielen Jahren praktizieren. Spätestens seit den 1980er Jahren wird eine Diskussion um die Dritte Mission der Hochschulen geführt. Dabei gehen die theoretischen Ansätze auf die eher ökonomisch geprägten Konzepte der Entrepreneurial University (Harloe and Perry 2004), Triple Helix (Etzkowitz and Leydesdorff 2000) und Mode-2 (Bender 2004; Nowotny, Scott, and Gibbons 2001; Gibbons 1994) zurück.

Forschungsgegenstand

An den Hochschulen ist durch die *Third Mission* eine dritte akademische Mission zu den beiden Missionen Lehre und Forschung hinzugekommen. Damit geht, so Rössler et al. (2015) einher, dass die Lehrenden sich bereits heute deutlich stärker in Bereichen engagieren, die nicht ausschließlich der Lehre oder der Forschung zuzurechnen sind, als öffentlich wahrgenommen wird (Roessler, Duong, and Hachmeister 2015). Dabei geht es, so Roessler et al. (ebd.) um den Auftrag, Hochschulen mit der Zivilgesellschaft und Unternehmen zu verknüpfen. Zu *Third Mission* gehören etwa Kooperationsprojekte mit Partnern außerhalb der Hochschullandschaft, Netzwerke und regionale Arbeitskreise, z.B. mit Kommunen oder auch Angebote im Bereich der Weiterbildung (Bretschneider and Nuissl 2003).

Konkret bedeutet dies, dass Hochschulen neben den traditionellen Aufgaben in Forschung und Lehre Aktivitäten erbringen, die für ihre jeweilige Region sowie regionale Akteure von Nutzen sein können. Das können Weiterbildungsangebote sein, die wissenschaftliche Begleitung regionaler Prozesse und Wissenstransfer in jedweder Form. Auch kooperative Forschungsprojekte mit regionalen Unternehmen gehören dazu. *Third Mission* ist somit eine strategisch-profilbildende Aufgabe. Praktisch bedeutet dies beispielsweise, Kooperation zu initiieren, die Transfereffekte zwischen Unternehmen, Studierenden und Hochschule erzielen.

Noch fachlich wenig thematisiert, entwickeln Hochschulen sog. *Innovation Spaces* (Toker and Gray 2008) oder *Third Places* (Soja 1996; Oldenburg and Brissett 1982): Der Begriff Dritte Orte ist eine Antwort auf das, was Hochschule und Universitäten konkret leisten wollen: Neben Lehre und Forschung einerseits, und Praxis und Anwendung andererseits, Transfer zu Wirtschaft und Gesellschaft zu organisieren und dafür nötige Orte, Infrastrukturen und Methoden anzubieten. Dritte Orte können Transfer und Kreativwerkstätten sein, die mit neuen Interaktionsangeboten und lösungsorientierten Methoden zwei Sphären in produktiven Austausch bringen.

Das bringt es mit sich, dass die *Third Mission* auf regionale Potentiale hin abgestimmt ist, oder dass sie neue Institutionen gründet, um sich öffentlicher der Gesellschaft zuzuwenden. Dabei rückt Wissen als Kollaborationskompetenz und als Schlüssel für ein gelingendes Transitionsdesign in den Mittelpunkt.

Der Bedarf nach einer raumdifferenzierenden Perspektive auf *Third Mission* erklärt sich nicht nur durch die neuen wettbewerblichen Herausforderungen der Hochschulen um eine wie auch immer geartet erfolgreiche *Third Mission*, als vielmehr durch eine differenzierte Perspektive auf das Verständnis für das dafür nötige Wissen.

Fragestellungen und Untersuchungsperspektive

Für den hier vorliegenden Fall bedeutet dies zu fragen, wie neue wissensbasierte Transferformate die Erwartung *Third Mission* erfüllen und welche kollaborativen und transdisziplinären Methodendesigns mit Hilfe der Heuristik Field-Configuring Events erklärbar sind.

Untersuchungsansatz sind die in den vergangenen Jahren zu beobachtenden veränderten Verhältnisse von Wissenschaft und Gesellschaft durch neue Formen der Wissensproduktion und des Wissensaustauschs. Dies findet Ausdruck in neuen kollaborativen Konzepten wie bspw. dem der »Open Innovation« (Chesbrough, Vanhaverbeke, and West 2014), der »Mode 2«-Wissensproduktion (Gibbons et al. 1994) oder der »Transdisziplinären Forschung« (TD), welche insbesondere in den Nachhaltigkeitswissenschaften Verbreitung finden (Schneidewind and Augenstein 2016).

Vor dem Hintergrund komplexer real-weltlicher Problemstellungen und einer Vielzahl beteiligter Akteursgruppen mit unterschiedlichen Perspektiven, Interessen, Wertvorstellungen aber auch Wissensbeständen, kann eine Öffnung hin zu kollaborativen und partizipativen Formaten – in sogenannten Reallaboren – gesellschaftlich relevantes Wissen und Orientierung für Lösungen anbieten (Parodi et al. 2016). Erst durch die Zusammenarbeit von unterschiedlichsten Disziplinen und Akteuren können gesellschaftsrelevante Probleme erfasst und durch einen gemeinsamen Prozess der Wissensproduktion und -integration anwendbare, »sozial robuste« Lösungen angeboten werden (Nowotny, Scott, and Gibbons 2001).

Kollaborative Forschungskonzepte und Stichwörter wie »Ko-produktion« und »Ko-design« haben derzeit Konjunktur (Lange 2017; Binz, Truffer, and Coenen 2016). Sie werden in der Nachhaltigkeitsforschung als vielversprechende Ansätze mit hohem Potenzial für Innovationen und Transformation verhandelt (Fleischmann, Hielscher, and Merritt 2016). Sowohl die Nachfrage nach partizipativen Möglichkeiten der Einbindung unterschiedlicher Stakeholder in regionale Politiken, der Zuwachs an »bottom-up«-Formaten für gemeinschaftliche Entwicklung und Produktion belegen die verstärkten Bemühungen um eine Integration von Handlungspraktiken und Wissenskulturen sowie um eine theoretische Fundierung (Williamson 2015). Dennoch fehlen hier insbesondere die Reflektion der kollaborativen Arbeitsweisen sowie eine differenzierte Berücksichtigung sozialer Nähe- und Distanzverhältnisse sowie sozio-räumliche Aspekte der Interaktion, Ortsbezüge und die Rolle von Events.

Kriterien für die Analyse von Third Spaces aus der Sicht von FCE

Wie Lampel und Meyer betonen, scheint sich die aktuelle Theorie der Feldbildung und -entwicklung fast ausschließlich auf globale und kontinuierliche Prozesse zu konzentrieren, die die Feldentwicklung vorantreiben, während diskontinuierliche und lokalisierte Prozesse wie feldkonfigurierende Ereignisse, die eine wichtige, wenn auch intermittierende Rolle bei der Gestaltung der Feldentwicklung spielen, wenig Beachtung finden (Lampel and Meyer 2008), S. 1027).

Was fehlt, sind differenzierte Raumkonzeptionen, nuanciertes Verständnis der Besonderheit von Orten und Raumwahrnehmung, Prozess und Interaktion sowie Verständnisse der Komplexität von Raumskalen.

Raumwissenschaften und die FCE-Ansätze

Es zeigt sich, dass die Raumwissenschaften weit davon entfernt sind, differenziert temporäre Mikrophänomene als Ausdruck neuer Geographien der Wissensproduktion anzusprechen. Auf der Basis der skizzierten Theoriebeiträge zeigt sich zum einen eine metaphorische Verwendung von Raum-bezogenen Begriffen bei den Organisations- und Managementwissenschaften.

Zum anderen zeigt sich bei den wirtschaftsgeographischen FCE-Positionen eine mehrheitlich globale Perspektive von Sektoren, Branchen und Märkten in dynamischer Sichtweise. Bis dato liegt mehrheitlich ein Fokus auf globalmaßstäblichen Branchen-, Sektor- und Wirtschaftsverständnissen, die als »Feld«-Strukturen verstanden werden, selten auf den mikrodynamischen Interaktionen, Prozessen und performativen Praktiken, die zur Durchsetzung neuer Ideen und Innovationen und deren Legitimation herangezogen werden (Navis and Glynn 2010).

Generell zeigt sich, dass die FCE-Literatur in den Organisations- und Managementwissenschaften oftmals die räumliche Dimension vernachlässigen. Beim Umgang mit dem Raum gibt es die Tendenz, eher vereinfachende Vorstellungen von Maßstäben und/oder Raum anzuwenden, z.B. indem temporäre Ereignisse innerhalb bestimmter räumlicher Maßstäbe (lokal, global etc.) platziert werden oder feste oder substantielle räumliche Einheiten wie Quartiere, Städte oder Regionen angenommen werden. Darüber hinaus besteht eine Unsicherheit darüber, wie räumlich begrenzte Kontexte für soziale Interaktion an einem Ort funktionieren, aber nicht an einem anderen.

Kriterien für die Analyse feldkonfigurierender Ereignisse

Spacing und temporäres Placing sozialer Güter und Menschen

Um Fragen sozialer Interaktionsprozesse in temporären Anlässen bei Events nachzuzeichnen, eignen sich Lageskizzen der Lehr- und Arbeitsräume, die sich durch ein Dokumentationsverfahren im Sinne von ethnografischen *Workplace Studies* ergeben (Knoblauch 2000). Derartige Kartierungen sind noch nicht Gegenstand der Debatten von FCE.

Workplace Studies stehen in enger Beziehung zu ethnografischen Methoden sowie Kontextanalysen (Knoblauch 1996). Sie richten die Aufmerksamkeit auf die praktischen Raumsituationen, mit denen bestimmte Handlungen sinnstiftend im Vollzug mit anderen Akteuren und Materialitäten interaktiv zeitweise durchgeführt werden. Raumwirksamkeit, d.h., Spacing Prozesse (Löw 2008) sind ein analytischer Schlüssel, um auf der Basis visualisierter, kartierter Mikroprozessen den (An-)Ordnung von sozialen Gütern und Menschen (ebd.) nachzugehen. Feldprotokolle sowie auf mikroräumliche Kartierungen, wie sie in den sog. *Workplace Studies* als empirisches Erhebungsinstrument verwendet werden, lassen sich somit auf temporäre Events anwenden, um nachzuzeichnen, wie Interaktion ein gelenkter und nicht willkürlicher, spontaner oder automatischer Prozess ist.

Hacking, methodische Prozessinfrastrukturen und thematisches (Re-)Framen

Anders als bei linearen Informations- und Wissensvermittlungsprozessen gilt es in offenen Lernsituationen andere soziale und ideenbasierte Wissensentwicklungsformate in Augenschein zu nehmen. *Hackthons* sind eines dieser eventbasierten Formate: In seiner ursprünglichen Verwendung bezieht sich der Begriff »to hack« auf Tüftler im Kontext einer verspielten selbstbezüglichen Hingabe im Umgang mit Technik (Hunsinger and Schrock 2016). Dazu gehört auch ein besonderer Sinn für Kreativität und Originalität im Unterschied zur Improvisation, die der Lösung auftretender Probleme dient. Im Kern steht eine sozial-räumliche Prozessarchitektur, die Experimentierverfahren forciert, und der Versuch, die Grenzen des Machbaren in kurzer Zeit zu erkunden (Hatch 2013; Moilanen 2012).

Auf der Formatebene haben sich in den letzten Jahren zeitlich befristete, sogenannte 48-Stunden Hacks, sodann *Hackathons* genannt, ergeben (Thornham and Gómez Cruz 2016). Kleine Teams lösen vor Ort in kurzer Zeit Lösungsoptionen auf konkrete Fragen: Ungerichtetheit, Offenheit, Horizontalität und disziplinäre Pluralitäten stellen transgressive Formen der offenen Wissensproduktion gegenüber konformistischeren Ansätzen dar. Dabei ist nicht Serendipität das treibende Momentum der *Hackathons*, sondern eine methodische Prozessinfrastruktur, bei der Spiel, Exploration, Empathie sowie abseitiges und »schräg gestelltes Denken« wirksame Kriterien für Wissensproduktionen sind. Derartige praktische Formate sind bis dato nicht als temporäre Event in der FCE-Literatur vertreten. Das methodisch-systematisches Prozessdesign von z.B. *Hackathons* und anderen Worklabs ist situativ ausgerichtet und auf das kontinuierliche (Re-)Framen von gegenstandsbezogenen (und nicht generalistischen) Bedingungen ausgerichtet.

Visualisierung, Prototypenbau, Sichtbarmachung von 3-dimensionalen Ideen

Field-Configuring Events werden mehrheitlich in der Literatur als kognitivsprachliche Prozesse verstanden. In kommunikativ errichteten temporären Arenen setzen sich sodann Positionen, Standards, Meinungen und Bewertungen durch. Ebenso zeigen sich in der FCE-Literatur bis dato keine Auseinandersetzung mit der Wirksamkeit von teamorientiertem Arbeiten, kultureller und sozialer Diversität sowie dem Umgang mit rohen und unfertigen Ideen im Werkstattprozess. Ebenso wenig mit der Rolle von ad hoc visualisierten und gemappten Materialitäten. Eine Betrachtung der Materialitäten von Wissensproduktion, den »quick wins« oder auch als »think pieces« bezeichneten rohen und unfertigen Zwischenerkenntnissen, ist analytisch möglich.

Auf der Basis der intensiven Visualisierungen können gedankliche Arbeitsprozesse extern beobachtet und analysiert werden (Rose 2001; Fabbri and Charue-Duboc 2013). Inneres oder rein sprachliches Denken erfolgt in diesen Events, z.B. Hackathons, explizit visuell. Dies gilt ebenso für die dreidimensional sichtbar gemachte »gebaute« Darstellung von Ideen, die als Prototypenbau Zwischenstände ad hoc zeigen können sowie von anderen kommentiert und auf Validität getestet werden und sodann »gebaute Ideen« darstellen (Liedtke et al. 2015).

Temporäre soziale Nähe und Intensitätsverstärker

Events sind generell soziale Ereignisse, bei denen mit Hilfe von räumlicher und temporärer Nähe eine soziale Intensität einhergeht. Gerahmt werden derartige Intensitäten durch Praktiken körperlicher Aktivitäten, Spielaufforderungen und sog. Pressure Cooker-Methoden, die in Gestalt von interaktiven Bewegungsspielen und warm-ups Körperlichkeit als Momentum der Intensität mit in den Prozess der vorbereitenden Wissensproduktion einbeziehen.

Körperlichkeit, soziale Intensität und temporäre soziale und körperliche Nähe sind analytische Elemente – sehr konträr zur klassischen universitären Form der Wissensvermittlung –, die Gegenstand von Beobachtungen sind und somit auch einem analytischen Prozess zugeführt werden können. Generell zeigt sich, dass in der FCE-Literatur derartige Körperverständnisse und die Rolle von Körperlichkeit noch nicht Gegenstand einer Betrachtung war, um Wirksamkeit von temporären Feldzusammenkünften zu ergänzen und ggf. besser zu verstehen.

Der Fall der Innovationswerkstatt an der Hochschule HTW Berlin

Im Folgenden wird anhand einer 2-jährigen Eventserie von vier curricular eingebetteten Innovationswerkstatt in einer deutschen Hochschule eine Form der Wissenskollaboration zwischen Studierenden, Dozenten, Methodencoaches sowie KMUs beleuchtet. Erkenntnisziel ist es, die in Kap. 5 erarbeiteten FCE-Teilelemente als Heuristiken auf sozial konstruierte temporäre dritte Orte der Hochschule anzuwenden, um Prozesskulturen sog. *Third Mission* zu rekonstruieren.

Eckpunkte einer Innovationswerkstatt als Third Space und temporäre Schnittstelle zwischen Hochschule, Studierenden und Mittelstand

Die »Innovationswerkstatt Schöneweide« ist ein zeitlich fixiertes Format und wurde zwischen 2016-2018 als curriculares Angebot fakultätsübergreifend als Allgemeinwissenschaftliches Ergänzungsmodul (sog. AWE-Module) in der HTW Berlin angeboten. An vier Kursen nahmen zwischen 2016-2018 jeweils zehn bis zwölf Studierende pro Semester teil, denen jeweils vier bis fünf KMU-Partner mit eigenen Fragestellungen gegenüberstanden. Vier Coaches und Projektleitung führten durch das Semester.

Die teilnehmenden Studierenden lösen dabei in Teams Fragestellungen von lokal ansässigen KMUs. Die Fragestellungen sind konkrete, praxisrelevante Aufgaben. Die Innovationswerkstatt stellt eine besondere Lern- und Praxiserfahrung für Studierende und Unternehmen bereit. Sie findet an einem »dritten Ort« zwischen Hochschule und Unternehmen statt, beziehungsweise außerhalb der gewohnten Seminarstrukturen sowie der unternehmerischen (Alltags-)Praxis. Für die Laufzeit der Innovationswerkstatt wird ein Arbeitsraum bezogen, der Werkstattinfrastrukturen anbietet und zum Ausprobieren und Experimentieren einlädt. Es werden Methoden, Werkzeuge und Teamarbeitsplätze durch Methodencoaches bereitgestellt.

In der Innovationswerkstatt wenden die Studierenden das bisher erlernte disziplinäre Wissen an und beziehen es auf neue, für sie unbekannte Sachgegenstände und Fragestellungen, die von den KMUs gestellt werden. Diese müssen in fünf Arbeitstagen gelöst werden, oder es müssen mindestens Varianten und Szenarien ihrer Lösung erarbeitet werden. Externe Methodeninputs und eine zielführende Moderation des Arbeitsprozesses schaffen eine besondere Situation und ermöglichen es, interdisziplinär zu arbeiten. Am Ende stellen die Studierenden ihre Arbeitsergebnisse den Unternehmen und geladenen Gästen vor.

Die Innovationswerkstatt hat das vordringliche Ziel, ein zeitgemäßes praxisnahes Ausbildungs- und Transferformat zu entwickeln. Es soll Teilnehmern bessere Einstiegschancen auf dem Arbeitsvermarkt verschaffen, ihren Portfolio-Aufbau verbessern und Unternehmen einerseits neue Ideen und Talente vermitteln, andererseits intensiver mit der HTW zu arbeiten.

Mit Hilfe der Methode *Design Thinking* werden komplexe Probleme gelöst und gleichzeitig neue Entwicklungen mobilisiert. Generell gewährleistet die Methode, dass Neues in Form von Produkten und Prozessen in die Welt kommt. Die Auseinandersetzung mit der Methode *Design Thinking* hat ihre konzeptionellen Wurzeln in einer verstärkten Betonung der Nutzerperspektive und -freundlichkeit von Produkten und Prozessen schon im Entstehungs- und Entwicklungsprozess.

Das Prozessdesign basiert auf dem nutzerzentrierten Ansatz *Design Thinking*, bei dem interdisziplinäre Gruppen gebildet werden, die sich auf eine gemeinsam geteilte Problemstellung einigen müssen. Ausgehend von der richtigen Fragestellung sowie erkannten Bedürfnissen und Motivationen von realen Nutzern wird in einem iterativen, anwendungsorientierten Prozess systematisch nach überraschenden Ableitungen und Lösungen gesucht.

In der Methode *Design Thinking* ist Co-Creation ein zentrales Moment, ohne dass es nicht zu einem höheren Maß an Abstimmung und Akzeptanz für einen prototypischen Lösungsweg kommt. Beim *Design Thinking* kommt idealtypisch eine heterogene Gruppe von Menschen aus unterschiedlichen Disziplinen, darunter Experten und Laien, Männer und Frauen, Fachkundige und weniger Fachkundige zusammen. Mit Hilfe des Verfahrens werden möglichst viele Perspektiven und Situationseinschätzungen von unterschiedlichen Weltsichten aufgenommen.

Abbildung 1: Prozessdesign der Innovationswerkstatt

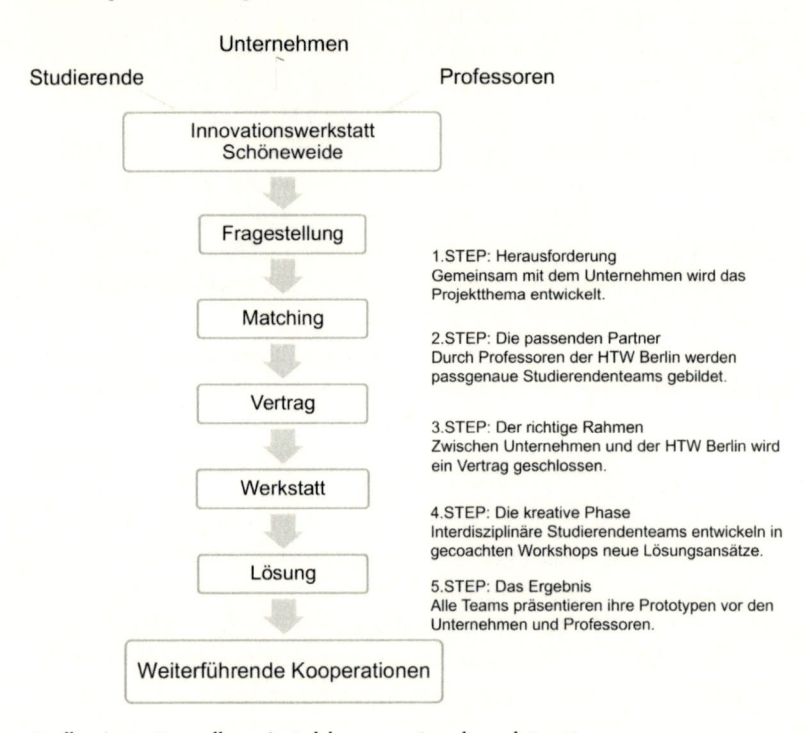

```
        Studierende    Unternehmen    Professoren
                   ↘       ↓       ↙
                ┌─────────────────────┐
                │  Innovationswerkstatt │
                │     Schöneweide      │
                └─────────────────────┘
                          ↓
                   ┌──────────────┐
                   │ Fragestellung │        1.STEP: Herausforderung
                   └──────────────┘        Gemeinsam mit dem Unternehmen wird das
                          ↓                Projektthema entwickelt.
                   ┌──────────────┐
                   │   Matching   │        2.STEP: Die passenden Partner
                   └──────────────┘        Durch Professoren der HTW Berlin werden
                          ↓                passgenaue Studierendenteams gebildet.
                   ┌──────────────┐
                   │    Vertrag   │        3.STEP: Der richtige Rahmen
                   └──────────────┘        Zwischen Unternehmen und der HTW Berlin wird
                          ↓                ein Vertrag geschlossen.
                   ┌──────────────┐
                   │   Werkstatt  │        4.STEP: Die kreative Phase
                   └──────────────┘        Interdisziplinäre Studierendenteams entwickeln in
                          ↓                gecoachten Workshops neue Lösungsansätze.
                   ┌──────────────┐
                   │    Lösung    │        5.STEP: Das Ergebnis
                   └──────────────┘        Alle Teams präsentieren ihre Prototypen vor den
                          ↓                Unternehmen und Professoren.
          ┌───────────────────────────┐
          │ Weiterführende Kooperationen │
          └───────────────────────────┘
```

Quelle: eigene Darstellung, in Anlehnung an Suwala et al. (2018)

Analysekriterien der Innovationswerkstatt Schöneweide

Im Folgenden werden Kriterien benannt, um aus einer raumwissenschaftlichen Sicht feldkonfigurierende Prozesse zu analysieren.

Spacing und Placing sozialer Güter und Menschen

Arbeitsinseln, eingerahmt durch Stellwände, prägen den gruppenbezogenen Arbeitsraum von vier bis fünf Teams mit je vier bis fünf Personen. Die folgende Anordnung zeigt, wie teamorientiertes Arbeiten angeordnet ist.

Abbildung 2: Räumliche Anordnung von sozialen Infrastrukturgüter und Teams

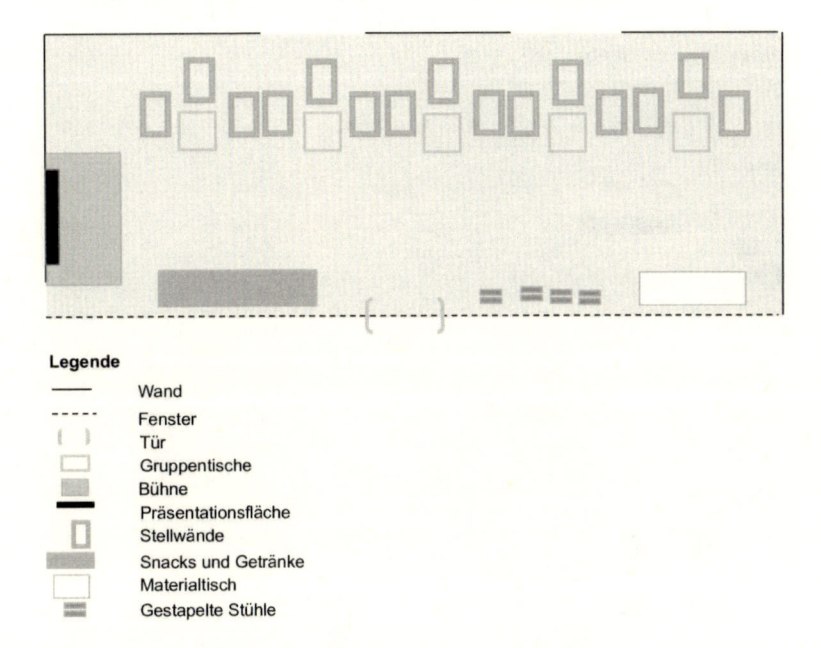

Legende

——	Wand
----	Fenster
( )	Tür
▢	Gruppentische
▬	Bühne
▭	Präsentationsfläche
▯	Stellwände
▬	Snacks und Getränke
▭	Materialtisch
≡	Gestapelte Stühle

Quelle: eigene Darstellung, in Anlehnung an Suwala et al. (2018)

Für Zwischenpräsentationen, Gesamtgruppendiskussionen und weitere Erläuterungen werden die Arbeitsraumstrukturen temporär umgestellt. Für 10-20-minütige Vorstellungen, Erläuterungen und Gespräche in der Gesamtgruppe stehen oder sitzen die Teilnehmer*innen vor der Präsentationsfläche. Die folgende Abbildung zeigt die raum-zeitliche Umprogrammierung des Raums.

Wirksamkeit entfaltet diese Anordnung der Arbeitstische und der Gruppeninteraktion durch eine Fokussierung auf das Team gegenüber einer klassisch hierarchischen Ausrichtung auf Dozenten. Die modulare Ausrichtung der physischen Arbeitsinfrastrukturen eröffnet ein Arbeiten und Reden von

Angesicht zu Angesicht, es grenzt die Teams voneinander mikroräumlich ab und eröffnet eine auch räumlich abgegrenzte Arbeitsweise.

Derartige Anordnungen waren aus der Sicht der Studierenden ungewöhnlich und wenig vertraut. Die Brechung zur Alltagsroutine schaffte Offenheit, die Arbeitsweise von Angesicht zu Angesicht war wenig vertraut, die Zusammensetzung im Team neu, so dass sich eine hohe Arbeitsintensität, eine Direktheit in neuer Arbeitsumgebung sowie eine hohe Kommunikationsbereitschaft zeigte.

Abbildung 3: Räumlich-temporäre Umordnung der sozialen Infrastrukturgüter und Teams

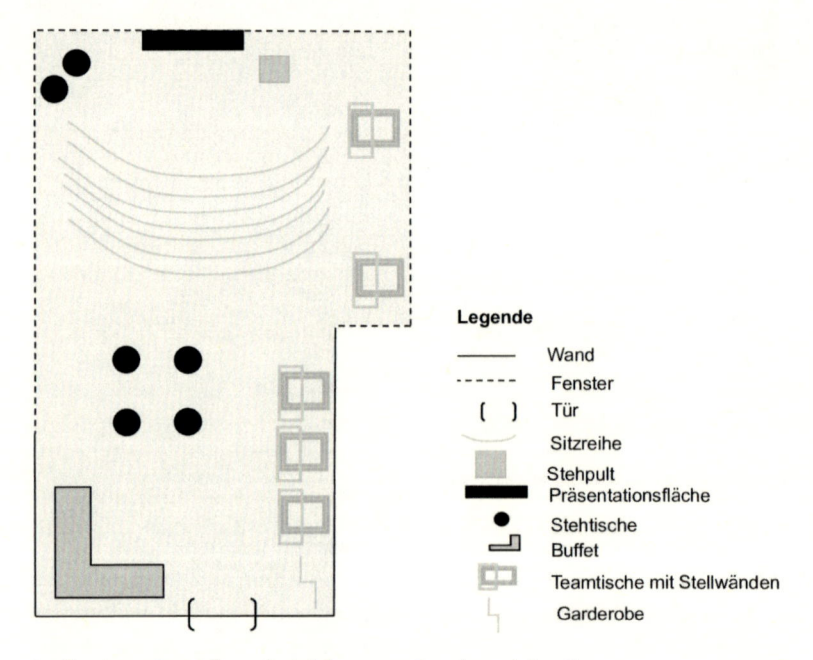

Quelle: eigene Darstellung, in Anlehnung an Suwala et al. (2018)

Hacking, methodische Prozessinfrastrukturen und thematisches (Re-)Framen

Während der vier Innovationswerkstätten wurde *Design Thinking* als übergeordnete Arbeits- und Ideen- sowie Lösungsmethode angewandt. Die Methode war flexibel und konnte auf verschiedene Situationen ausgerichtet werden. Sie sollten aktiv, positiv und stimulierend auf die Studierenden einwirken, so dass eine Vielzahl von Sichtweisen und Ideen entstehen konnten. Diese Form der Ideenfindung sollte im Gegensatz zum alltäglichen Ablauf und den Strukturvorgaben der Hochschule stehen und die Studierenden anregen, andere Perspektiven und Einstellungen auf Probleme oder Fragestellungen zu erforschen und kurzfristig anzuwenden und zu testen.

Diese Horizonterweiterung(en) und die Perspektivwechsel bildeten einen zentralen Punkt in dem Innovationsfindungsprozess des Formates. Das (Re-)Framing und die Betrachtung des Problems sowie der Fragestellung aus unterschiedlichen Blickwinkeln war dafür verantwortlich, innovative Potentiale auszulösen.

Adaptive Anpassung an neue Fragestellungen und neue Herausforderung gehen mit je teamspezifischen methodischen Prozessentwicklungen einher, die spezielle Infrastrukturen benötigen: Erscheint beispielsweise ein spielerischer Videoclip als das richtige Vermittlungsinstrument für eine prototypische Idee, so ergeben sich andere Arbeitsprozesse als dies bei einem Lösungsweg einer Softwarelösung.

Hacking ist somit eine Form der Rückbindung von Lösungsautorität an die Teams und nicht an formal-edukative Ex-Ante-Vorgaben. In der Folge avanciert Individualität zu einem Erfahrungswert in Gestalt der Rückgewinnung an eigenständiger Lösungskompetenz, die mitunter in dem verschulten Bachelor- und M.A.-Studiengängen nicht mehr real erkennbar ist.

Visualisierung, Prototypenbau, Sichtbarmachung von dreidimensionalen Ideen

Entgegen der Dominanz von kognitiv-sprachlichen Interaktionsprozessen bei temporären Anlässen richtete sich die Beobachtung auf visualisierte Ausdrucksformen: Im Prozess zeigte sich, dass an großen Stellwänden mit Hilfe von Canvas-Prints fortlaufend Ideen, Beobachtungen, Erkenntnisse, Fragen und Unklarheiten entweder direkt auf den Canvas oder mit Hilfe von Post-its visualisiert. Rohe und unfertige Ideen im Werkstattprozesse werden fortlaufend visualisiert und *gemappt*.

Sie sind somit im Raum, so dass sie von anderen verarbeitet, kommentiert oder zum Anlass weiterer Ideen genutzt werden können. Ebenso wurden Ideen prototypisch dreidimensional gebaut, meistens aus vor Ort bereitgestellten Materialien, um Haptik, Sensorik und Evidenz für erste Ideen und

Lösungen zu formen, diese iterativ zu prüfen und sodann im Prozess des Machens weitere Ideen zu erhalten.

Abbildung 4: Visualisierung im Arbeitsprozess

Quelle: eigene Aufnahme

Praktisches Machen und das Zeichnen von Gedanken, das dreidimensionale »Bauen« von Ideen stellt für gestaltungsferne Studierende einen neuen Gegenstandsbereich dar. Er wird zunächst mit nicht-wissenschaftlich, nicht-professionell und nicht-relevant assoziiert. Zudem löst dieser Methodenbaustein bei den Teilnehmern Sorgen aus, da sie fürchten, die unternehmerischen Erwartungen sowie curricularen Erfordernisse nicht adäquat zu bedienen und Nachteile zu erzielen.

Im Verlauf dieser Arbeits- und Methodenphase zeigte sich, dass das vermeidlich Spielerische, das überraschend Experimentelle und das zeitweilige Basteln sowie Visualisieren bei den Studierenden Dynamiken, Flexibilität und Perspektivveränderungen sowie -erweiterungen an den jeweiligen Arbeitsschritten eröffnete.

Die fehlende Vertrautheit wurde seitens der Coaches und der Facilitatoren gerahmt und rückversichert, um am Prozess Erkenntnisse über Nutzerakzeptanz, Funktionalität oder Ablehnung und Dysfunktionalitäten zu erkennen. Dieser visualisierte iterative Erkenntnisgewinn erweist sich disziplinübergreifend als fruchtbarer Erkenntnisbeschleuniger, da er nicht-versprachlichte, aber allseits einsehbare Ergebnisse zu erkennen gibt und somit eine katalytische Funktion erfüllt.

Abbildung 5: Visualisierung und Prototypenbau im Arbeitsprozess

Quelle: eigene Aufnahme

Temporäre soziale Nähe und Intensitätsverstärker

Gruppenarbeit, flexible Arbeitsraumkonstellationen, Unternehmensbesuche, praktisches Machen und situatives Verwerfen roher Ideen erfordert andere körperliche Präsenzen, als dies rein kognitiv-individuelle, sitzbasierte (Denk-)Prozesse mit sich bringen.

Events sind generell soziale Ereignisse, bei denen temporär soziale Nähe mit einer sozialen Intensität einhergehen. Gerahmt werden derartige Intensitäten durch Praktiken körperlicher Aktivitäten, Eröffnungsspiele und sog. Warm-ups, die in Gestalt von interaktiven Bewegungsspielen Körperlichkeit als Momentum der Intensitätssteigerung mit in den Prozess der Wissensproduktion einbeziehen. Körperlichkeit, soziale Intensität und temporäre soziale und körperliche Nähe sind ein nicht-kognitives Element, um unter zeitkritischen Bedingungen Präsenz und Reaktion zu erhöhen.

Abbildung 6: Warm-ups

Quelle: eigene Aufnahme

Diskussion: Können FCE-Konzepte Mikroformationen von neuen Lern- und Transfermethoden in Universitäten adäquat beschreiben?

Das Erkenntnisinteresse bestand darin, aus den offenen Konzeptbausteinen der FCE Erkenntnisperspektiven für neue, zeitlich befristete Wissenstransferformate zu ermitteln. Anhand eines Beispiels – der Innovationswerkstatt Schöneweide an der HTW Berlin – zielt der Beitrag darauf ab, Konzeptelemente der FCE auf ein Transferformat anzuwenden. Folgende Erkenntnisse können vorgestellt werden:

1. **Out of the box – into the fields – Temporäres Framing von offenen Lernprozessen**

Das curriculare Angebot der Innovationswerkstatt kann als temporäres Feld unterschiedlicher Akteure angesprochen werden: Dozenten, Unternehmer, Facilitatoren, und Studierende kommen zeitlich befristet abseits der Lehr-, Forschungs- und unternehmerischer Tätigkeitsroutinen an einem Dritten Ort zusammen. »Out of the box« wird in interdisziplinären Teams mit Hilfe kreativer Prozessmethoden an prototypischen Ideen und Lösungen gearbeitet. Das temporäre Feld ist hochdynamisch, praktisches Machen iteriert mit kognitiv-analytischem Methoden, situatives *Framing* von Fragen und Erkenntnisgewinnen richten sich an bis dato nicht vorliegende offene und nicht-vordefinierte Zielerreichungen. In dieser Form verhelfen die heuristischen FCE-Elemente, um Prozessdynamiken zu rekonstruieren.

Der Fall gibt aber auch Hinweise auf bis dato nicht thematisierte Teilkomponenten derartiger Dritte Orte-Transferprozesse. Dies sind zum einen die nicht berücksichtigen Mikro-Raumsituationen, die sich durch bewusste An- und Umordnungsprozesse von sozialen Gütern und Menschen zu erkennen geben. Damit werden soziale Abläufe gelenkt, soziale Verdichtungen und Intensivierungen erlaubt und Phasierungen von Interaktionen gelenkt.

Ebenso ist bisher in der FCE-Literatur wenig Aufmerksamkeit auf Materialitäten in Gestalt von flexiblen Raumarchitekturen, Arbeitsmaterialien und Körper gerichtet worden, die bei der Rolle von Events stärker berücksichtigt werden müssten. Diese Materialitäten müssten – was hier noch nicht vollzogen wurde – perspektivisch auch stärker digitale Arbeits- und Projektinfrastrukturen berücksichtigen und mit einbeziehen.

2. Eventisierung der Edukation?

Neben den materiellen und prozessbezogenen Betrachtungen gibt sich in der FCE-Literatur nur wenig Sachkritik an der Rolle von Events, ihren innewohnenden Marketingvorwürfen sowie ihrer medialen Vermittlungen. Im Fall derartiger Events in non-kommerziellen Hochschulprozessen stellt sich die Frage, wie kreative Individuen und Gruppen mit Ideenverweigerung, negativem Feedback, Stigmatisierung, Frustration, sozialer Ausschluss oder Gruppenkonflikt in kreativen Prozessen umgehen.

Was sind die sozialen, persönlichen und institutionellen Kosten des Kreativitätsimperativs und des ständigen Drucks zur (Neu-)Entwicklung am offenen Fall einer Fragestellung? Derartig kulturkritische Fragen sind bis dato selten Gegenstand der Analyse von Events und ihren temporären Feldern. Dazu gehört auch die Frage, wie Hochschulorganisationen und Dozenten mit unerwünschten Ergebnissen ihrer Prozesse gegenüber KMU umgehen.

3. Kollektive Output-Zentrierung vs. individuelle Lernprozesse?

Temporäre Feldzusammenkünfte sind kollektive und zyklische Versammlungen. In der FCE-Literatur sind derartige Zusammenkünfte darauf angelegt, Standards, Leitthemen, Produkte und andere Kernelemente eines Marktes gegenüber den Feldmitgliedern vorzustellen und argumentativ, analytisch oder gewinnend für deren Relevanz zu werben.

Bis dato finden sich in der FCE-Literatur wenig Ansätze oder Erkenntnisse für spontane Abweichungen, Absatzbewegungen gegenüber dem dominant konstruierten »Feld-Mainstream« oder situativen Ad-hoc-Vereinigungen, die sich alternativ oder absetzend zu einem Kernmotiv einer Feldvereinigung darstellen. Die Rolle von Außenseitern, Mavericks u.a. wurde bis dato erstmalig von Jones et al. (2016) eingeführt (Jones et al. 2016), aber nicht als Gegenstand von Feldformationen verstanden.

Damit verbindet sich die Frage, wie in dem hier vorgestellten Format zeitlich betrachtet individuelle Lern- und Erkenntnisfortschritte gegenüber den team-kollektiven Prozessmethoden legitimiert werden können. Diese Perspektive würde sodann die Frage stellen, wie abseitige Teamergebnisse oder auch abseitige Teamprozesse vermittelbar und bewertbar werden.

4. Materialitäten temporärer Kollaboration

Bis dato findet sich in den konzeptionellen Auseinandersetzungen der FCE kaum Hinweise auf materielle Komponenten, Körperlichkeit und physisch-räumliche Architekturen, wie sie faktisch für Kreativ- und Wissensproduktionsprozesse essentiell sind (Fabbri and Charue-Duboc 2013). Der Fall der vorgestellten temporären Innovationswerkstatt sowie der Interaktionspraktiken sowie -methodiken basiert ganz wesentlich auf dem Zusammenspiel von Erkenntnisgewinn durch fortschreitende Iteration am materialisierten sowie temporär-wirksamen Prototypen.

Dieses Teilelement am Arbeitsprozess ist ein Indikator für eine stärkere Auseinandersetzung mit gebauten Welten, Materialitäten und Architekturen, ihren Ästhetiken und Funktionalitäten, mit Hilfe derer Events orchestriert, symbolisch aufgeladen und Interaktionen gestaltet werden.

Dritte Orte als Geographien von Mikro-Events? Implikationen für die Wirtschaftsgeographie zur Erklärung der Dritten Mission

Die Ergebnisse legen nahe, dass derartige Mikroevents aktiv auf der Basis von sozialen Interaktionen, die in physischen und kommunikativen Räumen als Gegenstand einer Dritten Mission hinaus stattfanden, imaginiert und sodann handlungsleitend konstruiert wurden.

Letztendlich werfen die Ergebnisse ein Licht auf die Formierung einer neuen Wissenskategorie, die auf einem speziellen Prozessansatz basiert und nicht auf Wissensprodukten, die aus einer formalen Verfahrenslogik entstehen. Diese hier vorgestellten Prozesskategorien basieren nicht auf festgelegten Wissensbausteinen, sondern auf einem speziellen Prozess der kreativen Koproduktion in temporärer Interaktion.

Aus den Ergebnissen lassen sich Handlungsempfehlungen für Hochschulakteure und Entscheidungsträger im Bereich zum Beispiel der wissensbasierten Stadtentwicklung ableiten, indem sie nahelegen, den konkreten Orten, an denen Interaktionen stattfinden, mehr Aufmerksamkeit zu widmen. Derartige Austauschhandlungen müssen dann detaillierter »bottom up« analysiert werden, insbesondere mit dem Ziel, wie es Protagonisten außerhalb dieser stabilen lokalen Netzwerke gelingt, sowohl national als auch international, Aufmerksamkeitserträge für sich sichtbar zu machen.

Literatur

Anand, Narinder und Mary R. Watson. 2004. »Tournament rituals in the evolution of fields: The case of the Grammy Awards.« Academy of Management Journal 47, Nr. 1: 59-80.

Bender, Gerd. 2004. »mode-2 – Wissenserzeugung in globalen Netzwerken?« In Stadtregion und Wissen. Analysen und Plädoyers für eine wissensbasierte Stadtpolitik, hg. von Ulf Matthiesen, 149-158. Wiesbaden: Verlag für Sozialwissenschaften.

Binz, Christian, Bernhard Truffer und Lars Coenen. 2016. »Path creation as a process of resource alignment and anchoring: industry formation for on-site water recycling in Beijing.« Economic Geography 92: 172-200.

Bretschneider, Markus und Ekkehard Nuissl. 2003. »»Lernende Region« aus Sicht der Erwachsenenbildung« In Lernende Region – Mythos oder lebendige Praxis?, hg. von Ulf Matthiesen und Gerhard Reutter, 35-58. Bielefeld: Bertelsmann.

Chesbrough, Henry, Wim Vanhaverbeke und Joel West. 2014. New Frontiers in Open Innovation. Oxford: Oxford University Press.

Etzkowitz, Henry und Loet Leydesdorff. 2000. »The dynamics of innovation: from National Systems and ›Mode 2‹ to a Triple Helix of university–industry–government relations.« Research Policy 29: 109-123.

Fabbri, Julie und Florence Charue-Duboc. 2013. »The Role of Physical Space in Collaborative Workplaces Hosting Entrepreneurs.« In Materiality and Space: Organizations, Artefacts and Practices, hg. von FX. Vaujany und N. Mitev, 117-134. London: Palgrave Macmillan.

Fleischmann, Katja, Sabine Hielscher und Timothy Merritt. 2016. »Making things in fab labs: a case study on sustainability and co-creation.« Digital Creativity 27, Nr. 2: 113-131.

Gibbons, Michael. 1994. The new production of knowledge: the dynamics of science and research in contemporary societies. London; Thousand Oaks, Calif.: SAGE Publications.

Harloe, Michael und Beth Perry. 2004. »Universities, Localities and Regional Development: The Emergence of the ›Mode 2‹ University?« International journal of urban and regional research 28, Nr. 1: 212-223.

Hatch, Mark. 2013. The Maker Movement Manifesto: Rules for Innovation in the New World of Crafters, Hackers, and Tinkerers. New York: McGraw-Hill Education Ltd.

Henn, Sebastian und Harald Bathelt. 2014. »Knowledge Generation and Field Reproduction in Temporary Clusters and the Role of Business Conferences.« Geoforum 58: 104-113.

Hunsinger, Jeremy und Andrew Schrock. 2016. »The democratization of hacking and making.« New Media & Society 18, Nr. 4: 535-538.

Jones, Candance, Svenja Svejenova, Jasper Strandgaard Pedersen und B. Townley. 2016. »Misfits, mavericks and mainstreams: Drivers of innovation in the creative industries.« Organization Studies 37, Nr. 6: 751-768.

Karvonen, Andrew und Bas van Heur. 2014. »Urban Laboratories: Experiments in Reworking Cities.« International Journal of Urban and Regional Research 38, Nr. 2: 379-392.

Kleibrink, Alexander und Suntje Schmidt. 2015. »Communities of Practice as New Actors: Innovation Labs Inside and Outside Government.« In Open Innovation 2.0 Yearbook 2015, hg. von European Commission, 64-73. Luxembourg: Publication Office of the European Union.

Knoblauch, Hubert. 1996. »Arbeit als Interaktion. Informationsgesellschaft, Post-Fordismus und Kommunikationsarbeit.« Soziale Welt 47, Nr. 3: 344-362.

—2000. »Workplace Studies und Video.« In Arbeitskulturen im Umbruch, edited by Irene Götz and Andreas Wittel, 159-174. München: Waxmann.

Lampel, Joseph und Alan D. Meyer. 2008. »Guest Editor's Introduction: Field-Configuring Events as Structuring Mechanisms: How Conferences, Ceremonies, and Trade Shows Constitute New Technologies, Industries, and Markets.« Journal of Management Studies 45, Nr. 6: 1025-1035.

Lange, Bastian. 2015. »FabLabs und Hackerspaces.« Ökologisches Wirtschaften 30, Nr. 1: 8-9.

—2017. »Offene Werkstätten und Postwachstumsökonomien: kollaborative Orte als Wegbereiter transformativer Wirtschaftsentwicklungen?« Zeitschrift für Wirtschaftsgeographie 61, Nr. 1: 38-55.

Lange, Bastian, Florian Knetsch und Daniel Riesenberg. 2016. Kollaborationen zwischen Kreativwirtschaft und Mittelstand. Erfolgsfaktoren, Methoden und Instrumente. Wiesbaden: Gabler.

Lange, Bastian, Dominic Power und Lech Suwala. 2014. »Geographies of field-configuring events.« Zeitschrift für Wirtschaftsgeographie 58, Nr. 4: 187-201.

Liedtke, Christa, Carolin Baedeker, Marco Hasselkuß, Holger Rohn und Viktor Grinewitschus. 2015. »User-integrated innovation in Sustainable LivingLabs: an experimental infrastructure for researching and developing sustainable product service systems.« Journal of Cleaner Production 97: 106-116. https://doi.org/http://dx.doi.org/10.1016/j.jclepro.2014.04.070.

Löw, Martina. 2008. »The Constitution of Space. The Structuration of Spaces Through the Simultaneity of Effect and Perception.« European Journal of Social Theory 11, Nr. 1: 25-49.

Moeran, Brian und Jasper Strandgaard Pedersen. 2011. Negotiating values in the creative industries: fairs, festivals and competitive events. Cambridge [u.a.]: Cambridge Univ. Press.

Moilanen, Jarkko. 2012. »Emerging hackerspaces–Peer-production generation.« In Open Source Systems: Long-Term Sustainability. OSS 2012. IFIP Advances in Information and Communication Technology 378, hg. von Imed Hammouda, Björn Lundell, Tommi Mikkonen und Walt Scacchi, 94-111. Berlin, Heidelberg: Springer.

Navis, Chad und Mary Ann Glynn. 2010. »How New Market Categories Emerge: Temporal Dynamics of Legitimacy, Identity, and Entrepreneurship in Satellite Radio, 1990-2005.« Administrative Science Quarterly 55: 439-471.

Nowotny, Helga, Peter Scott und Michael Gibbons. 2001. Re-Thinking Science: Knowledge and the Public in an Age of Uncertainty. Cambridge: Cambridge University Press.

Oldenburg, Ramon undDennis Brissett. 1982. »The third place.« Qualitative sociology 5, Nr. 4: 265-284.

Parodi, Oliver, Marius Albiez, Richard Beccroft, Sarah Meyer-Soylu, Alexandra Quint, Andreas Seebacher, Helena Trenks und Colette Waitz. 2016. »Das Konzept ›Reallabor‹ schärfen- Ein Zwischenruf des Reallabors 131: KIT findet Stadt.« GAIA – Ecological Perspectives for Science and Society 25, Nr. 4: 284-285.

Potts, Jason, John Hartley, John Banks, John Burgess, Rachel Cobcroft, Stuart Cunningham und Lucy Montgomery. 2008. »Consumer co-creation and situated creativity.« Industry and Innovation 15, Nr. 5: 459-474.

Roessler, Isabel, Sindy Duong und Cort-Denis Hachmeister. 2015. Welche Missionen haben Hochschulen? Third Mission als Leistung der Fachhochschulen für die und mit der Gesellschaft. Gütersloh.

Rose, Gillian. 2001. Visual Methodologies. London: Sage.

Schäpke, Niko, Franziska Stelzer, Matthias Bergmann, Mandy Singer-Brodowski, Matthias Wanner, Guido Caniglia und Daniel Lang. 2017. Reallabore im Kontext transformativer Forschung: Ansatzpunkte zur Konzeption und Einbettung in den internationalen Forschungsstand. Edited by IETSR Discussion papers in Transdisciplinary Sustainability Research No 1/2017.IETSR Discussion papers in Transdisciplinary Sustainability Research No 1/2017. Leuphana: IETSR Discussion papers in Transdisciplinary Sustainability Research No 1/2017.

Schneidewind, Uwe und Karoline Augenstein. 2016. »Three Schools of Transformation Thinking: The Impact of Ideas, Institutions, and Technological Innovation on Transformation Processes.« GAIA – Ecological Perspectives for Science and Society 25, Nr. 2: 88-93.

Schüßler, Elke, Charles Rüling und Bettina Wittneben. 2013. »On Melting Summits: The Limitations of Field-Configuring Events as Catalysts of Change in Transnational Climate Policy.« Academy of Management Journal doi: 10.5465/amj.2011.0812.

Soja, Edward. 1996. Thirdspace: Journeys to Los Angeles and Other Real-and-Imagined Places. New York: Wiley-Blackwell.

Suwala, Lech, Mona Gennies, Alexandra Höng, Gordon Jamerson, Pauline Kobus, Eunsoo Lee, Annika Puderbach, Clara Scheffler, Joana Schirmer, Antonia Weber und Christiane Wichtmann. 2018. Urbane Werkstä(dt)tten – Transferformate zwischen Wirtschaft und Wissenschaft. Unveröffentlichter Projektbericht eines Studienprojekts an der TU Berlin.

Thornham, Helen und Edgar Gómez Cruz. 2016. »Hackathons, data and discourse: Convolutions of the data (logical).« Big Data & Society 3, Nr. 2: 1-11. http://journals.sagepub.com/doi/abs/10.1177/2053951716679675.

Toker, Umut und Denis O. Gray. 2008. »Innovation spaces: Workspace planning and innovation in U.S. university research centers.« Research Policy 37: 309-329. https://doi.org/doi:10.1016/j.respol.2007.09.006.

Troxler, Peter. 2014. »Fab Labs Forked: A Grassroots Insurgency inside the Next Industrial Revolution.« Journal of Peer Production 5. Zuletzt aufgerufen am 8. Januar 2015. http://peerproduction.net/issues/issue-5-shared-machine-shops/editorial-section/fab-labs-forked-a-grassroots-insurgency-inside-the-next-industrial-revolution/

Williamson, Ben. 2015. »Governing methods: policy innovation labs, design and data science in the digital governance of education.« Journal of Educational Administration and History 47 Nr. 3: 251-271.

Interview mit Christoph Gockel-Böhner

Was war Ihrer Erinnerung nach Ihr erstes »PopMusikEvent«?
Was war das Besondere daran, dass Sie sich bis heute daran erinnern?

Ich habe daran keine Erinnerung. Ich habe vielmehr einige Zeit benötigt mir einzugestehen, dass mich PopMusikEvents regelmäßig langweilen. Das war gegen den Mainstream. Ich dachte als Jugendlicher, man müsse das irgendwie toll finden, das müsse einen besonders antörnen, das müsse doch auch mich bewegen. Hat es aber nicht. Dieses Coming Out war gut. Ich wurde Kulturmanager, weil mich viele andere Bereiche der Kultur bewegten.

Warum haben Sie PopMusikEvents gelangweilt?

Ich teile das für die Antwort in PopMusik und Events auf:
Die PopMusik als solche bewegte mich nur selten und wenig, schon gar nicht nachhaltig. Sie entfaltete bis auf wenige Ausnahmen, die längst Klassiker genannt werden, für mich keine Relevanz. Dem Einfluss der Popkultur im Allgemeinen war und bin ich natürlich ebenso ausgesetzt wie fast alle Menschen meiner Alterskohorte im westlichen Kulturkreis, aber es ist bei mir doch eher etwas Reflektiertes auf der Ebene des Denkens, nichts Unmittelbares auf der Ebene des Fühlens. Da lässt mich PopMusik im Regelfall kalt.
Bei Events hatte ich frühzeitig Misstrauen, dass inhaltliche Belanglosigkeit oder mindere Qualität durch Masse oder durch Verpackung kaschiert werden könnte. Das Misstrauen geht so weit, dass ich in der Regel finde, dass dafür keine öffentlichen Mittel aufgewendet werden sollten. Ich fand mich sehr in der Grundsatzrede von Staatssekretär Hans-Heinrich Grosse-Brockhoff wieder, der die Kulturpolitik in NRW sehr verändert und auf neue

Füße gestellt hat. Er grenzte »Events« von kulturellem Erbe einerseits und Innovation andererseits ab.[1] Das sprach mir aus dem Herzen.

Was machen Sie beruflich?
Warum haben Sie sich für diesen Beruf entschieden?
Wie sah Ihr beruflicher Werdegang aus?

Ich leite das Kulturamt der Stadt Paderborn. Ich habe Theater- und Literaturwissenschaften studiert, mich aber immer sehr auch für Musik interessiert, auch innerhalb der Theater- und Literaturwissenschaften mit dem Schwerpunkt Musik, vor allem Musiktheater. Mein erstens Berufsjahrzehnt umfasste Jahre beim *Schleswig-Holstein Musik Festival* und in einer Agentur für klassische Musiker. Parallel habe ich berufsbegleitend noch Kulturmanagement studiert. Der Wechsel ins Kulturamt bedeutete den Wechsel vom Fachgeschäft für klassische Musik in einen großen Gemischtwarenladen für Kulturpolitik, -entwicklung, -förderung, -veranstaltungen verschiedenster Art und Museen. Es war der Wechsel in eine Position, in der ich mehr »bewegen« kann. Das hatte ich auch angestrebt, außerdem den Wechsel in eine besser bezahlte und unbefristete Anstellung, in eine ländlichere Gegend (auch wegen der Preise fürs Wohnen), noch dazu in die, aus der ich stamme. Der Preis dafür war, mich ins Korsett der öffentlichen Verwaltung zu begeben und eine »Behörde« zu leiten.

---

1   Es ging in der Rede vom 6.9.2005 darum, »warum […] eigentlich die nordrhein-westfälische Kulturpolitik der neuen Regierung [erfolge] und die neue Regierung diese Politik für so wichtig hält, dass sie […] den Mut habe, die Kulturfördermittel innerhalb einer Wahlperiode zu verdoppeln.« Unter anderem hieß es: »In einer Zeit, in der […] sich ein Event an das andere reiht […], müssen wir uns gerade in der öffentlich finanzierten Kultur […] darauf besinnen, worum es eigentlich geht. Nämlich einerseits um die […] Tradition unseres kulturellen Gedächtnisses […] und andererseits um die Ermöglichung des Neuen, des Unerhörten, des womöglich Anstößigen, also Skandalösen, also all dessen, was man vielleicht mit dem etwas aus der Mode gekommenen Begriff der ›Avantgarde‹ bezeichnen könnte. Die Events, meine Damen und Herren, können und müssen wir mehr und mehr mit privatem Geld […] veranstalten.«

Beschreiben Sie bitte Ihr berufliches Verhältnis zu Politik und Management vor und während der COVID-19-Pandemie.

Da hat sich durch die Pandemie im Grundsatz nichts geändert.

Wie sah Ihr berufliches Verhältnis zu Politik und Management vor der COVID-19-Pandemie aus?

Ich bewege mich seit Jahrzehnten im Spannungsfeld zwischen Kunst, kommunaler Kulturpolitik und Kulturmanagement.

Für mich steht an erster Stelle die Kunst, denn um die geht es im Kern: Was auch immer man ihr für Wirkungen zuschreibt, sie muss sie aus sich selbst heraus leisten können. Äußere Bezugssysteme wie Ökonomie, Demokratie, Sozialwesen, Politik oder Pädagogik, in denen sie sich bewegt, kommen erst später.

An zweiter Stelle steht die Politik, denn da geht es um gesellschaftliche Geltungsansprüche, um den Kampf um Relevanz auch für Individuen und nicht zuletzt um Verteilung öffentlicher Mittel. Dieser Kampf um Systemrelevanz ist in der Pandemie noch stärker zutage getreten, aber nicht prinzipiell neu.

Zuletzt kommt das Management als Ausführungshilfe.

Mit dieser Rangfolge als Orientierungshilfe bin ich ganz gut gefahren.

Was können wir aus den Entwicklungen während der Pandemie über »PopEventKulturen« lernen?

Da gibt es nichts Spezifisches für die PopEventKulturen, aber Allgemeines für die Kultur: Dass die Wichtigkeit und Sehnsucht, Kunst zu machen (Singen, Musizieren, Schaffen, Schreiben etc.) größer ist als Kultur zu konsumieren. Dass Kultur Begegnung braucht. Dass die Verlegung ins Internet gähnend langweilig ist. Dass Kunst für die Menschen relevant ist, aber fürs System nicht relevant ist. Der beste Satz über die Wichtigkeit der Kultur in der Pandemie war der von Macron in seiner »Nous sommes en guerre«-Rede im März 2020[2]: »Lisez, retrouvez aussi ce sens de l'essentiel. Je pense que c'est important dans les moments que nous vivons. La culture, l'éducation, le sens des

---

2   Ansprache des Präsidenten Emmanuel Macron zur COVID-19-Pandemie an das französische Volk am 16. März 2020.

choses est important.« (Lesen Sie, und besinnen Sie sich auf das Wesentliche. Ich denke, das ist wichtig in der Zeit, in der wir leben. Kultur, Bildung, die Bedeutung der Dinge ist wichtig.).

Was würden Sie angehenden Kulturmanager*innen und Eventmanager*innen mitgeben wollen?

Ich habe im Zusammenhang von Kulturmanagement und Politik zwei Ratschläge für sie. Falls sie ihnen nachkommen, wird ihnen das helfen, im Alltag von Kulturpolitik und Kulturmanagement Kurs zu behalten, sich nicht in Details und Kurzfristigkeiten zu verlieren. Und es kann sie davor bewahren, nur eine seelenlose Management-Erfüllungshilfe für diejenigen zu sein, die kraft ihrer fachlichen oder politischen Autorität die Leitlinien setzen und Entwicklungen vorantreiben.

Erstens: Wagen Sie den Blick aufs Grundsätzliche und Allgemeine: Fragen Sie sich, welchen Einfluss die Künste auf das öffentliche Glück[3] haben. Sie können das auch etwas moderner die Frage nach der Relevanz nennen. Falls Sie irgendwie politisch tätig sind, können Sie sich die Frage auch konkreter stellen: Gibt es Gründe, warum ein Teil der Steuermittel des Gemeinwesens aller (in Kommune, Kreis, Kommunalverband, Land, Nation oder übernationaler Union) für Kultur aufgewendet werden sollte? Haben Sie dabei das ganze Gemeinwesen im Blick, nicht nur die Kultur. Nehmen Sie sich Zeit und Ruhe zur Beantwortung. Vergessen Sie dazu kurz das »Management«, das einzelne »Event« und die Fokussierung auf diese oder jene Kunst- oder Kultursparte. Machen Sie das am besten allein, wenn Sie sich nicht mit irgendwem verbünden oder irgendwen überzeugen müssen, sondern nur sich selbst. Bleiben Sie hart an der Frage des »warum« und weichen Sie nicht gleich aus, etwa auf die Fragen des »Wofür« und des »Wie viel«. Machen Sie das ganze am besten schriftlich und prüfen Sie von Zeit zu Zeit sehr kritisch, ob Sie sich selber glauben, was da auf dem Papier oder dem Bildschirm steht. Geben Sie sich nicht mit Oberflächlichkeiten und angelernten Schlagworten zufrieden, sondern hinterfragen Sie Ihre eigenen Antworten kritisch. Passen Sie den Text ggf. ab und zu an. Prüfen Sie im Alltag, ob Ihr Eintreten für dieses oder jenes Ihren Antworten standhält.

---

[3] Carl Theodor von Dalberg : Périclès. De l'influence des beaux-arts sur la félicité publique, Paris 1805/deutsch : Perikles. Über den Einfluß der schönen Künste auf das öffentliche Glück, Gotha 1806 (Übersetzung von Ch. C, Grafen von Bentzel).

Zweitens: Wagen Sie den Blick aufs Spezielle: Verstehen Sie bitte auch als Kulturmanager*in von irgendeiner Kunst- oder Kultursparte wirklich soviel, dass Sie sich unter die Fachleute zählen dürfen. Es ist nicht sehr wichtig, ob das etwa eine Sparte der Geschichtswissenschaft, der Bildenden Kunst, der Literatur, des Theaters, des Films oder der Musik ist, sondern es geht um die Tiefe. Ich persönlich finde es gut, wenn jemand erst ins Kulturmanagement findet, nachdem er in irgendeiner Sparte durch Praxis oder Studium Fachwissen gewonnen hat, aber es geht auch parallel oder sogar anders herum. Das tiefe Verständnis wenigstens einer Sparte wird Ihnen bei der Beschäftigung mit meinem ersten Ratschlag helfen, auch im Hinblick auf die anderen Sparten. Prüfen Sie Ihre Kompetenz auch hier ab und zu kritisch.

Leider finden diese grundlegenden Fragen in vielen Studiengängen zu Kulturmanagement und erst recht zu Eventmanagement[4] nur marginal oder gar nicht Berücksichtigung. Sie sind aber wichtig und im Falle einer leitenden Funktion bei der öffentlichen Hand oder ähnlichen Institutionen sogar unerlässlich. In vielen Studiengängen werden nur Fachleute fürs Organisieren ausgebildet, aber der Marschallstab für die Grundausrichtung ist nicht im Tornister und das Wissen um die Inhalte auch nicht. Dabei besteht die Gefahr, dass man unkritisch wird, weil man nicht recht weiß, warum und wofür man managt und auf welcher Grundlage die gelernten Managementmethoden basieren. Versuchen Sie, dem zu entgehen, z.B. durch die Beherzigung meiner beiden Ratschläge. Für Ihr Selbstverständnis als Manager*in wird das hilfreich sein.

Die Fragen stellten Beate Flath und Christoph Jacke.

Biographie

Christoph Gockel-Böhner, geb. 1964 als Landwirtssohn im ländlichen katholischen Westfalen, Beginn des Kultur- und Eventmanagements als Schülersprecher, Militärdienst bei der Psychologischen Verteidigung, sieben Jahre Studium der Literatur- und Theaterwissenschaften in Erlangen und Coleraine (Nordirland), kurzes Intermezzo als Deutschlehrer in Flandern, neun Jahre in

---

4   Ich unterscheide: Im Eventmanagement tummeln sich Organisationsfachleute, im Kulturmanagement tummeln sich diejenigen, die auch künstlerische und gesellschaftliche Grundausrichtungen bestimmen.

Hamburg beim *Schleswig-Holstein Musik Festival* und in einer Künstleragentur für klassische Musik, dabei berufsbegleitendes Kulturmanagement-Studium in Hamburg, seit 1999 Leiter des Kulturamts der Stadt Paderborn. Nie aufgehört, Musik, Literatur und Theater auch selbst aktiv auszuüben. Verheiratet, zwei erwachsene Kinder.

(Ausbildungs-)Wege im (Event-)Management

Martin Lücke

Intro

Event ist seit einigen Jahren ein omnipräsentes, nicht geschütztes Modewort, ähnlich den Begriffen Management oder Projekt. Viele glauben, bei der Thematik Event mitreden zu können. Fragen wie: »Hast Du auch jenes Event gesehen?«, »Warst Du auch bei diesem wunderbaren Event?«, »Wie war es gestern? Tolles Event!«, oder »Was machst Du morgen? Ich gehe zum Event xy!« gehören zum Alltagsgespräch dazu – zumindest bis zum durch die Corona-Pandemie erzwungenen Lockdown ab Mitte März 2020 und der temporären Einstellung von (fast jeglichen) Veranstaltungen aller Art.

Was aber ist überhaupt eine Veranstaltung in Abgrenzung zum glamourös und spannend klingenden Event? Gibt es überhaupt einen Unterschied, wann eine Veranstaltung zu einem Event avanciert? Ulrich Holzbauer, einer der im deutschsprachigen Raum renommiertesten Wissenschaftler innerhalb einer quantitativ wachsenden Eventforschung, veröffentlichte 2015 folgende stichwortartige und dennoch vielseitige Definition zum Event:

> »Der Begriff Event bedeutet übersetzt Ereignis, auch mit den Bedeutungen Vorfall, Begebenheit, Ausgang (von mehreren möglichen), Veranstaltung, Sportwettkampf. Zum Ereignischarakter der Veranstaltung kommen noch weitere Aspekte hinzu, die durch folgende Stichworte gekennzeichnet sind:
> - Erinnerungswert, Positivität,
> - Einmaligkeit (keine Routine),
> - Aktivierung der Teilnehmer
> - Zusatznutzen und Effekte für die Teilnehmer,
> - Planung (Geplantheit), Gestaltung, Organisation und Inszenierung,
> - Vielfachheit von Ereignissen, Medien und Wahrnehmungen,
> - Verbindung von Eindrücken und Symbolik,

- Event aus Sicht des Teilnehmers.
Der Begriff Event ist subjektiv und unscharf: Der Grundnutzen Veranstaltung wird durch einen Zusatznutzen zum Event, fließende Übergänge sind möglich. Auch das Event selbst ist nicht exakt abgegrenzt: Anreise, Verpflegung, Umfeld und Abreise können in den Gesamteindruck mit einbezogen sein.« (Holzbauer 2015, 34)

Zusammengefasst werden kann: Ein Event basiert in jedem Fall auf einer Veranstaltung, aber ist darüber hinaus durch eine Vielzahl weiterer (zu planender) Besonderheiten gekennzeichnet. Aber auf den Begriff Event muss noch genauer eingegangen werden. Denn es ist Fakt, dass vor allem aus Marketinggründen Veranstaltungen ohne definitorische Genauigkeit als Events tituliert werden. In diesen Zusammenhang passt das Konzept der sogenannten Eventisierung, das Hans Jürgen Wulff im *Lexikon der Filmbegriffe* wie folgt thematisiert:

»Das Konzept der Eventisierung entsprang dem Marketing und bezeichnete dort außergewöhnliche Veranstaltungen mit Ereignischarakter, mit dem Ziel, Produkte, Marken oder Institutionen emotional aufzuladen. In der Soziologie wurde der Begriff heimisch, als erste Untersuchungen zur ›Erlebnisgesellschaft‹ vorlagen, die zeigten, dass sich Individuen in spätkapitalistischen Gesellschaften zunehmend von tradierten Formen des Feierns lösen und nach individuierten Anlässen suchen, die ihnen Vergnügen und Spaß bereiten und den Rang von ›Erlebnissen‹ einnehmen. Es wurde eine ›Verspaßung‹ immer weiterer Bereiche des sozialen Lebens sichtbar, die sich in der Anreicherung kultureller Traditionsveranstaltungen mit zusätzlichen Verlustierungselementen wie aber auch durch strategische Neuschöpfungen von Unterhaltungsformaten manifestierte, sich dabei zunehmend von den sozialen Einbindungen der Formate lösend und immer diffusere Adressatengruppen ansprechend. In nahezu allen diesen Neuformatierungen tritt das Individuum als Konsument auf, gewinnt seine Erlebnisse also in einem Warenformat.« (Wulff o.D.)

Diese kurzen Vorbemerkungen sind relevant, um sich einem Phänomen zu nähern, das mit der quantitativen Zunahme der Begriffe Event, Eventmanagement und Eventisierung einher geht: die sich verändernden bzw. ausdifferenzierenden Ausbildungswege. Ähnliche Veränderungen können seit einigen Jahren im Bereich Musikmanagement aufgezeigt werden. Auch hier gibt es, ausgelöst durch den Wandel der gesamten Branche und der Initiierung der Mannheimer Popakademie im Jahr 2003, inzwischen ein beinahe unübersichtliches Feld akademischer Ausbildungswege, das zu einer Veränderung des Berufs- und Rollenbildes geführt hat. (Lücke, Jóri und Wickström 2015; Lücke und Jóri 2017; Lücke 2017; Lücke 2018)

Im folgenden Beitrag geht es (auch) aufbauend auf den Erkenntnissen zum Themenfeld Musikmanagement um die verschiedenen existierenden Ausbildungswege zum/zur Eventmanager*in. Dazu werden drei unterschiedliche Wege in das Berufsfeld Eventmanagement aufgezeigt: die duale Ausbildung, das Studium sowie der Quereinstieg. Im Rahmen des Abschnitts zum Eventmanagementstudium werden exemplarisch drei Studiengänge analysiert. Statistiken zum Arbeitsmarkt unterstreichen zudem die spätere Arbeitsplatzsicherheit in diesem Tätigkeitsumfeld.

Wege in das Eventmanagement

Die Ausbildungswege für angehende Eventmanager*innen (was im Kontext dieses Textes immer auch Veranstaltungsmanager*innen impliziert) haben sich in den letzten Jahren stark gewandelt bzw. sind gänzlich neu entstanden. Im 1997 von Hermann Rauhe herausgegebenen, damals wegweisenden Sammelband *Kulturmanagement: Theorie und Praxis einer professionellen Kunst*, der sich mit dem damals stark veränderten Berufsbild Kulturmanager*in (auch damals schon einhergehend mit einer verstärkten akademischen Ausbildung) auseinandersetzte, tauchte nicht nur das Berufsbild Eventmanagement noch gar nicht auf, selbst der Begriff Event kommt auf den mehr als 700 Seiten kein einziges Mal vor. Eine stärke Benutzung und Bedeutung des Begriffs Eventmanagement und damit auch des sich daraus ableitenden Berufsbildes Eventmanager*in ist demnach schlussfolgernd ein Phänomen von gerade einmal 20 Jahren.

Generell müssen – wie in vielen anderen vergleichbaren Fällen wie dem/der Musikmanager*in auch – mindestens drei unterschiedliche (Ausbildungs-)Wege für und in das Berufsfeld Eventmanagement betrachtet werden:

- die duale Ausbildung
- das akademische Studium, und
- der wie auch immer ausgestaltete Quereinstieg

Im Fokus steht dabei: Welche Inhalte bzw. welche sich daraus ableitenden Kompetenzen werden durch die verschiedenen hier darzustellenden (Ausbildungs-)Wege überhaupt vermittelt? Und gleichzeitig muss die Frage mitgedacht werden, welche Fähigkeiten und Kompetenzen ein*e Eventmanager*in eigentlich grundlegd benötige, und ob diese überhaupt in einer Ausbildungsverordnung oder in einem Curriculum adäquat abgebildet werden können. Denn die eingangs zitierte Event-Definition zeigt eindrücklich, wie vielfältig dieses Feld zu sein scheint, weshalb eine Vielzahl unterschiedlicher Kompetenzen benötigt werden.

a) Duale Ausbildung

Die Bundesrepublik Deutschland verfügt über ein spezifisches duales Ausbildungssystem, das in seiner jetzigen Form mit bundesweit einheitlichen Regelungen seit 1969 existiert. In der Regel basierend auf einem mittleren oder höheren Schulabschluss, schließt sich eine dreijährige Fachausbildung an, die an zwei Lernorten stattfindet. Lernort Nr. 1 (Praxis) ist der mit Ausbildungsvertrag geregelte Ausbildungsplatz in einem Betrieb. Grundlage hierfür ist die jeweilige Ausbildungsordnung nach dem Berufsbildungsgesetz (BBiG). Lernort Nr. 2 (Theorie) ist die Berufsschule, auf Grundlage eines Rahmenlehrplans und dem jeweiligen Schulgesetz der Bundesländer.

Grundlegend novelliert wurde das der dualen Ausbildung zugrunde liegende Berufsbildungsgesetz zunächst 2005, so wurden auch Ausbildungsabschnitte im Ausland anerkannt. Im Mai 2019 wurde die zunächst letzte Novellierung beschlossen, um die berufliche Bildung an neue Entwicklungen anzupassen. Zudem wurde erstmals eine Mindestvergütung für Auszubildende beschlossen; 515 € im Jahr 2020, 620 € im Jahr 2023. (Bundesregierung 2019) Sämtliche Ausbildungsberufe samt relevanter Informationen zur Tätigkeit, Rechtsgrundlagen oder Rahmenlehrplänen finden sich auf den Seiten des Bundesinstituts für Berufsbildung (bibb), das auch die Weiterentwicklung der dualen Ausbildung wissenschaftlich begleitet und erforscht.

Das Angebot und die Nachfrage nach Ausbildungsplätzen in Deutschland haben sich in den letzten Jahrzehnten stark verändert, Angebot und Nachfrage waren nicht immer deckungsgleich. 1992 gab es mit über 720.000 angebotenen Ausbildungsplätzen den Höchststand, 2014 wurden hingegen nur noch 561.000 Plätze angeboten, der bisherige Tiefststand. Erst seit 2015 steigt wieder die Zahl der Ausbildungsplätze und lag 2018 bei ca. 590.000. Im Gegenzug entwickelte sich die Nachfrage von 608.000 im Jahr 1992 auf 644.000

im Jahr 2007, um dann bis 2016 auf 540.000 zurückzugehen. (Bundesinstitut für Berufsbildung 2019) Im Zuge dieser sich stark verändernden Nachfrage, die mit einer Zunahme an eingeschriebenen Studierenden einhergeht, ist seit einigen Jahren in Deutschland in den Medien von einem sogenannten Fachkräftemangel die Rede, der, neben dem IT- und Ingenieursbereich, viele klassische Ausbildungsberufe in der Medizin, der Pflege oder im Handwerk trifft. (BMWI 2020)

Fokussiert man nun den Blick auf das Thema Eventmanagement, ergeben sich in Bezug auf die duale Ausbildung drei Erkenntnisse.

a) Eine spezifische duale Ausbildung für Eventmanager*innen existiert nicht. Bei der Suche nach den Begriffen Ausbildung und Eventmanager*in wird aber seitens der Agentur für Arbeit sowie dem Bundesinstitut für Berufsbildung (bibb) der/die Veranstaltungskaufmann/-kauffrau, der u.a. in Eventagenturen absolviert werden kann, als erste Wahl angeboten. Hierbei handelt es sich um eine verhältnismäßig neue, durch die Industrie- und Handelskammer (IHK) abgenommene Ausbildung, die erst 2001 eingeführt worden ist – parallel zum vermehrten Aufkommen von Events. (Bundesinstitut für Berufsbildung 2020a)

b) 2018 gab es im Bereich Veranstaltungskaufmann 4.563 Ausbildungsverträge, mit steigender Tendenz. Damit gehört der Veranstaltungskaufmann/-kauffrau zu den beliebteren Ausbildungsberufen in Deutschland mit einem überproportionalen Anteil an Frauen (2.928). Aufgrund der besonderen Berufsanforderungen – Events finden oftmals am Abend statt – neigen die Ausbildungsbetriebe dazu, Auszubildende mit Abitur bzw. Fachabitur einzustellen, da bei dieser Personengruppe die Aspekte des Jugendschutzes nicht mehr zu tragen kommen. 2018 besaßen von den 1.935 neu begonnenen Auszubildenden 1.434 Hoch- oder Fachhochschulreife – ohne Schulabschluss waren hingegen nur 24. (Bundesinstitut für Berufsbildung 2020b)

c) Die dreijährige berufsschulische Ausbildung mit insgesamt 880 Unterrichtsstunden umfasst elf Lernfelder:

Tabelle 1: Unterrichtsstunden im Ausbildungsberuf Veranstaltungskaufmann/-frau.

Unterrichtsfächer	1. Ausbildungsjahr	2. Ausbildungsjahr	3. Ausbildungsjahr
Betriebsprozesse und Branchenstrukturen	80		
Berufsbildung und Arbeitsschutz	60		
Rechnungswesen	80		
Marketing	100		
Beschaffungswirtschaft		80	
Investition und Finanzierung		80	
Veranstaltungskonzeption und -organisation		120	
Veranstaltungsmarketing			40
Dienstleistungsprozesse			80
Controlling			80
Personalwirtschaft			80
Unterrichtsstunden je Ausbildungsjahr	320	280	280

(Kultusministerkonferenz 2001)

Aus den im Rahmenlehrplan aufgeführten Fächern wird deutlich, welche unterschiedlichen Bereiche samt ihrer Kompetenzen zumindest in der schulischen Ausbildung abgedeckt werden – die Ausbildungsinhalte im Betrieb hängen im starken Maße von der inhaltlichen Ausrichtung des Ausbildungsbetriebs ab. Ein Schwerpunkt, mit 120 Schulstunden, wird auf den Bereich Veranstaltungskonzeption und -organisation gelegt, wobei auch praktische Kompetenzen z.B. im Bereich Technik abgedeckt werden, aber auch klassische kaufmännische Themen wie Personal, Investitionen oder Beschaffung sind ausbildungsrelevant.

Aufbauend auf den dreijährigen Veranstaltungskaufmann/-kauffrau kann noch ein*e Veranstaltungsfachwirt*in absolviert werden, ein Äquivalent zum Meister im Handwerk. Diese Weiterqualifizierung existiert erst seit 2008 und löste den/die Fachwirt*in für die Tagungs-, Kongress- und Messewirtschaft ab.

Im Fokus der in der Regel 18-monatigen (kostenpflichtigen) berufsbegleitenden Weiterbildung, die von verschiedenen Anbietern wie u.a. der IHK durchgeführt wird, stehen – unterteilt in eine wirtschaftsbezogene Qualifikation und eine handlungsfeldspezifische Qualifikation – folgende Fächer:

*Tabelle 2: Unterrichtete Fächer im Rahmen der Weiterbildung Veranstaltungsfachwirt*in.*

Wirtschaftsbezogene Qualifikation	Handlungsfeldbezogene Qualifikation
Volks- und Betriebswirtschaft	Analysieren von Märkten und Definieren von Marktchancen
Recht und Steuern	Konzipieren von Veranstaltungsprojekten
Unternehmensführung	Planen, Vorbereiten, Durchführen und Nachbereiten von Veranstaltungen
Rechnungswesen	Akquisition von Kunden sowie kundenorientierte Vermarktung
	Führung und Zusammenarbeit

(Bundesinstitut für Berufsbildung 2008)

Ziel der Weiterbildung Veranstaltungsfachwirt*in ist, wie in der Prüfungsordnung hinterlegt:

- das Analysieren und Bewerten von Sachverhalten der Veranstaltungswirtschaft auf der Basis von volkswirtschaftlichen, betriebswirtschaftlichen und rechtlichen Zusammenhängen sowie die daraus erfolgende Ableitung unternehmerischer Handlungsschritte,
- das ziel- und teamorientierte Konzipieren, Organisieren, Durchführen und Nachbereiten von Veranstaltungen und Veranstaltungsbeteiligungen,
- die systematische Entwicklung komplexer, vielfältiger und qualitätsorientierter Lösungen in Prozessen der Veranstaltungswirtschaft und
- die interne und externe Schnittstellenfunktion zwischen den betriebswirtschaftlichen und technischen Bereichen durch kommunikative Kompetenzen. (Bundesinstitut für Berufsbildung 2008)

Deutlich wird die höhere Komplexität der Aufgaben, die ein*e Veranstaltungsfachwirt*in im Vergleich zum Veranstaltungskaufmann/-kauffrau realisieren muss.

b) Studium Eventmanagement

Ein Studium ist der zweite Eintrittsweg in das Feld Eventmanagement. Je nach zugrunde liegender Suchmaske (StudyCheck, Eventmanagement-studieren, Kursnet) erscheinen in Deutschland derzeit mehr als 150 Studienangebote für den Suchbegriff Eventmanagement. Darunter befinden sich neben Vollzeitpräsenzstudiengängen auch Fernstudiengänge, duale Studiengänge und berufsbegleitende Präsenzstudiengänge. Zudem heißen die Studiengänge in der Regel nicht ausschließlich Eventmanagement, sondern sind mit einem weiteren (Fach- bzw. Spezialisierungs-)Zusatz versehen.

Darüber hinaus existieren auch Studienangebote, die unter Entertainmentmanagement subsumiert werden. Entertainmentmanagement, als Management der Unterhaltungsindustrien, besitzt eine große Schnittmenge zum Eventmanagement und wird im weiteren Verlauf auch mitbetrachtet.

Bei einer ersten, groben Analyse der derzeit existierenden Studienangebote fallen einige Aspekte ins Auge:

- Sämtliche Angebote finden auf Bachelorniveau statt. Eine spezifische Event- oder Veranstaltungsausbildung auf Masterniveau existiert derzeit anscheinend nicht.
- Bis auf eine Ausnahme (Event- und Messemanagement, TU Chemnitz) finden alle Studiengänge an (Fach-)Hochschulen, Berufsakademien und dualen Hochschulen statt.
- Zahlreiche Studiengänge werden von privaten Hochschulen angeboten, ein Ergebnis, das nicht überrascht, kommt doch die bereits angeführte Untersuchung der Musikmanagementstudiengänge zu einem ähnlichen Ergebnis (Lücke 2018). Es sind vor allem die vermeintlich modern klingenden Studienangebote (in diesem Fall Event), die von den sogenannten Privaten in ihr Portfolio integriert werden.

In diesem Zusammenhang ein kurzer exkursorischer Überblick zur privaten Hochschullandschaft in Deutschland: Von den ca. 420 Hochschulen in Deutschland sind (aktuell) 110 in privater Trägerschaft, davon wiederum sind 84 Fachhochschulen. Ein Boom der privaten Anbieter hat vor allem in den 1990er Jahren und dann noch einmal nach der Jahrtausendwende eingesetzt. Die Ursprünge von privaten Hochschulen in Deutschland gehen jedoch schon zurück bis ins Jahr 1816, als die heutige Technische Hochschule Georg Agricola in Bochum gegründet wurde.

Tabelle 3: Angebot an Studiengängen mit dem Schwerpunkt Eventmanagement.

	BWL-Eventmanagement	Eventmanagement	Eventmarketing	Internationales Eventmanagement	Mess-, Kongress- und Eventmanagement	Sport-, Event- und Medienmanagement	Tourismus-, Hotel- und Eventmanagement
Vollzeit	15	23	6	7	3	9	13
Fernstudium	6	4	3	-	1	3	3
Duales Studium	11	12	3	2	6	3	7
Berufsbegleitendes Präsenzstudium	6	5	3	-	3	2	5
Gesamt	38	44	15	9	13	17	28

Im Vergleich zu staatlichen Hochschulen haben private deutlich weniger Studierende pro Institution (8.000 vs. 1.000). Gleichzeitig finanzieren sich die Privaten zum Teil fast ausschließlich über Studiengebühren, die bei einem 7-semestrigen Studium bis zu 35.000 € betragen können. Trotzdem können private Hochschulen die Anzahl der Studierenden stetig erhöhen – trotz eines breiten staatlichen Angebots. So sind allein die Studierendenzahlen im privaten Bildungssektor zwischen 1995 und 2018 von 15.000 auf ca. 250.000 gestiegen, ein Wachstum von 1.600 %, während im selben Betrachtungszeitraum die Studierendenzahl an staatlichen Hochschulen nur um 50 % gewachsen ist. (DESTATIS 2020)

Im Rahmen einer – nicht repräsentativen – Fallstudie wurden exemplarisch drei Studiengänge ausgewählt und analysiert:

a) BA Veranstaltungsmanagement, Hochschule Hannover
b) BA Eventmanagement, Hochschule für angewandtes Management
c) BA Eventmanagement & Entertainment, Fachhochschule des Mittelstands

Die Auswahl der Fallbeispiele beschränkt sich auf Bachelorstudiengänge. Es wurden sowohl staatliche als auch private Anbieter untersucht. Zentrales Auswahlkriterium war der Name des Studiengangs, um die Breite von Studiengängen im Bereich Eventmanagement abdecken zu können.

In die Untersuchung eingeflossen sind, neben den allgemeinen Angaben zu den Studiengängen, die Curricula sowie die jeweils für die Studiengänge angegebenen Kompetenzen sowie späteren Berufsmöglichkeiten innerhalb der Veranstaltungs- und Eventbranche.

Tabelle 4: Studiengang 1 – Veranstaltungsmanagement (Hochschule Hannover).

Steckbrief	
Hochschule	Hochschule Hannover, stattlich
Studiengang	Veranstaltungsmanagement
Abschluss	Bachelor of Arts
Studienform	Vollzeit, Präsenzstudium
Anzahl Semester	7
ECTS	210

Das 7-semestrige Bachelorstudium an der Hochschule Hannover ist, wie in Abbildung 1 erkennbar, in sieben, in der Regel über mehrere Semester verlaufende Hauptmodule unterteilt:

- BWL/VWL/Recht
- Kommunikative und methodische Kompetenzen
- Veranstaltungskonzeption und Technik
- Marketing
- Praxisprojekte
- Wahlschwerpunkt I & II

Zentral ist eine einsemestrige, mindestens fünf Monate dauernde Praxisphase im dritten Fachsemester. Diese verhältnismäßig frühe Praxisphase könnte dazu dienen, den Studierenden eine Exitpunkt zu bieten, einen realistischen Einblick in das spätere Berufsfeld zu geben, um ein Studium bei falschen (inhaltlichen) Vorstellungen zu verlassen. Ähnlich wird heute in der Lehramtsausbildung gearbeitet.

Die sieben hier aufgeführten Hauptmodule unterteilen sich wiederum in 74 Teilmodule (HS-Hannover 2020b). Das Studium ist also sehr kleingliedrig mit zahlreichen Kursen, die nur 1 SWS umfassen. Hinzu kommen noch sechs Teilmodule in zwei der folgenden individuellen Wahlschwerpunkte:

- Sport und Freizeit
- Kunst und Kultur
- Hotel und Tourismus
- Messen, Ausstellungen und Kongresse

Die Hochschule Hannover äußert sich wie folgt zum Studienziel:

»Die Zukunftsperspektiven von Veranstaltungsmanagern sind durchweg positiv. Sie arbeiten in der Messe- und Kongressbranche, bei Reiseveranstaltern, in der Hotellerie, in Kulturämtern, in Werbe- und Eventagenturen, bei Showproduktionen von Funk, Film/TV und Theater, in der Unternehmenskommunikation und auch als Selbstständige. Das Studium Veranstaltungsmanagement ist eine anspruchsvolle und zeitgemäße Qualifikation für einen dynamisch wachsenden Dienstleistungsbereich.« (HS-Hannover 2020c)

Tabelle 5: Studiengang 2 – Eventmanagement (HAM Hochschule für angewandtes Management).

Steckbrief	
Hochschule	Hochschule für angewandtes Management, privat
Studiengang	Eventmanagement
Abschluss	Bachelor of Arts
Studienform	Vollzeit, Teilzeit, berufsbegleitend, duales Studium, Präsenzstudium und virtuelles Studium
Anzahl Semester	7
ECTS	210

Der Studiengang Eventmanagement an der 2004 gegründeten privaten Hochschule für angewandtes Management (HAM) ist auf sieben Semester angelegt, eines davon ist ein Praxissemester. Die Kosten für ein Studium an der HAM belaufen sich auf ca. 17.000 €.

Das Studium ist Blended learning angelegt, das heißt, (kurze) Präsenzphasen am Campus wechseln sich mit virtuellen Lernphasen ab. Pro Semester verbringen die Studierenden nur zehn Präsenztage am Campus.

Die Studieninhalte teilen sich, wie bei privaten Anbietern häufig der Fall, in ein Studium sogenannter Grundlagenfächer, die von Studierenden unterschiedlicher Studiengänge absolviert werden müssen, und fachspezifischer anwendungsorientierter Module und Schwerpunktmodule/-kurse auf. Insgesamt verfügt das Studium über drei zentrale Lernfelder, deren Module jeweils 6 CP umfassen:

- BWL-Grundlagen: 10 Module, 60 CP
- Schlüsselqualifikationen: 6 Module, 36 CP
- Vertiefung Eventmanagement: 12 Module, 72 CP

Die restlichen 42 CP verteilen sich auf die Praxisphase (30 CP) und die Bachelorarbeit (12 CP). (HAM 2020). Der Fokus des Studiums an der HAM liegt auf Grundlagenfächern und stellt somit eine akademische Ausbildung in der Breite dar. Die Hochschule selbst wirbt in ihrem Angebot damit, dass angehende Eventmanager*innen mit ihrem Abschluss in einem breiten Tätigkeitsfeld unterkommen können:

»Das Schwerpunktstudium Eventmanagement qualifiziert die Absolventen zur Übernahme anspruchs- und verantwortungsvoller Positionen im Event- und Sportbereich. Als Eventmanager sind diese individuell einsetzbar. Ob im Stadtmarketing, in der öffentlichen Verwaltung, bei einem Kulturamt, in der Gastronomie oder in einer Eventagentur – Eventmanager findet man in vielen Branchen und Berufsfelder. Praxiserfahrung ist einer der wichtigsten Grundpfeiler eines jeden Eventmanagers. Das Berufsfeld ist sehr spannend und vielfältig, zudem steigt die Nachfrage nach Eventplaner. Mit der nötigen Praxiserfahrung haben Studierende des Fachs Eventmanagement ausgezeichnete Berufsperspektiven und können sich für zahlreiche verschiedene Einsatzbereiche entscheiden.« (HAM 2020)

Tabelle 6: Studiengang 3 – Eventmanagement & Entertainment (FHM Fachhochschule des Mittelstandes).

Steckbrief	
Hochschule	Fachhochschule des Mittelstands, privat
Studiengang	Eventmanagement & Entertainment
Abschluss	Bachelor of Arts
Studienform	Vollzeit
Anzahl Semester	6
ECTS	180

Im Fachbereich Medien bietet die 2000 gegründete Fachhochschule des Mittelstands mit ihren ca. 5.000 Studierenden den Studiengang Eventmanagement & Entertainment an. Das 6-semestrige Studium, Kostenpunkt ca. 23.000 €, hat ein 24-wöchiges Praxissemester curricular verankert. Die Besonderheit des Studiengangs ist die Aufteilung in neun viermonatige Trimester, die sich wie folgt aufteilen:

- 1.-3. Trimester: Lehre
- 4.-5. Trimester: Praxisphase
- 6.-8. Trimester: Lehre
- 9. Trimester: Bachelorphase

Die Lehrinhalte sind nach Kompetenzen aufgebaut und umfassen:

- Spezielle Fachkompetenzen (u.a. Medientheorie, Medienproduktion, Eventrecht)
- Allgemeine Wirtschaftskompetenz (u.a. BWL, Unternehmensführung)
- Personelle & soziale Kompetenzen (u.a. Wirtschaftsenglisch, Moderation)
- Aktivitäts- & Handlungskompetenzen (u.a. Selbstmanagement, Wissenschaftliches Arbeiten) (FHM 2020)

Bemerkenswert in diesem Curriculum ist, dass die Studierenden Spanisch oder Russisch lernen müssen. In Bezug auf die möglichen Tätigkeitsfelder für angehende Eventmanager*innen wird die komplette Bandbreite von Konzertveranstaltern bis Hochzeitsagenturen angegeben.

Dieser kurze, nicht-repräsentative Überblick von Studiengängen zeigt einige Gemeinsamkeiten aber auch – oftmals strukturell bedingte – Unterschiede. Zum einen bieten alle Studiengänge eine Praxisphase an – wobei sich nur die Lage im Studium unterscheidet –, auch sind Projekte im Studium curricular fest verankert. Zum anderen ist die Auswahl der angebotenen Module nicht vollständig deckungsgleich, doch zeigt die Analyse, dass bestimmte Kompetenzen im Bereich Wirtschaft, Recht, Eventkonzeption etc. in allen Angeboten vermittelt werden.

Unterschiede bestehen zwischen dem untersuchten staatlichen Angebot und den beiden privaten Angeboten in Hinblick auf die Wahlmöglichkeiten von Modulen. Während im Studiengang Veranstaltungsmanagement zwei Schwerpunkte gewählt werden müssen, sind die Angebote an der HAM und FHM in ihrem Curriculum – wie bei privaten Hochschulen üblich – festgelegt.

Generell wird deutlich, dass alle Studiengänge den Studierenden ein breites (wirtschaftliches) Grundlagen- und Fachwissen vermitteln wollen und die Vielzahl der Module, für Fachhochschulen typisch, praxisorientiert ausgerichtet sind.

Über die inhaltliche Qualität der Studiengänge bzw. der einzelnen Module kann jedoch keine Aussage getroffen werden, da dies von vielen Faktoren wie u.a. der Dozierendenauswahl abhängig ist und in einer weiteren qualitativen Studie untersucht werden müsste.

c) Quer- bzw. Seiteneinstieg Eventmanagement/Weiterbildung

Abschließend noch ein Blick auf die zahlreich existierenden Möglichkeiten, als Quer- oder Seiteneinsteiger im Arbeitsgebiet Eventmanagement zu reüssieren: Neben der in der Theorie stets gegebenen Option, entweder ohne jegliche Ausbildung oder mit einer gänzlich anderen Ausbildung oder einem (abgebrochenem) Studium in das Feld Eventmanagement einzusteigen, bieten viele (vor allem private) Anbieter spezifische Weiterbildungen für dieses Tätigkeitsfeld an, teils sogar mit IHK-Abschluss. Inzwischen existieren mehr als 20 spezifische Weiterbildungsangebot im deutschsprachigen Raum.

Als Beispiel soll die Weiterbildung der ils-Fernschule betrachtet werden:

Tabelle 7: Steckbrief ILS – Weiterbildung Eventmanagement (IHK).

Steckbrief	
Anbieter	ils – Institut für Lernsysteme
Weiterbildung	Eventmanagement (IHK)
Abschluss	Zertifikat oder IHK-Abschluss
Weiterbildungsform	berufsbegleitend
Teilnahmevoraussetzung	Nachweis eines mindestens mittleren Bildungsabschlusses, einer abgeschlossenen kaufmännischen oder verwaltenden Ausbildung und erste Berufserfahrung im Kommunikationsbereich **oder** mindestens mittleren Bildungsabschlusses und mindestens 3 Jahre Berufspraxis im Kommunikationsbereich **oder** eines Hochschulstudiums – auch ohne zusätzliche Berufspraxis.
Dauer	12 Monate
Umfang	16 Studienhefte

Nach eigener Angabe richtet sich die Weiterbildung zum einen an Teilnehmer, die ihr Wissen in diesem Bereich auffrischen oder erweitern wollen, zum anderen aber auch für Ein- und Umsteiger, die sich erstmals für Eventmanagement qualifizieren bzw. spezialisieren wollen. Die Inhalte der Weiterbildung werden wie folgt angegeben, wobei jeder der zwölf Oberthemen noch einmal über bis zu fünf Teilthemen verfügt:

- Betriebswirtschaftliche Grundlagen
- Projektmanagement
- Eventmanagement
- Presse- und Öffentlichkeitsarbeit
- Organisatorische Rahmenbedingungen
- Tagungsveranstaltungen, Jubiläen und Firmenevents
- Sponsoring von Sport- und Kulturevents
- Ausstellungs-Events
- Events im Bereich Corporate Social Responsibility
- Incentive-Reisen
- Veranstaltungsrecht
- Präsentations- und Moderationstechniken

Auch im Rahmen dieser kurzen, nur einjährigen berufsbegleitenden Weiterbildung werden zahlreiche Themenbereiche des Eventmanagements abgedeckt, wobei eine Auffälligkeit die Fokussierung auf Firmenveranstaltungen ist. Dies lässt sich aber dadurch erklären, dass solche Weiterbildungen oftmals auch seitens der Arbeitgeber*innen (mit-)finanziert werden und daher das Themenfeld Events im Firmenkontext hier stark hervorgehoben werden.

Statistiken

Das Institut für Arbeitsmarkt- und Berufsforschung (IAB) veröffentlicht regelmäßig Statistiken zu sozialversicherungspflichtig Beschäftigten, woraus sich ablesen lässt, mit welchem Ausbildungshintergrund die Erwerbstätigen in den Beruf einsteigen. Das Berufsfeld Eventmanagement ist in diesem Rahmen zwar nicht vertreten, jedoch der Bereich Veranstaltungsmanagement, der – wie schon gesehen – am ehesten dem/der Eventmanager*in entspricht. Trotzdem müssen die Daten daher mit Vorsicht und eher als Annäherungswerte betrachtet werden, da Eventmanager*innen eben auch in anderen Berufsfeldern unterkommen können.

2017, aktuellere Zahlen existieren derzeit nicht, arbeiteten hier ca. 30.000 sozialversicherungspflichtige Beschäftigte, mit stark wachsender Tendenz

(+50 % in vier Jahren), davon 55 % Frauen. Interessant dabei ist, welchen Abschluss diese haben:

Tabelle 8: Art des Abschlusses im Berufsfeld Veranstaltungsmanagement.

Ohne abgeschlossene Berufsausbildung	23,8
Abschluss mit anerkannter Berufsausbildung	39,1
Meister oder vergleichbar	2,6
Bachelor	9,0
Diplom, Magister, Master, Staatsexamen	15,8
Promotion	0,7
Unbekannt	9,0

(IAB 2020)

Aus Tabelle 4 geht hervor, dass die bislang im Berufsfeld Tätigen überproportional über eine Berufsausbildung verfügen, hingegen ein Bachelorabschluss noch unterrepräsentiert ist – obwohl inzwischen sehr viele Studienangebote existieren. Jedoch ist im Zeitvergleich zu erkennen, dass der Anteil der Bachelorabsolventen stark zunimmt, sich seit 2013 fast verdoppelt hat, hingegen die Ausbildung prozentual abnimmt. Ein starker prozentualer Aufwuchs ist auch bei Beschäftigten ohne Berufsausbildung zu konstatieren.

Arbeitslos gemeldet waren 2017 ca. 4.800 Personen mit dem Zielberuf Veranstaltungsmanagement, was einer überproportionalen Arbeitslosenquote von 14,2 % entspricht. Länger als ein Jahr arbeitslos – was bedeutet, dass die Personen aus dem Arbeitslosengeld I in die Grundsicherung rutschen – waren davon 29,1 %.

Vor allem der prozentuale Anteil der Arbeitslosen ohne abgeschlossene Berufsausbildung ist im Vergleich zum prozentualen Anteil an den Erwerbszahlen deutlich erhöht, der der Bachelorabsolvent*innen leicht geringer. Dies kann darauf hindeuten, dass, wie in anderen Wirtschaftsbereichen auch, der Studienabschluss eher zu einer Beschäftigung und einer geringeren Arbeitslosigkeit führt als dies bei Personen ohne abgeschlossene Berufsausbildung der Fall ist.

Tabelle 9: Anteil der Arbeitskosen im Berufsfeld Veranstaltungsmanagement unterteilt nach Art des Abschlusses.

Ohne abgeschlossene Berufsausbildung	33,8
Abschluss mit anerkannter Berufsausbildung	39,0
Meister oder vergleichbar	-
Bachelor	7,6
Diplom, Magister, Master, Staatsexamen	14,8
Promotion	0,2
Unbekannt	4,5

(IAB 2020)

Fazit: Ausbildungswege im Eventmanagement

Wie lassen sich nun aus den vorangestellten Aspekten die Zugänge in das Arbeitsfeld Eventmanagement bewerten? Zunächst einmal muss – qua Begrifflichkeit – Veranstaltungsmanager*in/bzw. -kaufmann/kauffrau und Eventmanager*in voneinander unterschieden werden – auch taucht der Beruf bzw. das Berufsfeld Eventmanagement (noch) nicht in den offiziellen Arbeitsmarktstatistiken auf. Doch existiert hier auch qualitativ eine Unterscheidung? Sicherlich nicht. So ist das Studium Veranstaltungsmanagement im Rahmen dieser Untersuchung sicherlich aufgrund seiner Kleingliedrigkeit als inhaltlich tiefgreifendstes Angebot zu betrachten; sämtliche Module bzw. Kurse legen ihren Schwerpunkt auf den Veranstaltungs- oder Eventbereich – im Gegensatz zu den Angeboten der untersuchten privaten Hochschulen, die zahlreiche Fächer, auch aufgrund betriebswirtschaftlicher Überlegungen, als allgemeine Kurse in ihr Curriculum integriert haben.

Auf der anderen Seite sagt die Bezeichnung Eventmanager*in erst einmal gar nichts über die konkrete Tätigkeit aus, schließlich handelt es sich um eine nicht geschützte Berufsbezeichnung. Festgehalten werden kann in jedem Fall: Es gibt unterschiedliche Wege in das Feld Eventmanagement, oftmals bestimmt schon allein der schulische Abschluss darüber, ob eine Ausbildung oder ein Studium gewählt wird, um hier später tätig zu werden. Der Weg über ein Studium ist noch verhältnismäßig neu, anhand der Arbeitsmarktstatistiken zum Berufsfeld Veranstaltungsmanager wird aber ersichtlich, dass hier ein allmählicher Wandel einsetzt: Arbeitskräfte mit (passgenauem) Studienabschluss nehmen prozentual in einem zugleich weiterhin wachsenden Arbeitsumfeld zu.

Doch gibt es überhaupt den besten Weg in das Arbeitsfeld als Eventmanager*in? Es gibt zumindest diverse Wege. Der vermeintlich beste Weg ist immer derjenige, der angehende Eventmanager*innen dem konkreten (Berufs-)Ziel näherbringt. Letztlich wird es darauf hinauslaufen, dass diejenigen, die eine Veranstaltung am Ende wirklich operativ planen und durchführen, mit einer praxisorientierten Ausbildung nicht falsch liegen, und diejenigen, die sich für ein Studium entscheiden, eher im Eventkonzeptionellen Bereich anzutreffen sind. Diese vermeintliche Arbeitsteilung bietet viele Vorteile: So ist ein*e regelmäßig operativ tätige*r Eventmanager*in im Bereich Umgang mit Personen vor Ort, Behörden oder technischen Aspekten fundierter – da u.a. in der Ausbildung und späteren Praxis tagtäglich erlernt und angewandt. Studierte Eventmanager*innen erarbeiten im Gegenzug dazu »neue« Konzepte für Events in Abhängigkeit von der Zielsetzung des Kunden.

Es wird letztlich die Zeit zeigen, ob und inwiefern die hier dargestellten Wege in das Arbeitsfeld Eventmanagement bestehen bleiben und sich ein Zugang am Ende durchsetzen wird oder weiterhin ein sinnvolles Nebeneinander unterschiedlicher Zugänge und am Ende unterschiedlicher Schwerpunktsetzungen existieren wird.

Literatur

Bundesinstitut für Berufsbildung (BIBB). 2008. »Verordnung über die Prüfung zum anerkannten Abschluss Geprüfter Veranstaltungsfachwirt/Geprüfte Veranstaltungsfachwirtin.« BIBB. Zugriff am 30.1.2022. https://www.gesetze-im-internet.de/veranstfachwprv/BJNR010900008.html.

Bundesinstitut für Berufsbildung (BIBB). 2019. »Anzahl der angebotenen Ausbildungsplätze und der Bewerber/-innen in Deutschland von 1992 bis 2018.« Statista. Zugriff am 30.6.2020. https://de.statista.com/statistik/daten/studie/2042/umfrage/angebot-und-nachfrage-auf-dem-ausbildungsmarkt/.

Bundesinstitut für Berufsbildung (BIBB). 2020a. »Genealogie Veranstaltungskaufmann/-frau (IH).« Zugriff am 2.6.2020. https://www.bibb.de/de/berufeinfo.php/genealogy/35243333.

Bundesinstitut für Berufsbildung (BIBB). 2020b. »63402010 Veranstaltungskaufmann/-frau.« Zugriff am 2.6.2020. https://www.bibb.de/tools/dazubi/data/Z/B/30/63402010.pdf

Bundesministerium für Wirtschaft und Energie (BMWI). 2020. »Fachkräfte für Deutschland.« Zugriff am 2.6.2020. https://www.bmwi.de/Redaktion/DE/Dossier/fachkraeftesicherung.html.

Bundesregierung. 2019. »Erfolgsmodell duale Ausbildung.« Zugriff am 2.6.2020. https://www.bundesregierung.de/breg-de/aktuelles/erfolgsmodell-duale-ausbildung-1674226.

Eventmanagement-studieren.de (2021). »Hochschulen finden.« Zugriff am 6.9.2021. www.eventmanagement-studieren.de/hochschulen-finden/.

Fachhochschule des Mittelstands (FHM). 2020. »Flyer Eventmanagement & Entertainment.« Zugriff am 27.6.2020. https://www.fh-mittelstand.de/fileadmin/pdf/Flyer_BA/Flyer_BA_Eventmanagement_Entertainment.pdf.

Hochschule für angewandtes Management. 2020. »Eventmanagement (Bachelor of Arts).« Zugriff am 26.6.2020. https://www.fham.de/studiengaenge/bachelor/eventmanagement/.

Holzbauer, Ulrich et al. 2015. *Eventmanagement. Veranstaltungen professionell zum Erfolg führen.* Heidelberg: Springer VS.

Holzbauer, Ulrich. 2015. *Events nachhaltig gestalten: Grundlagen und Leitfaden für die Konzeption und Umsetzung von Nachhaltigen Events.* Wiesbaden: Gabler Verlag.

Hochschule Hannover. 2020a. »Bachelorstudium Veranstaltungsmanagement (BVM).« Zugriff am 26.6.2020. https://f3.hs-hannover.de/fileadmin/HsH/Fakultaet_III/Veranstaltungsmanagement/Formulare/Curriculum.pdf.

Hochschule Hannover. 2020b. »Modulkatalog.« Zugriff am 26.6.2020. https://f3.hs-hannover.de/fileadmin/HsH/Forms/Fakultaet_III/Modulhandbuecher2/BVM_Modulhandbuch_ab_2018.pdf.

Hochschule Hannover. 2020c. »Veranstaltungsmanagement. Studium.« Zugriff am 26.6.2020. https://f3.hs-hannover.de/studium/bachelor-studiengaenge/veranstaltungsmanagement-bvm/studium/.

Institut für Arbeitsmarkt und Berufsforschung (IAB). 2020. »Berufe im Spiegel der Statistik.« Zugriff am 30.6.2020. http://bisds.iab.de/Default.aspx?beruf=BG634&region=1&qualifikation=0.

Kultusministerkonferenz (KMK). 2001. »Rahmenlehrplan für den Ausbildungsberuf Veranstaltungskaufmann/-frau.« Zugriff am 2.6.2020. https:

//www.kmk.org/fileadmin/pdf/Bildung/BeruflicheBildung/rlp/VeranstaltungsKfm.pdf.

Lücke, Martin, Anita Jóri und David Emil Wickström. 2015. »The higher education of musicians and music industry workers in Germany.« *International Journal for Music Business Research*, Nr. 1: 55-88.

Lücke, Martin und Anita Jóri. 2017. »Professionalisierung in der Musikwirtschaftsausbildung.« In *Jahrbuch für Volksliedforschung* 62, hg. von Knut Holtsträter et al., 137-58. Münster: Waxman.

Lücke, Martin. 2017. »Managementkenntnisse im Popmusikstudium.« In *Jahrbuch für Volksliedforschung* 62, hg. von Knut Holtsträter et al., 117-36. Münster: Waxman.

Lücke, Martin. 2018. »Ausbildung für die Musikbranche.« In *Handbuch der Musikwirtschaft*, hg. von Rolf Moser, Andreas Scheuermann und Florian Drücke, 473-88. München: Beck.

Rauhe, Hermann. 1997. *Kulturmanagement. Theorie und Praxis einer professionellen Kunst*. München: de Gruyter.

Schmitt, Irmtraut. 2012. *Praxishandbuch Event Management*. Wiesbaden: Gabler Verlag.

Statistisches Bundesamt. 2020. »Bildung und Kultur. Private Hochschulen 2020.« Zugriff am 8.6.2020. https://www.destatis.de/DE/Themen/Gesellschaft-Umwelt/Bildung-Forschung-Kultur/Hochschulen/Publikationen/Downloads-Hochschulen/private-hochschulen-5213105187004.pdf?__blob=publicationFile.

Wulff, Hans Jürgen. o.J. »Eventisierung.« *Lexikon der Filmbegriffe*. Zugriff am 30. Mai 2020. http://filmlexikon.uni-kiel.de/index.php?action=lexikon&tag=det&id=8545.

Autor*innen

Prof. Dr. Susanne Binas-Preisendörfer (*1964) studierte Musik- und Kulturwissenschaft an der Humboldt-Universität zu Berlin, promovierte dort 1991 und arbeitet seit 2005 als Professorin für Musik und Medien an der Carl von Ossietzky Universität Oldenburg (Schwerpunkte in Forschung und Lehre: Geschichte, Ästhetik und Ökonomien mediatisierter Musikformen, Populäre Musik, Musikpolitik). Aktive Musikerin im (Ost-)Berliner Off-Ground (Der Expander des Fortschritts 1986-1990; Expander Fortgesetzte Expedition seit 2019), initiierte in den 1990er Jahren Kultur- und Kunst Projekte in Berlin (singuhr-hoergalerie, Club-Commission) und engagiert sich seitdem in musik- und kulturpolitischen Zusammenhängen u.a. als Mitglied im Vorstand der Kulturpolitischen Gesellschaft (2003-2007), Sachverständige in der Enquete-Kommission Kultur in Deutschland des Deutschen Bundestages (2003-2007), im Kuratorium der Kunststiftung Sachsen-Anhalt als Vertreterin klangbasierte Künste (2014-2016), seit 2016 im Vorstand des Archivs der Jugendkulturen und im Musikschulbeirat der Stadt Berlin für das Music Board Berlin. Sie ist Ambassadora der 2019 gegründeten Music Woman Germany. Homepage: https://uol.de/musik/susanne-binas-preisendoerfer

Niklas Blömeke ist Promotionsstudent und Lehrbeauftragter an der Universität Paderborn im Bereich Populäre Musik und Medien. Er arbeitet als Veranstalter in Münster und Dortmund und untersucht in seiner wissenschaftlichen Arbeit Musikspielstätten als soziale Räume, zuletzt als Co-Autor der bundesweiten »Clubstudie« der Initiative Musik.

Prof. Dr. Beate Flath ist seit 2021 Professorin für Eventmanagement mit den Schwerpunkten Popmusikkulturen und digitale Medienkulturen an der Universität Paderborn. Sie studierte Musikwissenschaft, Kunstgeschichte und Betriebswirtschaftslehre an der Karl-Franzens-Universität Graz und promovierte 2009 mit einer Arbeit über Sound-Design in der Fernsehwerbung. Von 2009 bis 2014 war sie als Post-Doc-Universitätsassistentin am Institut für Musikwissenschaft der Karl-Franzens-Universität Graz (2009-2013) sowie am Institut für Kulturmanagement und Gender Studies (IKM) der Universität für Musik und darstellende Kunst Wien (2014-2015) tätig. Von 2015 bis 2021 war sie Juniorprofessorin für Eventmanagement mit den Schwerpunkten Populäre Musik, Medien und Sport an der Universität Paderborn. Zu ihren Forschungsschwerpunkten zählen transdisziplinäre Eventforschung, gesellschafts- und kulturpolitische Dimensionen des Event- und Kulturmanagements, Co-Creation- und Partizipationsprozesse im Zusammenhang mit digitalen Netzwerkmedien sowie Musikwirtschaftsforschung als Musik(wirtschafts)kulturforschung. Weitere Informationen unter: www.beateflath.net

Ina Heinrich, M.A., ist Absolventin des Studiengangs Populäre Musik und Medien der Universität Paderborn. Ihre Masterarbeit »Paderboring – Hartnäckiges Vorurteil oder wirklich nichts los hier« wurde mit dem Preis der Bremer AG für herausragende Abschlussarbeiten 2020 ausgezeichnet. Während ihres Studiums arbeitete sie als wissenschaftliche Hilfskraft im Forschungsbereich »Eventmanagement« im Fach Musik der Universität Paderborn (Prof.^{in} Dr.^{in} Beate Flath) sowie in diversen Clubs, Kneipen und auf Festivals. Zuvor war sie NRW-Nachwuchsstipendiatin Freie Kinder- und Jugendtheater am COMEDIA Theater Köln. Aktuell arbeitet sie als Eventmanagerin, moderiert Kulturveranstaltungen, organisiert Konzerte und strebt eine Freizeitkarriere als DJ unabhängiger Radiosender an.

Katharina Huseljić ist Doktorandin im Projekt CIMT (Citizen Involvment in Mobility Transitions) am Lehrstuhl Soziologie V. Sie forscht seit 2019 und lehrt seit 2017 an der Heinrich-Heine-Universität Düsseldorf. Hauptaspekte ihrer Forschung sind politische Einstellungen (vor allem empirische Legitimität politischer Entscheidungen), politische Partizipation, soziale Ungleichheiten im Stadtraum, deskriptive und substanzielle Repräsentation sowie Mobilitätsbedürfnisse und -praxen. Ihr Studium absolvierte sie an der Heinrich-Heine-Universität in Düsseldorf und an der Universität zu Köln.

Prof. Dr. Christoph Jacke, Professor für Theorie, Ästhetik und Geschichte der Populären Musik im Fach Musik der Universität Paderborn. Studium der Publizistik- und Kommunikationswissenschaft, Englischen Philologie und Politikwissenschaft. Studiengangsleiter »Populäre Musik und Medien BA/MA«. Chair/Erster Vorsitzender International Association for the Study of Popular Music IASPM D-A-CH (Deutschland/Schweiz/Österreich, 2016-2021), Sprecher des Instituts für Kunst/Musik/Textil der Universität Paderborn (2018-2020, Stellv. 2020-2022), Mitbegründer und Sprecher der »AG Populärkultur und Medien« in der Gesellschaft für Medienwissenschaft (GfM, 2008-2017), Mitglied in den wissenschaftlichen Beiräten der Gesellschaft für Popularmusikforschung (GfPM, 2011-2016), des Instituts für Pop-Musik der Folkwang Universität der Künste (seit 2013) und der IASPM D-A-CH (2012-2016 und seit 2021). Journalistische Tätigkeiten für u.a. Frankfurter Rundschau, Testcard, Spex, De:Bug, Kaput, Intro, Rolling Stone und Die Aufhebung. Mit Beate Flath, Charis Goer und Martin Zierold Reihenherausgabe »Transdisziplinäre Popkulturstudien/Transdisciplinary Studies in Popular Culture« (transcript Verlag, seit 2020, ehemals 2009-2018 »Populäre Kultur Und Medien«, LIT) sowie zahlreiche Publikationen zu und über Pop. Homepage: www.christophjacke.de

Kristian Keuer, M.A., geboren 1988 in Witten, Nordrhein-Westfalen, studierte Management And Economics mit den Schwerpunkten Marketing und Statistik an der Ruhr-Universität in Bochum. Nach Beschäftigungen im Account- und Partner-Management in Hamburg studierte er Populäre Musik und Medien an der Universität Paderborn mit den Schwerpunkten Event- und Kulturmanagement; er arbeitete als Wissenschaftliche Hilfskraft mit Bachelorabschluss für den Bereich Eventmanagement Populäre Musik, Medien und Sport, im Bereich Marketing und Presse- und Öffentlichkeitsarbeit für den Deutschen Evangelischen Kirchentag sowie als Wissenschaftliche Hilfskraft im Fach Musik an der Universität Paderborn. Seit Februar 2022 ist er Assistent des Generalmusikdirektors und des Amtsleiters der Bochumer Symphoniker im Anneliese Brost Musikforum Ruhr.

Dr. Johannes Krause forscht und lehrt an der Heinrich-Heine-Universität Düsseldorf. Neben dem Schönheitshandeln und der Onlineforschung ist der Einfluss der (Fort-)Bildung auf die marktspezifische Entlohnung von Arbeitnehmer*innen ein weiterer Forschungsaspekt. Seine methodischen Schwerpunkte liegen in quantitativen und qualitativen Methoden der empirischen Sozialforschung, insbesondere Fragebogenentwicklung und Mehrebenenanalysen.

PD Dr. Bastian Lange, Privat-Dozent an der Universität Leipzig. Er lehrte als Gastprofessor (2011-2012) an der Humboldt-Universität zu Berlin (2011-2012) sowie der Universität Vechta (2018-2019). Er habilitierte sich 2017 an der Universität Leipzig. Er forscht zu Fragen der Konfiguration von Kreativmärkten, Governancestrukturen bei Transitionsprozessen sowie neuen Arbeitsräumen in Transformationsregionen. Seit 2018 ist er Mitglied in verschiedenen Arbeitskreisen der Leibniz-Gemeinschaft und beschäftigt sich zu Forschungsfragen von Postwachstumsgeographien. Homepage: www.bastianlange.de

2008 gründete er das Forschungs- und Beratungsbüro Multiplicities mit Sitz in Berlin. Seit 14 Jahren unterstützt Multiplicities Politik, Wirtschaft und kreative Szenen im europäischen Kontext auf Wegen zu zukunftstauglichen Stadtregionen. Multiplicities berät Kommunen, Städte, Länder und EU-Programme im Bereich der Entwicklung innovativer Orte mit kollaborativen Beteiligungsprozessen. Homepage: www.multiplicities.de

Prof. Dr. Martin Lücke (*1974) ist seit 2009 Professor für Musikmanagement an der Hochschule Macromedia, Campus Berlin. Vor seiner Hochschultätigkeit war der promovierte Musikwissenschaftler im Kulturbereich bei den Bochumer Symphonikern und am Haus der Geschichte in Bonn tätig. Seine Forschungsschwerpunkte liegen im Bereich Musikwirtschaftsforschung, Ausbildungsforschung sowie Populäre Musik. Im Sommer 2021 erschien das von ihm herausgegebene *Lexikon der Musikberufe* im Laaber-Verlag.

PD Dr. Monika Mokre ist Politikwissenschaftlerin und Senior Researcher am Institut für Kulturwissenschaften und Theatergeschichte der Österreichischen Akademie der Wissenschaften. Sie unterrichtet u.a. an der Universität für angewandte Kunst Wien, der Universität für Musik und Darstellende Kunst Wien und der Webster Private University Vienna. Sie ist Vorsitzende des eipcp, european institute for progressive cultural policies. Forschungsschwerpunkte: Demokratietheorie, Asyl- und Migrationspolitik, Kulturpolitik, kulturelle Übersetzung und Gender Studies.
Ausgewählte aktuelle Publikationen: Die Stadt als Stätte der Solidarität (Wien 2021, hg. mit N. Kubaczek); Staging Participation. Cultural Productions with, and about, Refugees, in: AmeriQuests Vol. 16 No. 1/2021 (mit C. Leitgeb); The Language of the hegemon: migration and the violence of translation, in: F. Italiano (Hg.), The Dark Side of Translation. Abingdon 2020, 38-56; Kampf der Kulturen – Kampf der Kulturpolitiken?, in: M. Wimmer (Hg.),

Kann Kultur Politik? – Kann Politik Kultur? Warum wir wieder mehr über Kulturpolitik sprechen sollten. Berlin 2020, 292-303.

Maryam Momen Pour Tafreshi, M.A., geboren am 22. April 1992 in Recklinghausen. Sie ist Absolventin des Master-Studiengangs »Populäre Musik und Medien« an der Universität Paderborn und ist Doktorandin im Fach Musik/ Populäre Musik und Medien. Sie arbeitet als wissenschaftliche Mitarbeiterin im BMBF Projekt »kulturPreis – Steigerung der kulturellen Teilhabe mittels innovativer und ökonomisch nachhaltiger Preiskonzepte« im Fach Musik/ Populäre Musik und Medien an der Universität Paderborn.

Carsten Nolte ist Programmreferent bei Soziokultur NRW in Münster und begleitet dabei u.a. Projekte von der Antragstellung bis zum Verwendungsnachweis. Zuvor leitete er den Bunker Ulmenwall e.V. in Bielefeld mit den Schwerpunktbereichen Jazz und Jugendkultur. Für die Booking-Agentur Puschen in Berlin betreute er zwei Jahre Künstler*innen auf Tourneen durch Europa. Weitere Stationen umfassten die künstlerische Leitung des Kulturbereichs des JZ Kamp in Bielefeld und eine zehnjährige Veranstaltungsmitarbeit im Gleis 22 in Münster.

Heiko Rühl studierte Sozialwissenschaften an der Universität zu Köln mit den Studienschwerpunkten empirische Sozialforschung, Volkswirtschaftslehre sowie Wirtschafts- und Sozialpsychologie. Seine aktuellen Forschungsarbeiten konzentrieren sich auf kultur- und stadtsoziologische Fragestellungen zu Musik-Ökosystemen, Musikspielstätten, Veranstalter*innen, Festivals und Gentrifizierung. Er ist wissenschaftlicher Projektleiter der ersten bundesweiten »Clubstudie« der Initiative Musik. Seit 2010 hat er an verschiedenen Forschungsprojekten mitgewirkt und betreute u.a. den Kölner Kulturindex.

Manuel Troike, M.A., ist Wissenschaftlicher Mitarbeiter in den Studiengängen Populäre Musik und Medien im Fach Musik der Universität Paderborn. Er promoviert zu technischen und musikalischen Praktiken mobiler DJs in Deutschland und forscht und lehrt in den Bereichen Elektronische Tanzmusik und DJ Culture mit einem Schwerpunkt auf mobile DJs und Music Programming.

Prof. Dr. Jan Üblacker ist Professor für Quartiersentwicklung, insbesondere Wohnen im Quartier an der EBZ Business School. Seine Forschungsschwerpunkte liegen in den Bereichen Struktur und Wandel von Städten und Quartieren, Gentrifizierung, Wohnen und Nachbarschaft, Wohnungspolitik sowie Methodologie und Methoden der empirischen Sozialforschung. Seine methodischen Schwerpunkte liegen in qualitativen und quantitativen Methoden der empirischen Sozialforschung sowie der Methodologie der Sozialwissenschaften.

Kulturwissenschaft

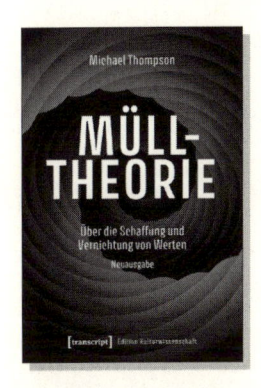

Michael Thompson
Mülltheorie
Über die Schaffung und Vernichtung von Werten

April 2021, 324 S.,
kart., Dispersionsbindung, 57 SW-Abbildungen
27,00 € (DE), 978-3-8376-5224-6
E-Book:
PDF: 23,99 € (DE), ISBN 978-3-8394-5224-0
EPUB: 23,99 € (DE), ISBN 978-3-7328-5224-6

Erika Fischer-Lichte
Performativität
Eine kulturwissenschaftliche Einführung

April 2021, 274 S., kart., 3 SW-Abbildungen
22,00 € (DE), 978-3-8376-5377-9
E-Book:
PDF: 20,99 € (DE), ISBN 978-3-8394-5377-3

Stephan Günzel
Raum
Eine kulturwissenschaftliche Einführung

2020, 192 S., kart.
20,00 € (DE), 978-3-8376-5217-8
E-Book:
PDF: 17,99 € (DE), ISBN 978-3-8394-5217-2

**Leseproben, weitere Informationen und Bestellmöglichkeiten
finden Sie unter www.transcript-verlag.de**

Kulturwissenschaft

María do Mar Castro Varela, Nikita Dhawan
Postkoloniale Theorie
Eine kritische Einführung

2020, 384 S., kart.
25,00 € (DE), 978-3-8376-5218-5
E-Book:
PDF: 22,99 € (DE), ISBN 978-3-8394-5218-9

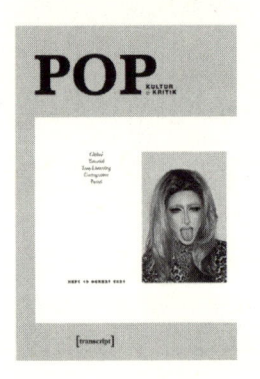

Thomas Hecken, Moritz Baßler, Elena Beregow,
Robin Curtis, Heinz Drügh, Mascha Jacobs,
Annekathrin Kohout, Nicolas Pethes, Miriam Zeh (Hg.)
POP
Kultur und Kritik (Jg. 10, 2/2021)

September 2021, 176 S., kart.
16,80 € (DE), 978-3-8376-5394-6
E-Book:
PDF: 16,80 € (DE), ISBN 978-3-8394-5394-0

Marcus Hahn, Frederic Ponten (Hg.)
Deutschland-Analysen
Zeitschrift für Kulturwissenschaften, Heft 2/2020

2020, 240 S., kart., Dispersionsbindung, 23 Farbabbildungen
14,99 € (DE), 978-3-8376-4954-3
E-Book:
PDF: 14,99 € (DE), ISBN 978-3-8394-4954-7

**Leseproben, weitere Informationen und Bestellmöglichkeiten
finden Sie unter www.transcript-verlag.de**